奇蹟課程釋義

學員練習手冊 行旅

Journey through the Workbook of A Course in Miracles

第四冊（91～120課）

肯尼斯・霍布尼克博士（Kenneth Wapnick, Ph.D.）◎著

若 水◎譯

奇蹟課程基金會授權出版

目 次

第九十一課

奇蹟只顯現於光明之中

　　接下來的二十課自成一個單元，並且共用同一主題，有如交響樂中**主題曲**和**變奏曲**的交互穿插、相得益彰。這一單元的主旨乃是在呈現小我之我與自性真我的鮮明對比，例如本課的焦點指出了，心靈在小我的詮釋及聖靈的提醒之間，是有選擇餘地的；我們可以視自己為充滿罪咎懼的小我，但也可以轉而接受自己是聖靈眼中的基督。這個主題同時還引出了另一個結論：身體既然是小我的化身，故我們的目標終究會轉向靈性，與自性認同。

　　本單元的第一課就用「奇蹟」來破題：選擇奇蹟乃是慧見之**因**，慧見則是奇蹟之**果**。可以說，本課再度提醒我們，慧見與肉眼之見毫不相干；然而，若想一探慧見之境，我們亟需以耶穌為師，學習放下小我的判斷，而以寬恕的透視鏡去看待世上的一切。

(1:1) 你應銘記於心，奇蹟與慧見必須同步出現。

　　過去，我們早已為《奇蹟課程》的「奇蹟」一詞下了明確的定義，也就是「修正錯誤的知見」，它與外在任何事蹟或現象無關，純粹要我們把習慣著眼於世界的分裂、歧異、攻擊以及身體的目光，轉向耶穌的慧眼，視世界為學習寬恕的人生教室。總之，這種全新的眼光即是選擇奇蹟所帶來的立竿見影之效，亦即慧見的真諦。

(1:2) 這話需要反覆地念，不斷地複誦。

　　我們之所以需要如此反覆誦念，原因無他，我們顯然已經被小我徹底洗腦而甘心對它言聽計從了。要知道，小我那整套思想體系是經過精心設計、嚴密打造，才架構成我們的存在基礎的。為此，若想反轉那套系統，我們不但要投入相當的精力，還得隨時儆醒才行。下面這段引文，我們曾經解釋過其中的一部分，它細細訴說我們早已精通小我之學，因此亟需向另一位導師求教，而且唯有他的教誨才有藥到病除之效：

> 而你竟也練出了那麼大的學習本事，簡直不可思議。……任何人若了解你所學到的人生經驗，絕不會懷疑你的學習能力；你學得如此用心，不斷重蹈覆轍，歷盡千辛萬苦也無怨無悔。世上沒有比學習更偉大的能力了。整個世界都是你「學」出來的成果，即便到現在，它也還得賴此才能存在。你教給自己的功

課，早已學得滾瓜爛熟，而且積習難改，好似一簾沉重的帷幔，罩住了單純而明顯的真相。……你百千萬劫學得爛熟的課題，如今在真理之聲前擺出一副絕不妥協的架勢，它告訴你「真理教你的功課都不是真的」，或「太難學了，你學不會的」，或「與現實不符」。但你遲早會學到真理的；因為在聖靈的眼中，那才是你的學習能力在世間的唯一目的。祂那簡單的寬恕課題，遠比你自己學來的那一套更有力量，因為它代表了上主與自性對你的呼喚。（T-31.I.2:7; 3:1~4; 5:4~6）

正因我們太精通於小我那一套了，為了力挽狂瀾，耶穌才會給我們一整部的〈練習手冊〉，要我們「練習、練習、再練習」他為我們編寫的每一課。

(1:3) 這觀念是你的新思想體系的核心，也是由此體系而生的新知見。

耶穌在此講的很清楚，他會傳授我們一套嶄新的思維，這套新思維會帶給我們全新的眼光。但請記住，這個新知見所仰賴的並非外境的轉變，而是靠心靈換了一位老師。

(1:4~5) 奇蹟一直都在那兒。它不是因著你的慧見而出現的，也不會因著你的盲目而消失。

這一段再次聲明了「慧見是**果**，奇蹟是**因**」。奇蹟所帶來

的「修正」效果，乃是透過聖靈的臨在，故只可能發生於心靈內。不幸的是，我們存心抵制聖靈愛的修正，寧可相信個體之我才是真實的存在，這麼一來，一體之境反倒成了我們的心頭大患。

(1:6~7) 唯一受到影響的是你對奇蹟的覺知。你只能在光明中看見奇蹟，在黑暗中你一無所見。

只要記住奇蹟是一種修正，上述道理立即不辯自明。即使我們不接受奇蹟，並不表示它就此消失了蹤影，會消失的只會是我們自己。抉擇者一旦離開了正道，自然對眼前的修正視而不見，只因我們壓根兒找錯了地方。我們隨著小我起舞，結果搞出了這麼一個世界，至今還執迷不悟地跟著小我去找出路。一旦與心靈切斷連結，我們等於是在黑暗世界尋覓答案，這怎麼可能找得到！若想目睹奇蹟，唯有透過心靈的寬恕之光；而這個選擇，聖靈一直為我們保存在我們的心靈內。

(2:1) 因此，光明對你乃是關鍵之所在。

這個觀念十分重要。容我再提醒一次，耶穌所說的光明和任何有形可見的光明（包括新時代的身體光圈）一點關係都沒有。《奇蹟課程》的光明和救贖、寬恕、奇蹟幾乎是同義詞，代表了聖靈的修正。我們必須藉著光明，方才跳脫得了小我的罪咎地獄，故說：「光明對你乃是關鍵之所在。」

(2:2~3) 只要你還在黑暗中，便無法看見奇蹟。於是你會十分

肯定它不存在。

　　只要我們依舊耽溺於小我陰暗的思想體系，自然感受不到耶穌和聖靈的臨在，也看不見「修正」的機會，整部的《奇蹟課程》更好似一派胡言。請看看，我們一步一步抵制奇蹟的來臨，先在念頭上認同了小我，而後又認同身體，還把這虛妄的自我認同視為天理，最後終於如願以償地驅逐了奇蹟。世界就是為了這個目的而打造出來的，我們利用世界來證明自己的想法才是對的，聖靈全搞錯了；分裂之境就這麼變成了有目共睹的事實，甚至是顛撲不破的真理。

(2:4) 這一推論正是黑暗形成的同一原因。

　　「黑暗」指的就是小我思想體系，它奠基於「天人分裂乃是既定的事實」這一前提。小我進一步告訴我們，天人分裂徹底毀滅了上主，因為祂若是完美又圓滿的一體，就不可能分裂；而如果分裂了，就表示祂不是真的上主。一言以蔽之，我們的存在無疑就是天人分裂活生生的證據。我們若相信這一切真的可能發生，那麼上主便不可能是完美又圓滿的一體生命。這麼一來，祂根本不配稱為上主；這種上主既無法存在，世人又怎麼可能認識祂。上述這個邏輯，跟蘇菲派的傳統信念完全不謀而合：「真理都是相對的，沒有絕對的真理可言。」從此，任何人都可以選擇自己喜歡的真理，因為絕對的真理根本就不存在。

(2:5~7) 否認光明會導致你無法看見光明。看不見光明時，你自然只會看到黑暗。於是，光明縱然存在，對你卻一無所用。

如果我們只知把光明和耶穌、聖靈以及《奇蹟課程》聯想在一起，跟自己卻好似一點關係都沒有，這些聖者或聖書對我們也就愛莫能助了，因為我們已經自絕於光明之外。一旦與真理絕緣，還冥頑不靈地自以為是，黑暗便從此君臨天下，只因光明已無跡可尋。

(2:8~9) 你無法發揮大用，因為你根本意識不到它〔光明〕的存在。黑暗的虛幻現實會使光明的觀念顯得毫無意義。

我們打造出這種身體與世界，目的就是把分裂與黑暗變成一個存在的事實。在小我的信念中，黑暗充滿了意義，光明反倒顯得荒誕不經，從此，我們自然意識不到光明的存在。由是可知，我們一旦將眼前的黑暗當真，光明以及它的象徵意義就自動銷聲匿跡了。

(3:1~2) 若有人對你說，你看不見的東西就在那裡，這話聽起來實在瘋狂。很難讓你相信，看不到明明就在眼前之物，卻看到了根本不存在之物，那才真瘋狂。

在上面這段話裡，耶穌反覆使用精神官能症的術語。一般而言，聽覺和視覺上的幻聽幻覺，可說是精神疾病臨床診斷最常見的徵兆。這是耶穌暗示我們全都是精神病患的另一例證。這一段再次告訴我們，世界及身體存在的目的及本質，就是要

把我們牢牢鎖在失心之境，這可說是小我計畫中極其狠毒又高明的一招。我們這具身體，正好為那「根本不存在之物」的虛幻現實提供了「眼見為憑」的證據，令我們對「明明就在眼前之物」反而視若無睹。下面這段〈正文〉說的正是這個意思：

> 你若把原本非真之物搞得活靈活現，它原有的真相便會在你眼前遁跡。但真相本身是不可能看不見的，因為它在聖靈眼中清晰無比。你之所以看不見它，只因你的眼睛老是盯著其他的東西。（T-12.VIII.3:1~3）

身體不斷慫恿我們的眼睛「盯著其他的東西」，還認定那些東西毫無疑問真的存在。

(3:3~5) 你毫不懷疑肉眼有看的能力。你毫不懷疑眼前形象的真實性。你的信心仍在黑暗中，不在光明內。

耶穌在〈正文〉討論心靈的抉擇能力時，用了不少篇幅闡述「信仰」的含意。簡要言之，不論是小我或聖靈，只要心靈相信它（祂）是真的，就會對它（祂）產生信仰（T-19.I；T-21.III）。這個觀點影射了信仰本身的「中性」本質──所謂的信仰，端賴我們的選擇而定，究竟要接受小我所教的天人分裂，還是相信耶穌的教誨而視分裂為虛幻？我們的信心一旦置於黑暗，就會相信分裂的事實；反之，如果轉向光明，光明便成了我們的信仰。下面這一段〈正文〉一語道破了「相信幻相」根本無異於「不信」：

你所面臨的每個事件或處境，都成了幫你完成這一關係原有目標的助緣。你若賦予這關係另一目的，你便成了不信之人。……不信是幻相的爪牙，只會對它的主人盡忠。你若一味縱容，它就會將你一路帶入幻境。……不要接受它所給你的平安幻相，你只需正視它的禮物，認出那只是一個幻相就夠了。（T-17.VII.5:1~2,5,6,9）

　　再強調一次，小我思想體系一開始啟動，身體便負起「說服」的重任，讓我們相信幻相真實不虛，真相虛幻無比；絲毫意識不到，相信虛無其實就等於「不信」。

(3:6~7) 怎樣才能扭轉這一局勢？只憑你是做不到的；但在此事上，你並非獨自一人。

　　引文中的「你」，始終是指抉擇者。若想扭轉乾坤，光靠一己之力，是絕不可能達成的。既然一切肇始於我們企圖與上主分裂的那一念，我們就先得由「認同小我」轉變為「認同聖靈」，才修正得了分裂的決定，因此才說：「你並非獨自一人。」言下之意，當然是指還有另一套思想體系和另一位神聖導師；而所有這些練習的立意所在，就是幫助我們準備接受這個助緣。

(4:1) 你的努力，不論多麼微不足道，背後都有強大的力量支持著你。

012 學員練習手冊 行旅 4

上面這句話，與我們所熟悉的「小小願心」那個重要觀點可謂緊密呼應。現在，讓我們來複習一下這段課文：

> 只要你滿懷恢復神聖面目的大願心，必能獲享神聖一刻的。……你心靈所能為它做的準備，頂多只是認清自己對它的渴望超乎世上任何一物。此外，你無需做更多的事了；其實你最需要做的，就是明白自己不可能做得更多了。不要企圖獻給聖靈從不要求你之物，否則你會把小我加在祂身上，因而模糊了小我與聖靈的不同處。祂的要求就這麼一點點。唯有祂能在偉大與能力之上繼續增光添色。……你那小小願心必須先融入上主旨意的無限能力，神聖一刻才可能發生。（T-18.IV.1:1,4~8; 4:2）

顯然的，《奇蹟課程》對我們的要求不高，它不要求我們傳揚聖靈的道業，只期待我們一顆小小的願心，以聖靈為師，僅此而已。它甚至不要求我們馬上就學會聖靈所給的功課，那還有待相當的時日。在此，耶穌只希望我們開始意識到自己選錯了老師，並且知道自己心中還有另一位明師可以投靠。

有朝一日，當恐懼逐漸消退，我們自然會選擇正確的老師，學習祂的功課。但在此之前，我們總得發個小小的願心，樂於承認過去完全學錯了，同時慶幸內在那位明師始終正確無誤。要知道，這不只是第一步，還是最關鍵的一步，因為這一意識會把我們推上正途，或者說，將我們領上正確的階梯。至

於多久才能攀到梯頂，一點也不勞我們操心，只要相信耶穌終究會領我們回家，這就夠了。總之，「找到回家的路」，意味著「樂於承認舊有的認知全錯了」，僅此而已。

(4:2~5) 你若明白了那力量是何等偉大，你的疑慮便會煙消雲散的。今天我們會盡力讓你體驗到這力量。當你感受到內在這股力量時，所有的奇蹟都伸手可及，那時你就不會懷疑了。一旦感受到內在的力量，那藏在你軟弱無能之下的奇蹟便會躍於眼前。

若要感受到那股偉大的力量，唯一的前提，即是開始發揮心靈的能力，願意修正自己先前與軟弱無能之小我認同的那個錯誤。下面一段〈正文〉的引文，極其明確地為我們釐清心靈與身體的不同，這種分辨能力乃是關鍵所在。因為我們若非這具身體，那麼只剩下一種可能，我們必是心靈無疑。這正是耶穌在這段話裡所說的單純選擇：

> 你始終是在自己的軟弱及內在基督的大能之間作選擇。你選擇什麼，它對你就會變得真實無比。只要你不再讓自己的軟弱無能來指導你的行動，你的無能便一無所能。內在的基督之光開始為你的作為負責。因你已將自己的無能交託給祂，祂也把自己的力量回贈予你了。（T-31.VIII.2:3~7）

基督的力量始終存在我們心內，一旦明白了自己的軟弱無

能全是因為我們錯把小我當成自己，基督大能之記憶便會浮現心中。認同小我這個決定必會將我們推向身體的認同，為此，我們才迫切需要奇蹟的溫柔修正。

(5:1) 一天三次，每次騰出約莫十分鐘的時間，安靜下來，不再去想自己的弱點。

　　隨著一課一課的推進，耶穌要我們與他共處的時間也慢慢加長了。回顧一下，〈練習手冊〉一開始，每天只需操練幾分鐘（連這我們都很難做到）。到了這一課，他增長到十分鐘，一天還得練三次；愈到後面，時間還會繼續增長。

(5:2) 這很簡單，你只需提醒自己，你不是一具身體，就成了。

　　想一想，那個在提醒自己的**你**，究竟是誰？當然是抉擇者了，它必須告訴自己「我不是一具身體」。為此，提醒自己的**你**，絕不是這具身體，而被提醒的則是具有某種人格特質的**你**。上述這句話恰恰是耶穌在〈正文〉第四章要我們反身自問的答覆：

> 你也許會問，好似活在世間的人，怎麼可能做到這一點〔明白**所有**的知見是多餘的〕？這話問得很有道理。但你得警覺自己是否真的了解這個問題。活在世界上的那個「你」究竟是誰？（T-4.II.11:5~8）

　　究竟說來，知見根本沒有存在的必要，因為既然連有知有

見的主體都不存在，哪裡還需要可知可見的客體！唯有回歸那有自覺能力的心靈（也就是心靈作抉擇的那一部分），終有一天，我們必會恍然大悟，原來連這抉擇者都不存在。

(5:3) 你想要什麼，就會相信什麼，且會這般告知你的心靈。

　　這兒的「你」，仍然是指具有選擇能力的那一部分心靈。我們不是相信小我，就是相信聖靈。相信小我，表示我們決定活成上主之外的另一個生命；相信聖靈，則表示我們願意回家，覺醒於「我是上主唯一聖子」的實相。

(5:4~6) 你一向以自己的意志為師，而你的意志具有實現願望的一切力量。只要你願意，你甚至可以擺脫身體的控制。你也會經驗到自己的內在力量。

　　「意志」在此指的正是心靈在小我與聖靈之間「二選一」的能力。前文出現過類似的說法，特別強調「意志」（will）的重要性，唯有靠此意志，方才化解得了小我當初篡奪上主旨意（Will）的錯誤。脆弱的小我當然不是大能基督的對手，而聖靈已將這一能力守護在心靈內，即使我們存心掩藏，即使小我相信操控才是力量，也永遠無法與基督自性的大能抗衡。

　　請留意，切莫斷章取義地詮釋這一句「只要你願意，你甚至可以擺脫身體的控制」。究竟說來，我們是不可能逃離身體的，因為我們根本不活在身體內。耶穌要點出的是，我們能夠擺脫自己死心塌地認同的那套思想體系，它才是真正的監牢。

我們為了表達自己被囚禁的感覺，才投射出一具身體。從此，我們感到自己真的被困在身體裡。多少世紀以來，哲學家及神學家就是這麼認定身體的。然而，我們怎麼可能被困在一具根本不存在的身體內？我們只可能被困在身體的幻覺裡，而這個幻覺，就是從我們的思想體系中冒出來的。因此，真正的監獄其實座落在心靈的罪咎信念裡，不論我們怎麼看待身體，只要罪咎一日不除，我們便永遠不得自由。〈正文〉第十八章「超越身體」那一節所說的正是這個主題，下面這一段尤其切中要害：

> 寧可認同自己的私人監獄〔身體〕，切斷一切聯繫，向外聯繫不到任何人，也無人能聯繫到你。你痛恨自己所造的這所監獄，一心想要毀掉它。你就是不願從中脫身，還它一個清白，讓它全身而退。

> 其實，那才是你唯一的脫身之道。充滿復讎與報應的地方並非你的家園，你企圖私藏仇恨之處所也不是真的監獄，那純粹出自你的幻覺。……每個人都可能有過某種「靈魂出竅」的經驗。……你只要深思一下就會明白，「靈魂出竅」不過是指一種剎那間意識不到身體的感受，心靈豁然開展，融入另一生命的那種合一之感。……這一解脫途徑，不含任何暴力，也不會打擊到身體，你只是對它有了正確的認識而已。……你並非真被「提」到身體之外，只不過它再

也禁錮不住你了。你必會去到自己註定該去之地，重拾（而非失落）真正的你，也就是你的自性。（T-18. VI.7:5~8:2; 11:1,4; 13:1~2,4~5）

唯有如此，我們才可能逐漸擺脫自己的渺小無能，而一探那無所不能之境。

(6:1~5) 在作「長式」練習時，先重複一遍下面的真因果關係：

奇蹟只顯現於光明之中。

肉眼是無法看見光明的。

但我並不是一具身體。那我究竟是什麼？

這一問，可把我們問倒了！話說當初，我們仍是一體聖子之時，聽信了小我的謊言，為了逃避上主的義怒，打造出世界與身體；這一切，其實全都發生在心靈的層次。小我告訴我們，我們得為背叛上主且自立為王的滔天大罪付出慘痛代價，因為我們毀滅了上主，祂必會東山再起，以其道還治其人。其實，小我在每個人的心靈內都輸入了這個恐怖故事，徹徹底底地把心靈「嚇瘋了」，才會打造出這種物質宇宙。這是《奇蹟課程》版的「大爆炸」之由來。

耶穌在此問我們：「你若不是一具身體，那你是什麼？」只要用心讀進這句話，我們必會嚇得六神無主，因為這是一個不容逃避的問題。想一想，如果我不是我的煩惱、個性、膚色、性別、身高、體重、年齡、國籍等等一大堆的問題與標

籤，那麼我究竟是誰？終有一天，我們會被《奇蹟課程》的底線逼出某種領悟，明白自己打造的一切全都虛妄不實。那時，我們會打從心底高興地說：「謝天謝地，原來是我搞錯了！」這正是《奇蹟課程》的宗旨。而奇蹟這套工具，會讓我們具體看清這個錯誤原是出於心靈的選擇，與身體完全無關，故我們必須回到心靈，才有修正的機會。

(6:6) 我們今天的練習將著重於上述論證的最後一句問話。

　　隨著〈練習手冊〉一課一課推進，我們會發現它的要求好像愈來愈高了。在這之前的九十課，都是緩緩引導我們，逐漸植入幾個重要觀念，比方說，萬事萬物的意義都是我們的心念賦予的，整個世界就是這麼打造出來的，最後讓我們明白，那個世界原來根本不在外邊。〈練習手冊〉潛移默化的手法如此婉約，多半時候，我們意識不到那些觀念的衝擊性如此之大。試問，如果心外沒有一個世界可言，心外自然也就沒有什麼身體好談的了，那麼，「我是誰」這個問題立即迫在眉睫了。如今，經過耶穌一步一步的調教，我們終於到了無可遁逃、非得反思這一問題的時機了。

(6:7) 你認為自己是什麼，正是你有待化解的信念。

　　如果我們認為自己就是這具身體，勢必會引出「自己是邪魔、黑暗與罪惡的淵藪」的結論（W-93.1:1），然而，這正是我們有待化解的信念。請特別留意**信念**一詞，它表示我們的身

體並非實體，而是一堆信念構成的。分裂之念一旦化為具體的身體，變成一個事實，成為「自然律」的一部分，我們便無法改變這個既定的事實。無疑的，這正是小我最厲害的一招。身體如此堅實不變的本質，好似將我們永遠逐出天堂之外，令我們歸鄉無路。為此之故，耶穌才這麼強調心靈的信念，它的力量來自於心靈而非大腦。耶穌要我們明白，從心靈冒出來的分裂及身體之念，純屬信念，那是可以改變的——只要我們發揮心靈的能力，選擇另一套思維，把信念轉向聖靈的救贖，不再為小我的分裂信念撐腰，就成了我們迫切需要的轉機。

(6:8) 至於真實的你究竟是什麼，這卻有待啟示。

「真實的你」，即是指我們的唯一自性；然而，僅憑耶穌口說，我們是開不了竅的，我們還得掀開覆蓋在自性記憶上的那層紗幔才行。對此，小我必會想方設法遮掩這一真相，它最厲害的一招，莫過於讓我們徹底認同於身體這道煙幕。而寬恕則代表我們開始撤回罪咎的投射，唯有如此，才能夠撤除令人感受不到愛的那道紗幔（T-in.1:7），而得以一睹自己的本來面目。

(6:9~10) 你是一具身體的信念，只是一個有待修正的錯誤而已。你的生命真相能喚出你的內在力量，它會讓你意識到這錯誤有意隱瞞的真相。

短短幾句話，明白揭露了覆蓋在真相上面那個「錯誤」。

耶穌在本課特別點出一個錯誤，即「與身體認同」。我已說
過，耶穌無意叫我們放棄身體，他只希望我們好好深思身體的
本質。我們目前還在第九十一課，等我們修到〈練習手冊〉的
結尾時，就會聽到耶穌說，我們才剛起步呢！（W-跋.1:1）由
此可知，他並不期待他的學生此刻就能放下自己的身體，他只
教我們退後一步，反省一下身體在小我的「特殊性」思想體系
內所扮演的角色。可以說，本課的練習正是轉換「身分認同」
最溫柔的手法了，它教導我們先從脆弱無能的小我思想體系轉
向心靈作抉擇的那一部分，而這個抉擇者如今終於能夠選擇基
督的大能作為自己的生命真相了。

(7:1) 你若不是一具身體，那你究竟是什麼？

　　請看，真正令人心驚肉跳的話出現了。〈正文〉在接近尾
聲的那一節「自我概念與自性之別」也提出了類似的觀念：

> 世界最怕聽到的就是你這一自白：
>
> 我不知道我是什麼，也不知道自己在做什麼，或身
> 在何處，更不知道該如何看待世界，或看待自己。
> （T-31.V.17:6~7）

　　然而，小我必會千方百計阻止我們說出這種真話的，因為
這一表白等於推翻了小我精心編造的彌天大謊。我們必須先意
識到小我的防衛伎倆，才可能勇於正視自己認同已久的那個
罪孽深重的血肉之「我」；繼而進一步質疑小我存在的整個前

提，即天人分裂的信念。小我的立足點一旦開始鬆動，那麼，生理與心理所構成的這個「我」是否真的存在，便成了無可逃避的問題。

(7:2~4) 你需要清楚地意識到，聖靈是用什麼來取代你心目中的身體假相的。你若要把信心由身體提昇出去，你需要感受到一個值得信任的對象。你需要某種真切的經驗，一個比身體更具體、更牢靠、更值得你信任、而且真實存在的東西。

再一次，耶穌透過短短數語顯現出他特有的教學手法，這就是整部課程一直在為我們對照解說分裂心靈的兩個面向。耶穌雖然沒有催逼我們，卻不斷反覆**叮嚀我們**好好正視小我，摸清它的思想體系，並且為我們揭穿小我蒙蔽真相的種種伎倆。因為我們心中最害怕的，就是放棄小我之後自己會落得一無所有。故耶穌在每日一課的練習中不斷安撫我們，放棄小我，其實就是幫助我們領悟生命的光輝真相——我們始終擁有上主的「一切」。

為此，耶穌不只說我們不是這具身體而已，他同時告訴我們，我們內在還有一個更真實的生命，那個生命會取代血肉之軀的我。這是一條漫長的路，因為我們心內有一部分老是在擔心，自己一旦放下小我的身分，我的判斷權和特殊性勢必難保，連我的個體價值也岌岌可危了。這才是真正令我們膽戰心驚的。我們這種害怕真相的矛盾心態，沒有比「對救贖的恐懼」那一節說得更露骨了。我引述其中最具代表性的一段，它

描述了我們是多麼害怕覺醒於自己是聖愛之子這一真實身分：

> 你為自己建立了一個神智不清的信仰體系，因你擔心
> 自己在上主面前毫無招架之力，你想要逃避祂的愛，
> 因為你認定愛會將你碾為虛無。你害怕那愛會使你失
> 去自我，變得渺小卑微，因為你相信只有抗衡才能壯
> 大你的聲勢，只有攻擊才會顯示你的偉大。你認定上
> 主企圖毀掉你所打造的世界；你若愛祂（而你分明如
> 此），無異於放棄自己的世界（你確實會如此）。於
> 是，你只好利用這世界來覆蓋你的愛；其實你愈深入
> 小我的黑暗巢穴，離它所隱藏的愛反倒更近了。**這才
> 是最讓你害怕的事**。（T-13.III.4）

我說過，耶穌並未要求我們放棄自己的個體性，他只要我
們認真質疑它的虛實而已。他為了讓我們明白自己不是這一具
身體，如此溫柔地潛移默化，終有一天（絕不會是明天），他
會將我們領回家的。以下幾句話，他再次安撫我們：

> 不必擔心自己會在瞬間被連根拔起而捲入真相裡。時
> 間是仁慈的，只要你將它用在真相上，它就會不疾不
> 徐地陪你穿越這一過渡期。（T-16.VI.8:1~2）

耶穌在〈正文〉第十三章也已經強調過，在這覺醒的過程
中，我們是可以走得輕鬆愉快的：

> 你必須先夢到平安，才有機會覺醒於平安。你必須把

自己妄造之物轉換為真心想要之物，也就是把噩夢轉換成愛的美夢。（T-13.VII.9:1~2）

　　下面這一段，我曾經引述過。耶穌一再保證聖靈不會把我們從噩夢中打醒；反之，祂會溫柔地引領我們一小步一小步邁向寬恕的美夢，走得安安心心，一無恐慌：

　　你那無聊的夢把上主之子嚇得六神無主，以為自己失去了純潔無罪，害他不只否定了天父，還與自己交戰不已。這夢如此的可怕，看起來又如此真實，你此刻若喚醒他，他一定會受到驚嚇，冷汗涔涔。你應在喚醒他之前將他領到比較溫柔的夢中，安撫一下他的心靈，他才可能心無畏懼地迎向愛的呼喚。他需要一個溫柔之夢，與弟兄重歸於好，如此才能療癒他的痛苦。上主願他安詳喜悅地甦醒過來，故給了他一條無需恐懼的覺醒途徑。（T-27.VII.13:3~5）

　　只要恐懼消退一點，我們必能體會出小我之外確實還有另一生命，充滿平安，沒有衝突；充滿寬恕，沒有特殊性；充滿奇蹟，沒有攻擊。不過，即使到了這一階段，我們還是無法用「無我之我」或「無相之念」來取代小我，因為那太可怕了。為此之故，我們會經驗到一個新的「我」，雖然仍活在身體內，但變得比較溫良，念頭更加仁慈。至此，我們便進入了耶穌所說的幸福美夢。我們知道，寬恕仍屬於分裂幻境，只是在這個幻境裡，少了罪咎、焦慮、恐懼以及特殊性的陰影。故耶

穌才會說，我們需要「更具體、更牢靠」的東西來激發信心。
但也別忘了，在這溫柔且幸福的自我之上，還有上主為我們創
造的真我，也就是光輝神聖的基督自性，祂正在旅程的盡頭等
候著我們。

**(8:1~2) 你若不是一具身體，那你究竟是什麼？誠實地反問自
己，然後拿出幾分鐘的時間，修正你對自己的特性所持的錯誤
觀念，並以相反的特性取而代之。**

　　這一段引文為我先前的論點提供了一個最好的例證。耶穌
要我們明白，**他**知道我們不會輕易放棄身體，而仍會經常陷於
種種錯誤的念頭，為此，他不要求我們立即用真相取代幻相，
只教我們先把充滿怨恨與敵意的虛幻念頭轉為比較溫柔仁慈的
虛幻念頭，這正是下面這一番話的意義。我曾經提醒過，切莫
把這些話當成肯定語，它們只是路標，指向耶穌要帶領我們抵
達的終點。故他要我們如此對自己說：

(8:4~9) 我不是軟弱的，而是強壯的。

　　我不是無助的，而是全能的。

　　我不是有限的，而是無限的。

　　我不是猶豫不決的，而是十分肯定的。

　　我不是一個幻相，而是實相。

　　我在黑暗中看不見，在光明中才能看見。

　　這幾句話能夠將我們對自己的負面觀點轉換成美好的自我

形象，這其實就是把虛幻的妄念帶入生命的實相，到了最後，所有的形相都會一併消失。耶穌並不期待我們此刻便能臻至那一境界，他的教學方式一向溫柔又有耐心。

當我們進行這類練習時，需要對內心的自我評價具備一定的敏感度，才可能認出那些評價並不正確。只要我們願意邀請耶穌進入心中，一起正視我們自慚形穢及自我憎恨的念頭，每個錯誤的評價都會得到相稱的修正；也唯有耶穌不帶批判的目光，方能穿透虛幻的表相而喜見真理的光明。

(9:1~3) 進入練習的第二部分時，試著體會一下你的這些特性。特別去感受一下它們的力量。記住，你所有的脆弱感都與你相信自己是一具身體相連的；這個信念是錯誤的，不值得你相信。

是的，所有的脆弱感都源於與身體的認同，這種認同不僅限於生理層次，還包括了心理層次的自我感。前文早已說過，我們之所以感到痛苦與挫折，只因自己把所有的信心都置於身體上頭；由此可知，真正的問題不在於身體。誠如〈練習手冊〉第七十二課所說，身體只是小我思想體系的化身（W-72.2:1~3）；也就是說，問題的癥結完全在於我們接受了小我對身體所下的定義。容我再提醒一次，耶穌並不要求我們否定身體，他只想幫助我們修正身體在我們心中的存在目的。

(9:4) 試著轉移你對它的信心，即使只是片刻的光景也好。

　　這句話再度顯示出耶穌的教學方式何其溫柔敦厚,他對我們的學習沒有太高的期待,所以才說「即使只是片刻的光景也好」。當然,他的確會毫不含糊地改換我們的人生目的,手法卻溫柔無比。也因此他不會要求我們立刻切斷與身體的認同,只需有心試試就可以了。此刻,我們剛剛提過的「信心」一詞又再度出現了,可還記得它的真正含意?是指抉擇者決定要相信什麼,或決定選擇哪一位老師,就會對那個決定產生信心。

(9:5) 我們愈往前進,你會愈習慣把信心置於你內在更有價值之處。

　　耶穌要我們明白,這是一步一步循序漸進的課程,而且需要日復一日、年復一年的投入。此刻,他僅僅指望我們發一個小小的願心,好好正視自己視為天經地義的事,而且敢說:「謝天謝地,是我搞錯了。」這句話同時意味著:「謝天謝地,我心內還有一位導師,祂永遠是對的。」當我們不再需要處處證明自己是對的時候,才可能體驗到平安喜樂,而這個平安喜樂又會增強我們選擇聖靈的願力,因為只有祂值得我們信賴。

(10) 在練習剩餘的時間裡,不妨放鬆你的心情;不論你的努力是多麼微不足道,你相信上主的大能與他的聖念正全力支持著你。你的力量源自於祂們。因著祂們的強大支持,你才會感到自己的內在力量。在這練習裡,祂們與你結合了,因在這練習裡,你與祂們懷著同一目的。這目的成了幫你看見奇蹟的光

明，只因祂們的力量成了你的力量。祂們的力量變成你的眼
睛，你才得以看見。

　　換句話說，在救贖大業中，我們的努力其實微不足道，真
正重要的，仍是要仰賴聖靈的力量；唯有信靠祂的力量，才足
以扭轉先前的錯誤選擇，不再與脆弱的小我認同。耶穌在此只
要求我們發一個小願，好好操練每天的功課。我們先前已經解
說過，儘管我們的努力是多麼「微不足道」，但若非自己投入
的那點心力，我們便會與心靈的選擇力量失之交臂。唯有在正
念之中不斷發揮心靈力量，方能與基督自性的大能攜手並進。
我們若不主動作出這一選擇，自性的力量只會停留在「潛龍勿
用」的階段；祂的大能一旦不顯，心靈必會誤以為自己軟弱無
能，而繼續陷於小我黑暗的牢獄中，永無翻身的一天。

(11) 今天規律地每小時提醒自己五、六次：奇蹟只顯現於光明
之中。而且，一遇到問題時，立即以今天的觀念回應。下面的
句子有助於你達到此目的：

　　奇蹟只顯現於光明之中。為此，願我張開自己的眼睛。

　　在前面的「複習二」裡，耶穌不斷用 this 這個字眼（多譯
作此事、這事、這件事、為此），就是指當前讓自己生氣、不
平安的事情。這正是〈練習手冊〉的宗旨所在——透過每一課
所提供的新觀念，讓我們能夠應用在日常生活裡，特別是發生
在當天、種種橫逆現前之際遇。如果我們只是想一想這些觀

念，而不套用在具體事件上，它們只會顯得荒誕不經。尤其是
當我們開始貶低自己，或把自己的軟弱投射到別人身上而開始
貶抑他人時，今天的練習就更加重要了。換句話說，只要我們
一生起批判之念，不論是針對自己或他人，就該立刻想起今天
的練習。請記得，決心操練，等於決心看見，等於決心以慧見
來取代批判。最後，別忘了〈正文〉這個至關重要的提醒：

> 慧見和判斷之間，你只能任選其一，而無法同時擁有
> 兩者。（T-20.V.4:7）

第九十二課

奇蹟只顯現於光明之中，而光明與力量是同一回事

(1:1~2) 今天的觀念延伸了前面一課的主題。你通常不會把光明想成一種力量，也不會把黑暗想成軟弱無能。

　　耶穌會這麼說，原因很簡單，小我思想體系的黑暗勢力在我們的心目中充滿了力量，在我們自視特殊之際，就等於從黑暗的分裂之境援引了力量。確實，分裂而成的自我，就是靠特殊性而存活壯大的，特殊性可說是小我黑暗勢力的陰魂。反之，光明在我們心目中並不代表力量，因光明（亦即救贖原則）一出現，自以為與眾不同的我便壽終正寢了。為此，從小我的立場而言，光明反倒會削弱我們，因為它會從內部瓦解黑暗的思想體系。話說回來，我們早已搞不清什麼會給我們力量、什麼會導致我們欲振乏力。這種混淆和我們先前所說的苦與樂，或自由與囚禁之間的混淆，其實是同一回事。（T-7.X; T-8.II）

(1:3~5) **那是因為你心目中的看見，一向離不開你的身體、肉眼及大腦。於是，你相信只要在眼前放一小片玻璃，你就能改變眼前之所見。這類怪力亂神的信念，都是源自於你相信自己是一具身體，而且相信肉眼能夠看見。**

　　上面這段話可視為第七十六課主題的終場「安可曲」（encore）。耶穌再一次拿世界的自然律以及我們奉行如儀的心態戲謔了一番，因為只要一與身體認同，我們便不敢不聽命於自然法則。其實，真正的問題與身體沒有任何關係，心靈想要分裂的那個決定才是癥結之所在。身體是隨著分裂之念而出現的，故左右我們的不是身體的法則，而是分裂的那個決定。也就是說，我們根本就被自己的想法所禁錮，因此，**我們**才是自己的獄卒，又豈可推諉於身體？

(2) **你也相信身體的大腦能夠思想。你若了解思想的本質，就會對這神智不清的觀念捧腹不已。那好比認為你手中的一根火柴能點燃太陽，發光散熱；又好比認為世界乃是你掌中之物，只要你不放手，它就萬無一失。這與相信肉眼能夠看見、大腦能夠思考一般愚昧。**

　　任何一位奇蹟學員，只要還與身體認同，是不可能真正讀懂這一段話的。它說身體不會思考，也看不見，這等於是說身體根本就不存在。縱然它說我們沒有看的能力，但活在肉體內的我們明明覺得此時自己親眼看到了書中這段話；縱然它說我們沒有思考的能力，而我們依舊認定自己此刻正在思考這些話

的內容。奇蹟學員只要反思一下這種存在性的矛盾，不可能不感到如坐針氈的，因為它徹底動搖了我們存在的立足點。想一想，我們所閱讀與思考的這段文字正在否定我們的眼睛與大腦的功能，那麼我們到底還剩下什麼？這個問題令人想起前一課的大哉問：「你若不是一具身體，那你究竟是什麼？」如果不是你的大腦在想，那麼是誰在想！若再追問下去，究竟是誰在讀《奇蹟課程》？誰在操練這一課？本段課文逼著我們超越大腦和身體，如果我們真把這一番話當成一回事，不可能不焦慮萬分的。

　　如果你真心想學習本課程，對於這類說法，絕不能等閒視之。它一句又一句的反問，就是要打破我們跟身體的強烈認同，這正是本書的一大宗旨。不幸的是，絕大多數的奇蹟學員絲毫意識不到自己研讀《課程》這件事的本身就是一個大吊詭，甚至是個大謬論——我們正在用沒有觀看及思考能力的生理器官來學習這部課程。你若意識到這番話正是針對你而說的，怎麼可能不緊張焦慮！幸好耶穌無意讓你活得心驚膽戰，他只要你在心裡隨時存著這麼一個問號就成了。他在〈正文〉也給過類似的說法：

> 要學習本課程，你必須自願反問內心所珍惜的每一個價值觀。任何掩飾或隱瞞都可能阻撓你的學習。（T-24.in.2:1~2）

　　我們若意識到耶穌並不要求我們全面放棄身體的認同，而

只期待我們偶爾反身質疑一下，那我們就無需緊張了；反之，倘若我們認為他企圖切斷我們與身體的親密關係，自然會焦慮不已。其實，他對我們只有一個要求，就是好好地正視自己竟然如此相信身體是構成一切快樂與痛苦的起因。我們若敢坦誠地向耶穌說：「我明白你在說什麼了，太可怕了！」內心的不安反而會大為減輕。這種坦誠絕對有助於緩和焦慮。言下之意，如果奇蹟訊息令我們愈修愈不安，表示我們沒有邀請耶穌陪伴我們一起面對。當然，還有另一種極端，我們在讀這部課程時，如果未曾引發任何情緒反彈，表示我們可能根本沒聽出話中的深意。總之，我們通常是先感到某種不安，才會想到向耶穌求助的。我先前引用過「快樂的學徒」那一節，它一開始就提出類似的觀念：

> 死心塌地甘願受苦的你，首先得認清自己確實活得很
> 不快樂才行。由於你已把受苦視為一種樂事，聖靈只
> 好用苦樂的對比來開導你。（T-14.II.1:2~3）

確切說來，我們內心先感到某種痛苦焦慮，才會心甘情願向耶穌求助；而他也得等著我們開口，才能夠點醒我們，他所給予的平安幸福和我們當前的痛苦焦慮，兩種處境有如天壤之別。只要你用心閱讀這一課並且加以深思的話，我敢保證它一定會令你坐立不安的。現在，不妨再讀一遍第二段，認真問問自己：「正在讀這一段的**你**究竟是誰？」

可以說，認定自己就是這具身體的人，不只神智失常，而

且還十足傲慢，因為認同身體的背後，直接影射出這麼一念：
「我們與生俱來的無能足以推翻上主的全能。」耶穌在〈正文〉
中把這種傲慢的心態比擬為一線微光認為自己就是太陽，一絲
漣漪認為自己就是大海：

> 你若懂得欣賞心靈的整體，便不難看出，你心靈中微
> 不足道的那一部分，有如太陽的一線微光，又如海面
> 的一絲漣漪。這一線微光開始自命為太陽，那小得難
> 以辨識的漣漪竟自詡為海洋，真是狂傲得不可思議。
> （T-18.VIII.3:3~4）

　　總之，我們根本沒有看見或思考的能力，這個觀點對小我
而言，簡直是**信口雌黃**；但對正念而言，它卻是人間可能存在
的唯一真理，也是我們跳脫地獄的唯一出口。

**(3) 上主力量在你內，它才是使你看見的光明；你的思考能力
也同樣仰賴祂的天心。祂的力量否定了你的軟弱無能。若透過
肉眼去看，你只會看到自己的軟弱；軟弱無能的你好似在黑暗
中窺伺，只會看到肖似自己的同類，眼中盡是渺小脆弱、奄奄
一息、匱乏無助、害怕悲傷、貧困飢餓、毫無生趣之物。這全
是透過那既無法看見、也無法祝福的肉眼所看見的一切。**

　　然而，真正的看見（亦即慧見），是我們先把視線轉向心
靈能真正看見的那一點上而產生的結果。唯有誠心祈求聖靈的
指引，才表示我們甘願認同那唯一能見的慧眼，而不再受制於

那無法看見的肉眼。反之，小我必會慫恿我們「透過那既無法看見、也無法祝福的肉眼」去看，以至於我們「看」到的，盡是小我陰暗破碎而且軟弱無能的世界，還有「驚惶不安、孤獨憂懼、漂泊流浪的人」（T-31.VIII.7:1）。只因我們是在黑暗中「窺看」的，表示我們先在心內目睹一個軟弱無能的小我，戰戰兢兢地蜷縮在分裂心靈的暗夜裡，繼而將這個黑暗投射於外，我們才會對眼前的黑暗景象信以為真。其實這種黑暗代表徹底的虛無，只因小我本身即是虛無，所造之物必然虛無，那麼肉眼之見自然也是虛無。一言以蔽之，**虛無**打造**虛無**，所見盡是**虛無**。這種眼光當然不具祝福的能量，只因它們由詛咒而生。可還記得，小我的出現本身就是源自對上主的詛咒，甚至不惜毀滅祂的聖子。套用《聖經》裡約伯妻子說的那一句揪心的話：「詛咒上帝之後，只好一死了之。」（〈約伯記〉2:9）

這一段還影射出另一觀念，即大能基督和無能小我之間的一種鮮明對比；這跟前文引述過的一句話可謂緊密呼應：「你始終是在自己的軟弱及內在基督的大能之間作選擇。」（T-31.VIII.2:3）

(4:1~2) 真正的力量則能越過這些表相，無視於上述諸物。它的眼光凝視著映照在它們身上的光明。

上面這段話最容易引起學員的誤解了，但要知道，耶穌並非教我們視而不見眼前的幻相，「無視於」（overlook）是《奇蹟課程》常見的字眼，只不過，它的意涵迥異於我們日常所

說的「視而不見」。比方，我們常會說，那份文件明明就在桌上，我卻視而不見。但《奇蹟課程》要我們「視而不見小我」的意思，是要我們看穿它。每當我們舉目一望，最先進入眼簾的，必然是物質的表相，那對我們的小我而言，簡直像銅牆鐵壁一般堅固真實；然而，它虛無的內涵卻遮蔽不了我們的慧眼。下面描述罪的這一段話，所說的正是此意：

> 罪好似門禁森嚴的一道門檻，堵在平安道路上，不僅大門深鎖，且無鑰匙可開。來到門前的人若無理性相助，是不敢硬闖過去的。在肉眼裡，罪這道門檻硬如花崗，堅實無比，只有瘋子才會企圖闖關。唯有理性能一眼看穿它的底細，認出那不過是一個錯誤。不論錯誤隱藏在哪一種形式下，都掩飾不了它在理性眼中的虛無本質。（T-22.III.3:2~6）

〈正文〉有言：「只要我們同心協力，這盞明燈便足以驅散小我的陰影〔小我思想體系〕。」（T-11.V.1:3）是的，只要有耶穌的愛陪伴在旁，我們便能正視小我的黑暗，愛的光明必會穿透那狀似密不透風的銅牆鐵壁。如今，它好似一片弱不禁風的薄紗，絲毫遮蔽不了背後的真理實相。總之，當耶穌說到「看穿表相」或「視而不見」小我時，絕非要我們**別著眼**於小我；反之，他三番兩次叮嚀我們與他一起正視小我，唯有把小我看得一清二楚，我們才會驀然發現，那兒其實什麼也沒有。於是，先前那堅實的防禦之牆便應聲坍塌了，真理之光霎時照

亮了牆後的真實景象。讓我再次引述以下這一小節，因為它實
在太重要了。

> 不願正視幻相的人，必然受制於幻相；因為「不願面
> 對」本身即是對幻相的一種保護。……我們會在「小
> 我的運作模式」這一課深入一段時間，只因你已將
> 它弄假成真了，若想超越過去，不能不先正視它的存
> 在。讓我們靜靜地一起化解這一錯誤，方能越過錯誤
> 而一睹真相。……療癒之道無他，只需清除擋在真知
> 之前的種種障礙。除非你能直接面對幻相，不再袒
> 護，你才驅除得了它們。……所謂「明朗化」，顧名
> 思義，就是解除混淆而已；只要你能透過光明去看，
> 你便已驅逐了黑暗。（T-11.V.1:1,5~6; 2:1~2,9）

請記住這一番話，否則奇蹟學員很容易誤解耶穌要他們否
認眼之所見。下面這段話原本是針對療癒而說的，卻為我們做
了最好的釐清：

> 上主之師的眼睛仍會看到萬物的差異性。可是，已經
> 療癒的心靈再也不會與它認同了。雖然有些人看起來
> 好像「病得比較嚴重」，肉眼也會照舊報導病情的發
> 展。但已療癒的心靈會把它們全數歸類於同一個虛幻
> 不實的範疇裡。（M-8.6:1~4）

我們的目標所在，就是要透過基督的慧見，去看那在小我

眼中視為真實無比的知見世界，知道如何重新詮釋，使得**形式**表相在新的眼光下顯示實相所要反映的**內涵**，而那正是小我想盡辦法不讓我們意識到的真相。這種新知見銳利無比，足以穿透虛幻的分別相，而直探真理之境。所有幻相一碰到真理，便會「全數歸類於同一個虛幻不實的範疇裡」。

(4:3~6) **力量會與光明結合，而它本來就是光明的一部分。它所看到的正是它自己。你的自性會在它的光明中現身。你在黑暗中只會看到根本不存在的自我。**

　　這個「自我」，指的就是以分裂和罪咎為軸心的小我思想體系。我們一旦決心加入救贖光明的陣容，等於跟基督的大能結盟，同時與軟弱無能的小我分手；也等於和愛的力量結盟，不再跟脆弱的特殊性同流合污了。

(4:7) **力量才足以代表你的真相；軟弱無能其實是你妄自供奉的偶像；它企圖驅逐力量，讓黑暗來統治上主原本指派光明管轄之地。**

　　所謂的「上主原本指派光明管轄之地」，究竟在哪裡？就在心靈，這也正是我們企圖逃出心靈的根本原因。真理之光一出現，意味著救贖之念幫助我們憶起了「分裂不曾發生過」的真相；表示我這特殊的個體生命只能黯然引退了。

　　我們又看到了耶穌再三勸勉我們選擇光明，只因唯有光明才能映照出基督自性的力量，且與小我的軟弱無能形成強烈的

對比。問題是，小我最擅長把我們與眾不同的個體身分隱藏在陰暗的背景中，令我們一點也意識不到它的軟弱無能。

(5:1) 力量來自真理，它放射的光明乃是出自生命之源；而軟弱無能所反映的卻是營造黑暗的始作俑者。

「營造黑暗的始作俑者」，當然是指小我；然而，除非抉擇者與它沆瀣一氣，否則小我本身一無所能。由此可知，小我的「力量」完全仰賴著聖子「以為自己有權決定自己是誰」的那個幻覺。除非聖子正確地選擇了救贖，才可能在這道光明中再度意識到自己的真實力量。

(5:2~7) 它本身有病，因此只會矚目於類似的病態。真理才是人間的救主，它只願所有的人平安幸福。它會無限地支援任何向它祈求力量的人。在它的眼裡，任何一人的匱乏等於是全體的匱乏。因此，它所賜的光明也會使所有的人一起看見，一起獲益。它的力量是與眾共享的，如此才能把奇蹟帶給所有的人，且將眾人結合於同一目的、同一寬恕及愛之中。

本段第一句話便指出我們已經選擇了軟弱無能，第二句緊接著推出真理的力量與之制衡。整段的引文所強調的是，自從聖子與聖愛分離，他的特殊性必會把聖子奧體某些部分排除在外，小我也必然會生病而且顯得不堪一擊。真理則恰恰相反，它無所不包而涵容一切；上主之子在它眼中只是一個生命，正是這個一體本質賦予了聖子無比的力量。在這個分裂的世界

裡，天堂的一體本質唯有透過「共同福祉」的慧見才能反映於人間。我們可以這麼說，來到世間的人全都需要從這個病態與無能的夢境中覺醒，無一例外。請記得，耶穌所教誨的「無所不包」原則，是多麼的重要，重複多少遍都不為過：

> 我已為你疲倦的眼睛帶來一個嶄新的世界，如此地清
> 新、潔淨，它會使你忘卻往日的哀傷與痛苦。但你必
> 須把慧眼之所見與身邊每一個人分享，否則你自己也
> 無從看見。唯有給出這份禮物，你才可能享有這禮物
> 的祝福。這是慈愛上主的天命，使你永遠失落不了這
> 一禮物。（T-31.VIII.8:4~7）

唯有與身邊每一個人分享慧見的恩典，慧見的力量才會轉化為我們的力量。可還記得，到了〈正文〉最後，耶穌如此興高采烈地頌揚：

> 我們終於結合於同一目的之下，地獄的末日已不遠
> 了。（T-31.VIII.10:8）

直到我們與所有的弟兄結合在同一救贖目標下，病態的地獄就此告終了，天堂的記憶重現於心靈，我們必會憶起基督的力量。

(6:1~2) 只敢在黑暗中窺伺的軟弱無能，是無法在寬恕及愛中看出任何目的的。它把所看到的一切視為異類，世上任何東西它都不願分享。

　　「軟弱與力量」的主題在此轉換了一個角度繼續發揮下去：在小我的眼中每個人都有所不同，就是這種「視他人為異類」的觀念，鞏固了整個小我的思想體系。「你我大不同」這種心態其實反映出「你有罪而我無罪」的居心，它可溯源至最原始的分別妄念：「上主不是生命的創造者，我才是。」這麼一來，我們豈不又落回「非此即彼或非你即我；痛下殺手或坐以待斃」的小我立身原則？就這樣，支離破碎的聖子奧體遺傳給我們的軟弱無能，令我們身陷小我陰暗的思想體系而難以自拔。因此，我們可以這樣說，自己的軟弱無能所反映的，其實就是聖子的分裂狀態。分裂後的我們各自不同，而我對你的怨尤更深化了彼此的歧異；我若寬恕，這歧異便難以立足了。

(6:3) 它評判、定罪，就是無法去愛。

　　這就是特殊性！即使偽裝成愛，依舊充滿了評判，可以說，評判乃是分裂的聖子脆弱天性的一抹陰影，而慧見則是基督大能在人間的倒影，因基督正是一體不分的上主之子。

(6:4) 它一直隱身在黑暗中，幻想自己很堅強，所向無敵，足以克服一切限制，而那些限制卻在暗中逐漸膨脹為一龐然怪物。

　　這正是小我赤裸裸的寫照，它靠吞噬周邊所有的生命而活，因而給人一種堅強及膨脹坐大的幻覺。下面這一段把特殊性的魔咒「痛下殺手或坐以待斃」描述得更是驚心動魄：

在特殊關係〔即小我的分裂信念〕所標榜犧牲的連環禱詞下，真正要傳達的只有一個中心思想，那就是：上主必須死亡，你才可能生存。特殊關係所要傳達的正是這個觀念。你認為既然已經犧牲了自我，當然有權利攻擊別人的自我，並把別人的自我搶過來，取代你所鄙視的自我。……你設法從真相那兒盜取力量，加在你打造的小小自我身上，命令它跟真相放手一搏，使真相束手無策，如此你才能高枕無憂。這就是特殊關係所上演的祭儀。它在兩個個體生命之間建起一座祭壇，雙方都在祭壇前設法除掉自我，再由死亡中浴火重生出另一個自我來。這種儀式在人間一而再、再而三地上演，……你必須認清特殊關係的陰謀才行；這種荒謬的祭典儀式，企圖藉由上主的死亡來盜取其力量，壯大謀害祂的兇手之陣容，藉此證明「形式」戰勝了「內涵」，愛也失去了意義。（T-16. V.10:4~6; 11:3~6; 12:4）

小我一步一步為自己打造堅強的幻相，但它萬變不離其宗，全都源自「我的存活表示上主已死」那個原始幻覺。從此，祂的力量成了我的，我的軟弱變成祂的。耶穌不斷反問我們：「哪一個神智清明的人會相信這種瘋狂的想法？哪一個正常的人會希望把這種事情弄假成真？」（T-16.V.10:1; 12:5）

(7:1~3) 它恐懼，它攻擊，而且痛恨自己；黑暗籠罩在它所見

之物上，使它的夢境有如黑暗本身那般恐怖。此地沒有奇蹟，只有仇恨。它將所見之物與自己劃清界線；而光明與力量卻視彼此為一體。

正因如此，我們才這麼害怕光明，因為光明的力量直接來自那完美的一體境界，但在小我眼中，一體卻代表著軟弱無能。是的，我們的個體生命，在一體之念的面前顯得十分無力，在分別境相中卻顯得生龍活虎。如今，我們早已分辨不清什麼是軟弱、什麼是力量了，故才需要《奇蹟課程》的教誨，尤其是〈練習手冊〉所提供我們這麼踏實的功課。

(7:4~6) 力量之光與肉眼所見的光明不可同日而語。它不會明滅閃爍，如風中之燭。它也不會朝變夕遷，被黑夜吞蝕，直到黎明再現。

耶穌在此說的「光明」是指世間形形色色的光源，例如人造的燈光以及自然的陽光。然而人間的光源變化不定，難以持久，唯有真理之光永恆不易。這真理之光倒映在人間，只會形成一種慧見——世界不只虛幻，它根本就不存在！可還記得耶穌幫我們分辨「萬有與虛無」時，所提到的第一個測試方法（W-133.5:4）：

> ……你若選擇一個無法永存之物，你所選擇的就毫無價值。只有短暫的價值，其實等於沒有價值。只要是真有價值之物，時間是無法奪走它的。凡是會消逝

的，表示它不曾真正存在過，選擇它的人不可能從中
獲得任何益處的。他只是被自以為喜歡的某種虛無表
相所欺騙罷了。（W-133.6）

一言以蔽之，這個無常世界，骨子裡是沒有任何意義與價
值的。

不僅如此，更糟的是，世上每一個人對這個幻相都同樣的
堅信不疑。只要留意一下，我們便會發現，小我的字典幾乎沒
有「**相同**」或「**同一**」這類詞彙，因為它心目中只有「**不同**」
或「**歧異**」的概念。相對而言，「**不同**」的字眼很少出現在聖
靈的字典中，因為一切在聖靈眼中都是同一回事：我們全都活
在同一幻相裡，也擁有同一自性，只因你我毫無不同。

(8) **力量之光是恆久不變的，如愛一般穩定，永遠樂於給出自
己；因為它不論怎麼給，其實都是給予自己。任何人只要要
求，必會獲享它的眼界；凡是進入它居所的人，不會無視於奇
蹟，空手而歸的；力量與光明必然存於他的心中。**

此言不虛，因為萬象歸一。這個真相會牽引出後文的一個
重要原則：給就是愛（W-126, 158）。我們既是同一生命，故
我不可能給予別人任何東西，也不可能從他人那裡得到任何
東西；我只可能給出我自己。當我們終於明白了共用共有的重
要性，就離正念的慧見不遠了，再也不會相信妄念或小我眼中
的個別利益。由這個正念而生的慧見，必會帶來基督的光明力

量；而出於小我的妄念，只會令人活得暗無天日、欲振乏力。

(9) 你內在的力量會為你帶來這種光明，它會引導你的眼光越過肉眼為欺騙你而投射出來的無聊陰影。力量與光明在你內結合了；在它們會晤之處，你的自性已準備好歡迎你這自家人。我們今天就要設法找到這個會晤之處，並安息其中，因為上主的平安就在你的自性（也就是祂的聖子）內等著與自身重逢而回歸一體。

當我們願意以寬恕之光來照亮陰暗無力的攻擊念頭，容許靈性的一體生命映照於分裂的身體，每個日常選擇愈來愈貼近正念，表示我們已經立於真實世界的邊緣了。基督自性正在另一邊耐心地等候著我們回歸自己從未真正離開過的一體天鄉。

耶穌在下一段開始要求我們騰出兩次各二十分鐘的安靜時光，操練今天的觀念。我們若明白這種練習對我們的好處，那麼每天投入的那段靜心時間，以及運用在具體事件的當兒，必定會充滿喜悅。

(10:1~2) 今天讓我們騰出兩次各二十分鐘的時間來參與這一盛會。把自己帶回你的自性。

將我們帶回自性的是誰？當然是抉擇者，但也絕不能沒有耶穌陪伴在旁。話說回來，除非我們自動投入耶穌的懷抱，否則他愛莫能助。切勿忘記，我們先得心甘情願地向他說：「拉我一把吧！」我們若不伸出手來，他是無法帶領我們回家的；

毋庸贅言，他若不出手，我們也回不了家。為此，他才語重心長地說：

> ……我需要你不亞於你對我的需要。（T-8.V.6:10）

(10:3~4) 你就是透過這力量的光明而重獲看見之恩典的。今天暫時離開黑暗一會兒，我們要在光明中練習去看……

請注意，耶穌可沒要求我們永遠告別黑暗。這一點極其重要。他為了不讓我們一接近光明就心慌意亂，故只要求我們練習「一會兒」就夠了。他好似跟我們說：「跟我一起看看你那無聊的念頭吧！」我們只需意識到，把信心寄託在身體是如此愚昧的事情便成了。《奇蹟課程》前後不知為我們解說過多少次了，身體一直在辜負我們的期待，故當我們看到自己仍然這麼認真地信任身體時，只需一笑置之即可。海倫和我最喜歡的一段課文，就是耶穌假想抉擇者與小我之間的對話：抉擇者聽從小我的建議，選擇身體作為自己的安全港，結果卻發現身體毫無庇護的能力。

> 身體是小我親自選擇的居所。唯有與身體認同，小我才有安全可言，……這是心靈〔即抉擇者〕最感茫然無措之處。小我一邊告訴自己，我是身體的一部分，身體是我的保護者；一邊又告訴自己，身體無法保護我。於是心靈不能不問：「那麼我應向哪兒尋求保護才對？」小我會回答說：「投奔於我吧！」心靈會理

　　直氣壯地反駁：小我一直強調自己和身體原是一物，
求助於它的保護又有何用？小我對此質問啞口無言，
因為它確實無言以對；但小我還有它最拿手的一招。
它乾脆把這問題由人心的意識中徹底抹去。問題一旦
被小我剔除於意識之外，人心只會感到一股無名的焦
慮，但既然連反問的餘地都沒有，便也永無獲得解答
的機會了。（T-4.V.4:1~2,5~11）

　　根據小我的說詞，身體為我們提供了最佳的保障，我們竟
然毫無疑問地相信了，才會如此認同身體。然而，只要反觀自
己或世間所有人的一生，身體的保護功能實在太脆弱了，這是
有目共睹的。為此，耶穌並不急著要我們立刻切斷與身體的認
同，而只要退一步與他同在「一會兒」，質疑一下，就夠了。
透過耶穌的眼光，我們不難看清認同身體真的是死路一條，
同時也看到自己和世上所有人一樣的執迷不悟，而與耶穌同聲
一笑。話說回來，我們若從未意識到與身體認同原是自己的選
擇，那麼這一生必然註定活得渾渾噩噩而欲振乏力。總而言
之，這幾課的宗旨就是幫助我們明白，在光明與黑暗，力量與
軟弱，上主與小我之間，我們原是有選擇餘地的。

(10:4) 今天暫時離開黑暗一會兒，我們要在光明中練習去看；
閉起你的肉眼，請求真理指引我們找到自己與自性會晤之處，
在那兒光明與力量是同一回事。

　　換句話說，我們應該向耶穌請教，如何將自己的知見從身

體構成的渺小形象，轉向我們原是基督自性的那個記憶；而若要恢復記憶，唯有一途，就是藉著寬恕來轉化知見。

(11) 我們早晚都這樣練習一次。早上會晤過後，請繼續用這整天的時間為晚上作準備，使下次會晤時彼此有更深的信任。讓我們今天盡可能隨時複誦這一觀念，同時明白它會帶給我們新的眼界，導引我們遠離黑暗，邁向那讓你只會看見奇蹟的光明。

　　早晚兩次長式的練習，好似為這一整天架起一座彩虹橋，我們在這溫柔慈愛的拱橋下，體會出今天每一事件的深意。這層意義為心靈帶來了安息，讓我們懷著感恩的心情，歡迎每一個選擇奇蹟的機會，走出黑暗，邁向光明。

第九十三課

光明、喜悅與平安都活在我內

　　本課在〈練習手冊〉中可說是舉足輕重的一課,因為它清晰地描繪出兩種不同的我。本課以「光明、喜悅與平安都活在我(的真實自性)內」作為練習的總結,然而,在抵達這光輝真相以前,我們還有很多功課要做,唯有如此,才穿越得了小我的反制。

(1:1) 你認為自己是邪魔、黑暗與罪惡的淵藪。

　　這一句話所說的,正是陰森無比的「小我三寶」:罪、咎、懼。想一想,我們為什麼會甘心以此為家?只因我們自認為毀了上主才淪落於此的——正因為想活出個體之我,不能不把上主除掉,祂那美善、光明又純潔的家園自然與祂一併消失於天際。

(1:2) 你認為人們一旦看透你的真相,就會視如蛇蠍地疾疾走避。

　　短短幾句話即活靈活現地道出「咎」的本質。由於我不想面對在心中隱隱作祟的罪，決定投射到你身上，成為你的罪證；**你一旦成了那狠毒的蛇蠍，我便「安然」脫罪了。**

(1:3) 你認為你若看清了自己的真相，必然承受不了這可怕的打擊，寧可親手結束自己的生命；你害怕自己看到這個真相後，會失去活下去的勇氣。

　　換句話說，我們的防衛體系一旦坍塌，當下真相大白，我們一定「承受不了這可怕的打擊」而企圖「結束自己的生命」，接受地獄的懲罰。由是可知，我們真正害怕的是面對自己的罪，才會身不由己地向外投射，打造出形形色色的血肉之身，讓他們去頂替我們該受的責罰。然而，投射之後，勢必會引發更深的罪咎，因為我們自知居心不良，竊望上主把別人打入地獄，自己就有機會躋身天堂了。問題是，小我絕不會放過我們的，它不斷在耳邊提醒我們，自己才是有罪之人，上主不把我們打入十八層地獄絕不會甘休的。

　　我在〈正文〉的「前奏曲」以及其他地方多次討論過「罪咎—攻擊」的惡性循環。罪咎愈深，投射及攻擊的動機便愈強，如此才能將他人變成我的代罪羔羊。然而，這種誣陷伎倆反而會加深自己原有的罪咎，於是，我就這樣在「罪咎—攻擊—罪咎—攻擊—罪咎—攻擊」中周而復始地輪迴下去了。

(2:1) 這種信念是如此根深柢固，實在很難讓你看出那盡是無稽之言。

這句話給了「奇蹟樂天派」一個強而有力的反駁。言下之意，耶穌實在很難讓我們明白那套自我信念純屬「無稽之言」。我們還有一大段路要走，確實需要他溫柔耐心的指引。因為我們不只得面對小我攤在我們眼前的罪咎現實，還必須意識到內心深處對終極真相的無名恐懼；就是這樣深沉的恐懼，使得我們難以和上主的愛接軌。

(2:2~3) 你也很難看出自己所犯的明顯錯誤。看出自己竟以如此怪異的方式來尋找救恩；你不只受了騙，自己也在騙人；你害怕那愚昧的幻想以及野蠻的夢境；你臣服在塵土捏造的偶像之下。這一切在你目前的信念下真實無比。

耶穌再次提醒我們「反身而誠」的重要。他好似對我們說：「你不必假裝光明、喜悅與平安都在你內了，我知道你內心深處也知道這一真相，你明明知道我知道你早已知道自己是邪魔、黑暗與罪惡的淵藪。就讓我們從你目前的『現實』出發吧，有朝一日必會跨越那個現實而抵達你的真相的。」換句話說，我們不必偽裝自己「不是」特殊性之子，掩飾自己一生都在利用其他特殊人物來保護特殊的自己這一事實。只要不再偽裝，便無需為此內疚，坦然地把自己的特殊性交託到耶穌那兒，從此義無反顧，邁步向前。

他繼續開導我們：

(3:1) 今天我們要向它提出質疑，不是根據你的想法，而是從全然不同的角度看出這些無謂念頭不具任何意義。

耶穌其實在說：「別把我拉到你的層次，請你到我的境界來吧！你若從自己所在的戰場去看，是不可能了解任何事情的；但你若真想加入我的陣容，就得謙虛地承認：『謝天謝地，是我搞錯了。在此認知下，我決心拜你為師，因為你比我有智慧多了。』」

只要夠誠實，我們會發現，這種話還真不容易說出口。耶穌在後面談到我們對平安的渴望時，曾這樣說：「只說這一句話，不算什麼。但真心說出這一句話，則代表了一切。」（W-185.1:1~2）承認自己對所有的事情都看走了眼，也就是認出自己一向是從那「自認為能看能想而且存在」的渺小自我之思想座標出發；表示我們亟需在自己的思想體系之外尋找另一個座標。耶穌在〈正文〉第二十三章的最後，稱這另一個思想座標為「超越戰場之上」；唯有在那兒，我們才能和耶穌一起反觀自己的特殊關係，也才有機會放下攻擊而選擇寬恕，不再謀害而選擇奇蹟。

你此生的目標只是學習由上俯視那遍地烽火的世界。讓自己提升吧！居高臨下地俯視這個人間。只有那兒會給你完全不同的視野。……陷身此地以後，除了謀害，你別無選擇。但你一提升到戰場之上，自會捨下謀害之念而選擇奇蹟的。這一選擇所帶給你的知見，會讓你當下看清戰爭的虛幻而輕易地從中脫身。……當攻擊的衝動一起，你的心靈立即陷於黑暗及凶惡，此刻請記住，你仍然能夠居高臨下俯視這場戰

役。……不要從戰場的角度去看任何一人，因為那等
於是由子虛烏有之地看他。那兒沒有任何參考指標能
賦予你所見之物任何意義。（T-23.IV.4:7~5:1~2,5~7;
6:1; 7:1~2）

(3:2~4) 這些想法違反了上主的旨意。這些古怪的信念絕非出
於上主。僅憑這一點，就足以證明它們的虛妄了，可是你卻看
不出這個事實。

　　耶穌再度指出，他知道我們始終認為自己是對的、他那一
套是錯的。切莫對這個提醒掉以輕心！若真想讀懂、學習、操
練，甚至活出《奇蹟課程》，我們必須接受一個前提：自己什
麼也不懂，包括自己此刻讀到的這段文字。可還記得，我們之
所以認為自己了解，其實是靠大腦根據過去經驗而作的詮釋，
但問題在於大腦並沒有思考的能力。如果你認為這部課程說的
是這個或那個意思，必錯無疑，而且失之毫釐差之千里，因為
你的想法純粹出於你個人的詮釋，你的了解又經過了二元的濾
鏡，而非透過一體真相的清明透鏡，因此，你必會誤判自己所
讀到的每一句話。難怪耶穌面對小我的挑釁從不加以辯駁，只
是短短地回應一句：「上主的想法則恰恰相反。」（T-23.I.2:7）

(4:1) 若有人向你保證，你自以為做出的那一切惡事根本不曾
發生過；你所有的罪過也不算什麼；你依舊如創造之初那般純
潔神聖；而且光明、喜悅與平安都活在你內，你豈能不欣喜若
狂？

　　不消說，我們一旦接受了上述真相，表示我們不再是自己心目中那個我了，那麼我的特殊性也在瞬間蕩然無存。當我們知道自己的邪魔、黑暗與罪惡皆非事實，真該欣喜若狂才對；問題是，連打造這些信念的小我也不可能是真的了，這太可怕了！正因如此，我們必須先看清自己的小我對《奇蹟課程》教誨的恐懼之深，才有希望越過它暗中的抵制，與生命的幸福真相重新接軌。

(4:2~4) 你營造的自我形象根本抵制不了上主的旨意。你會認為這與死亡無異，其實這才是生命。你認為自己被毀滅了，其實你已得救。

　　認為自己註定毀滅的「**你**」，自然是指已經認同小我的抉擇者；而那個視真理、上主旨意和這部課程「**與死亡無異**」的「**你**」，也正是緊抓著特殊性的「**你**」。耶穌要說的是：「沒錯，你的個體生命遲早會歸於虛無，但你同時會憶起生命的光輝真相。」唯有如此，我們才能從自己打造的可怕自我形象中脫身而出。我已不止一次強調過，救恩的**過程**是需要一段時日的。此外，〈正文〉還說：

不必擔心自己會在瞬間被連根拔起而捲入真相裡。
（T-16.VI.8:1）

(5:1) 你所營造出來的自我，並非上主之子。

　　當你讀到這一句話時，請同時反省一下你心目中的自己，

不論腦海中冒出什麼字眼或觀念，心裡都要十分明白，它們本質上全屬於小我之子，和你這個上主之子無關。耶穌在〈正文〉說得很清楚：

> 人子〔小我〕不是復活的基督。（T-25.in.2:6）

(5:2) 因此，這個自我根本就不存在。

　　許多奇蹟學員操練〈手冊〉時，一讀到這句話，大都跳過去了。如果他們真的讀出話中的深意，很可能就把這部藍皮書束之高閣了，因為這不是他們想要追求的智慧。想想看，誰會愛聽「你所造就的自我並非上主之子」這類潑冷水的話？只要照照鏡子，除了自己打造的形象以外，還可能看到什麼？而《課程》竟然說，這個自我不僅不是上主之子，它根本就不存在。試問，哪個自愛自重的小我聽了這句話不膽戰心驚？因此才說，如果真心想學習本課程，非要有破釜沉舟的決心不可。但耶穌並不期待你立即放棄小我，他只邀你好好正視小我的本質，張開眼睛看一看，不必急著改變或努力修正，甚至無需與小我一刀兩斷。只要誠實地正視，這個過程遲早會幫你切斷你跟小我的認同。因為去看的那個「我」，並非被看的「我」。這類的經驗，必會逐漸將你的認同從小我轉向心靈作抉擇的那一部分的。

(5:3) 它外表所做及所想的，不具任何意義。

　　一句話便否定了我們一生的意義，更別提人類引以為傲的

偉大文明了。

(5:4) 因此也無所謂好壞。

　　如果這個自我還有好壞善惡之別，那人間可有戲唱了。傳統宗教就一直在玩這種把戲。關鍵在於：自我本身若不存在，說它好或壞，都變得毫無意義了。

(5:5~9) 它根本就不是真的，如此而已。它並非與上主之子交戰。因它既傷害不到上主之子，也侵擾不了他的安寧。它不曾改變過造化的真相，也無法把永恆無罪貶為有罪之境，或是將愛轉變為恨。你所營造出來的這個自我，一旦與上主的旨意衝突，豈有招架之力？

　　這一段話再次生動地道出了救贖原則的內涵：分裂既然不曾發生，自然不會產生任何後遺症。這段話同時還揭示了我們自己這一生和整個人類歷史背後隱藏的小我陰謀，就是藉此證明自己真實存在，上主或真神才是虛幻不實的。終究說來，我們唯一的出路只有提升到戰場之上，改變自己的著眼點，才有希望越過小我而真正聽懂聖靈的教誨，最終認出世界的存在只是為我們提供一個學習寬恕的場景而已。

(6:1~2) 你的清白無罪有上主擔保。你必須不斷向自己複誦這一事實，直到自己真心接受為止。

　　耶穌再度暗示了，我們尚未準備好接受他傳授的真理；但他也無意讓我們把他的話當作肯定語來反覆誦念，以便壓制小

我聒噪之音，他只勸勉我們把自己的虛妄念頭帶到真理之光下**正視一番**，便綽綽有餘了。

(6:3~5) 此言真實不虛。你的清白無罪有上主擔保。沒有任何東西觸犯得到它，或改變得了上主所創造的永恆。

耶穌深曉他的學生需要再三保證，因此才說：「此言真實不虛。」我們真的清白無罪，而且分裂未曾發生，聖靈自始至終都在代真理發言。我們只不過犯了一個小錯，當下就能扳正過來的。

(6:6~7) 你所營造出來的那個罪孽深重的自我，是沒有任何意義的。你的清白無罪有上主擔保，而且光明、喜悅及平安都活在你內。

若想和光明接軌，就得正視自己打造出來的我，也就是我們內心認定的「邪魔、黑暗與罪惡的淵藪」。就是這根深柢固的自我信念，令我們感受不到自己的清白無罪。這觀念實在太重要了，容我再提醒一次，反覆持誦光明咒語是嚇不跑小我的；化解小我，需要實修的功夫以及強大的毅力。正因為小我會無所不用其極地掩護這個邪惡之我，為此，耶穌才不厭其煩的叮嚀。下面，我再重述一段重要的課文：

> 你也許會奇怪：正視自己的瞋心，且明白它的全面影響何以如此重要？你也可能會想：何不請聖靈直接指出你的瞋心，不待你本人覺察，就自動為你驅除，不

是更省事嗎？（T-13.III.1:1~2）

除非我們真正懂得如何透過自己投射在他人身上的陰影，看到我們對自己的憎恨，才可能真心將這種自我憎恨帶到耶穌的愛內，因而獲得療癒。隨著抗拒的逐漸消褪，我們必會生起感恩之心，而欣然領受耶穌的光明、喜悅與平安的訊息。

(7) 救恩只需接受這一觀念：你仍是上主創造之初的模樣，而非你造作出來的樣子。不論你認為自己做了什麼傷天害理的事，你仍是上主創造之初的模樣。不論你犯了什麼錯誤，你的真相從未改變過。創造不只是永恆，而且是不變的。你的清白無罪有上主擔保。你不只是、而且永遠都是創造之初的模樣。光明、喜悅及平安都活在你內，因為那是上主將它們安置於此的。

這段引文預告了下一課的主旨「你仍是上主所創造的你」，這類句子成了〈練習手冊〉最常被引用的名言。請記住，救贖原則千古不變，不論我們認定自己犯下了什麼分裂大罪，也不可能造出任何後果，不論我們的夢境演得多麼如火如荼，也完全撼動不了上主的造化分毫。邪惡永遠無法戰勝至善，我們永遠是上主創造的我們，光明、喜悅與平安才是我們的永恆家園。

(8:1~3) 今天，你若能在白天每一小時的最初五分鐘作個「長式」練習，效果最好；開始時先重申一遍你受造的真相：

058   學員練習手冊 *行旅 4*

> 光明、喜悅與平安都活在我內。
>
> 我的清白無罪有上主擔保。

我們得精進一點了，因為耶穌開始要求我們每個小時就想起今天的主題五分鐘，他還要我們按照下文去做：

(8:4) 然後，放下你種種愚昧的自我形象，用剩餘的時間試著體會一下上主賜你的生命真相，而非你賦予自己的命運。

想一想，如果我們從來意識不到自己「種種愚昧的自我形象」，豈有「放下」它們的可能？耶穌要我們以他的方式去覺察小我。我們若想跳出「邪魔、黑暗與罪惡」的自我形象，除非先看清這種形象純粹出於自己的信念，否則我們是不會棄之如敝屣的，也因而無緣得知永存心內的光明、喜悅和平安了。若要認清自己的終極真相，也唯有一途，就是坦白承認自己心目中的我如此虛幻不實，才有機會讓那陰暗的幻相與真理的光明照面。這就是本課要告訴我們的喜訊。

(9:1~2) 你若非上主創造的，就是你自己營造出來的。只有那唯一自性才是真實的，另一個並不存在。

在此，耶穌仍然不要求我們立即把自己打造的自我改換為上主創造的光輝自性，因這樣可能會嚇到我們。他僅僅希望我們明白，我們只需把自己打造的我置於自性的真理之光中，自然會看出它的荒誕無稽。也因此，耶穌只促請我們質疑一下心目中所認定的自己。我們究竟想要成為上主的創造，還是小我

的妄造？這個善意的反問直接反映出「**非此即彼**」的原則。也就是說，耶穌要我們在「小我分裂性的攻擊」以及「聖靈療癒性的寬恕」之間二選一。不論作何選擇，我們在世上仍然擁有一個自我；直到最後一刻，連正念之我都會無聲無息地消融於上主的天心內，那便是我們人生旅程的巔峰。但在此刻，耶穌只提醒我們：「該起步了！」

(9:3~8) 試著體驗一下你那一體自性的合一性。試著欣賞一下它的神聖性，以及它所源自的大愛。試著不去干擾上主創造成你的那個自性，不要讓你為了取代它而造出的那個罪孽深重的小小偶像遮蔽了它的莊嚴偉大。讓它回到自己的根源吧！此刻的你才是你的終極真相。光明、喜悅與平安都活在你內，因為本來如此。

　　耶穌在此特別點出我們存心隱藏的企圖，他要我們正視一下自己老想用小我的虛妄形象來遮蔽真相的事實。「罪孽深重的小小偶像」象徵的正是我們的自我概念，以及自己的人際關係所打造出來的種種特殊形象。當我們再也不需要那些形象來解除內心的罪咎時，自然不會與它們糾纏不清了。唯有寬恕才會帶給我們嚮往的幸福，為我們開啟天堂之門，自性的記憶也必會慢慢回歸我們的意識。小我的「小小偶像」那道障礙一旦撤除，基督聖愛便能暢行無阻地流經我們的心靈。我們終於回家了！

(10:1~2) 也許你還不太甘願或是無法做到每小時的最初五分鐘

練習一次。無論如何，盡你所能地去試試吧！

　　耶穌好似對我們說：「我知道你不會這麼做的，這確實不容易，但至少試一下吧！」他接著解釋，這些練習的目的並非指望我們操練得多好，而是每當我們無法做到時，要記得寬恕自己。他預料我們一定會害怕而忘記操練的，他其實非常諒解，但他希望我們能夠坦白承認自己真的不想聽懂他的教誨。

(10:3~6) 至少每小時記得溫習一下下面的觀念：

　　光明、喜悅與平安都活在我內。
　　我的清白無罪有上主擔保。

然後至少花一分鐘左右閉上眼睛，試著體會一下這關乎你生命真相的告白。

　　是的，耶穌的教學手法一向如此柔軟。如果我們無法做到每小時操練五分鐘，只要想想今天的觀念，也就可以了。這一點點的努力，仍然有助於我們切斷自己與小我「邪魔、黑暗與罪惡」思想體系的認同。

(11:1) 只要一遇到好似惹你心煩的事，立刻再複誦一下今天的觀念，便能驅逐恐懼的幻相。

　　請特別留意，這些練習的目的所在，即是要我們煩惱一起時立即套用。如果我們夠誠實，便會承認自己幾乎隨時隨地都很容易生氣，不論碰到的是大事還是小事。耶穌在〈練習手

冊〉第二十一課就曾經說過,「一絲不悅」和「震怒」其實毫無差別(W-21.2:5)。他要我們好好監督自己的起心動念,一感到不安或不悅,立即提醒自己:「這個感覺是出於我的某個形象,我想利用它來證明自己是與眾不同的個體,這種伎倆不曾帶給我任何幸福,我再也不想玩這種遊戲了。」

(11:2~4) 當你快要對某人生氣時,也請記得默默地向他說:

> **光明、喜悅與平安都活在你內。**
> **你的清白無罪有上主擔保。**

同樣的,每當我們發覺自己想要攻擊、批評或找他人的碴之時,特別需要警覺:就是這些念頭讓自己感受不到光明、喜悅和平安的。這位弟兄和我既是同一生命,我所有的責難便會打回到自己身上。反之,我若能與他分享光明喜訊,也會幫助我自己憶起光明始終在我心內的那個真相的。如此,我們就能攜手回家了。

(11:5~7) 為全世界的得救,今天,你可放手一搏。讓自己更深入上主在救恩計畫中指派給你的角色,今天,你可放手一搏。讓自己全心相信這個觀念的真實性,今天,你可放手一搏。

我們若能為世界的得救獻上犬馬之勞,唯獨只有一個原因,即:上主聖子是同一生命。我們馬上就要深入這一主題了。既然我們都是同一自性,而我又是這完美一體不可分割的一部分,表示整個聖子奧體都活在我內。請留意,這個**我**可不

是「邪魔、黑暗和罪惡的淵藪」的那個我。為此之故，唯有先拯救自己的心靈，才救得了世界；也為此之故，我們願意精進地操練今天的功課。不只相信耶穌的教誨的確是真理，同時也敢面對內心對真理的抗拒。只要如此誠實地操練，我的抗拒一定會逐漸消褪，光明、喜悅和平安也必會回到我這上主之子心中的。

第九十四課

我仍是上主所創造的我

　　請注意，在〈練習手冊〉中只有本課這個觀念不斷出現於全書，首先重現於第一百一十課，繼而第一百六十二課，並且成了複習六的中心主題。不僅如此，它在〈正文〉最後一節的結語部分也扮演著舉足輕重的角色（T-31.VIII）。只因小我思想體系大力鼓吹「我**不是**上主所創造的我，而是分裂的心靈，且寄生於一具肉體內」，故今天的主題具有直接修正的效用，為救贖原則奠定了穩固的基石。

(1:1~2) 今天我們要繼續深入這個帶給人全面救恩的觀念；這一句話足以令人間各種誘惑一蹶不振，這一念足以使小我噤聲而徹底瓦解。你就是上主所創造的你。

　　現在，就來讀讀耶穌在〈正文〉第三十一章「重新選擇」那一節所揭示的重要觀念：視自己為一具身體，對所有的世人

都具有莫大的誘惑；正因如此，我們才會把小我及它那套脆弱、痛苦又病態的思想體系全然當真：

> 不論哪一種誘惑，不論發生於何事，它只教人一個課題。它企圖說服上主的神聖之子他只是一具身體，誕生於必死的肉體內，欲振乏力，連感覺都受制於它。……當你視自己為無用的可憐蟲時，不妨如此回應這一誘惑，培養出這一快樂習性：
>
> > 我仍是上主創造的我。上主之子不可能受苦。而我就是這位聖子。
>
> 如此，你等於公開邀請基督力量為你作主，願以上主的大能取代你的軟弱。……你仍是上主創造的你，你見到的一切有情眾生亦然，不論它們呈現給你何種形相。你眼中所見的疾病、痛苦、無能、苦難、失落、死亡等等，都在誘惑你把自己看成自身難保的地獄之子。你若不屈服於這一誘惑，就會親眼看到，這些痛苦不論化為何種形式，或發生在何處，都如陽光下的朝露，轉眼消逝無蹤。（T-31.VIII.1:1~2; 5:1~5; 6:1~3）

只要真心說出「我仍是上主所創造的我」這一句話，就代表我們接受救贖的決心。唯有相信這一幸福真相，才算與小我（也就是相信分裂的那套思想體系）分道揚鑣；也等於聲明：除了完美一體的造物主，此外空無一物。於是，世界就這麼化

解了。不僅如此，就在放下分裂幻相而選擇救贖真相之際，人間所有的痛苦也在這一選擇中結束了。可以說，整部課程的宗旨就是為我們解釋這一真理，並且教導我們如何將它落實在我們的人生現實。

(1:3~5) 世上所有的雜音頓時沉寂下來，世上的一切景象都煙消雲散，世上的一切想法會被這個觀念掃蕩一清。救恩就這樣完成了。瘋狂的神智在此恢復了清明。

　　這一段再度闡明了《奇蹟課程》的形上理念，它奠基於「不是全有就是全無」的原則上。如果上主真實不虛，那麼我永遠都是上主所創造的我，而小我所教的那一套以及世界的紛紜萬象也全都淪為虛妄；不只虛妄，它根本不曾存在過！「世界根本就不存在」這個說法一旦成立，那麼，這個在世上活得生龍活虎的血肉之我也不可能存在了。任何人意識到這一點，不可能不膽戰心驚的。這正是小我百般不願我們發現的真相，它不惜令我們陷於神智失常，也要迴避這原始的瘋狂一念；神智一旦失常，我們便再也看不到「聖靈的清明正常」這一選項了。海倫在復活節寫下的詩篇〈轉型〉（*Transformation*），描寫了世界怎麼由「擁有一切」落入「一無所有」。以下，我節錄其中一小段，可說是上述課文的最佳註腳：

> 彈指之間，一個巨響，
> 吐出驚天一字，
> 從此，面目全非。

……

原本大而無疆的，

潛身於渺小卑微，且甘之若飴。

原本昏暗的，愈發光亮；

原有的光明，開始閃爍、黯淡，

最後蹤影全無。

——《天恩詩集 / 暫譯》P.64

(2) 真實的光明就是力量，力量就是清白無罪。只要你還是上主所創造的你，你必是堅強的，光明必然仍在你內。為你的清白無罪擔保的那一位，必然也會保證你的力量與光明。你仍是上主所創造的你。黑暗遮蔽不了上主之子的榮耀。你立於光明之中，在你受造的清白無罪中屹立不搖，你會這樣活到永恆。

　　耶穌進一步解說今天的主旨。「我仍是上主所創造的我」這句話，彰顯出不論小我思想體系多麼黑暗也傷不了天堂之光明分毫。身為基督的我們，既是這光明的一部分（〈正文〉稱之為「光明實相」，T-18.III.8:7），自然不會被黑暗所傷。我們真正的力量出於清白無罪的生命本質，它為我們反映出救贖真相：我們不曾與光明分離過。罪咎的黑暗只有在夢境裡才遮蔽得了光明，但在實相中，光明永遠光華四射。

(3) 今天我們繼續利用白天每一小時的最初五分鐘，試著體會一下你的內在真相。用下面的句子作為練習的開始：

我仍是上主所創造的我。

我永遠都是祂的聖子。

現在，試著深入在你內的上主之子。這個自性不曾犯罪，也不會妄造假相來取代實相。這個自性絕不會離開它在上主內的家園，徬徨地在人間流浪。這個自性完全不知恐懼為何物，失落、痛苦或死亡對它是不可思議的事。

現在，耶穌開始要求我們每小時憶起今天的主題一次。首先聲明自己的生命真相；這一真相足以推翻充滿罪惡、恐懼、疏離、痛苦的小我幻相，因為它們在自性中毫無立足之地。這令我們想起〈正文〉針對十誡第一誡所說的一句話：

「除了上主，你不可朝拜其他神明」，只因除祂以外，沒有任何神明存在。（T-4.III.6:6）

耶穌緊接著為我們描述，如何越過虛妄之我而邁向真實的聖子，如何穿越分裂之罪的信念而直抵基督的光明之境。

(4:1) 若想達此目標，你只需放下所有的偶像及自我形象，不再理睬你加在自己身上那一串好好壞壞的特質，只是靜靜地等候你的真相來臨。

短短幾句話便點明了寬恕的歷程：我們必須先放下小我，才可能憶起上主。由此可知，我們的職責不僅是重申自己乃是上主的創造這一真相，還要「否定小我的否定」。下面這一句

引文言簡意賅地道出這段話的深意，容我再引用一次：

> 因此，奇蹟志工的任務便是**幫忙否定他們對真理的否定**。（T-12.II.1:5）

再說一次，如果想完成「憶起自性」的目標，必須先「放下所有的偶像與自我形象」。自從我們相信那個自我形象**就是**自己，它便構成了我們的特殊性，成為我們憶起自性的最大障礙。接下來，我們為了保護自己的形象，不得不否定自己是一切問題的禍首，更不敢承認自己為了把內心的罪咎轉嫁到他人身上，竟然打造出這個大千世界。經過層層的否認，自我形象不僅成為一個特殊的我，而且還是**純潔無罪**的我，只因我的罪咎全部轉移到他人身上去了。

在小我這套防衛機制下，寬恕顯得比登天還難，因為想要回到上主那兒、想要憶起基督自性，就必須先放棄**所有**的自我形象。耶穌還補上一句：「不只是壞的形象，好的形象也得放棄。」我們已經解釋過，只要一提到正面，立即襯托出負面的存在，二元對立的世界於焉成形；但在天堂，完全沒有「二元對立」這一回事。為此，我們遲早也得超越正念與妄念的二元心境。然而，在此之前，我們仍需加把勁兒，將怨心恨意種種幻覺帶入寬恕，接受修正，也就是將分裂的黑暗帶入救贖的光明，我們才可能完成這趟旅程，回歸真我的一心境界。

(4:2) 上主親自許諾了，祂會將真理啟示給所有祈求的人。

　　言下之意，為我們啟示真理的，不是上主和耶穌，也不是《奇蹟課程》，而是有賴於我們的祈求。這種祈禱所反映的，正是我們準備認錯的小小願心：承認我們誤把自己當成分裂而且特殊的聖子，承認耶穌的教誨才是真的；我們**永遠**是與造物主一體不分的基督自性。

(4:3~4) 你現在已經在求了。你一定會得到的，因為上主從不食言。

　　這一小段影射出我們的心靈真的分裂了──有一部分絲毫不想放棄個體價值而回歸家鄉，另一部分卻很想放下小我而用心操練今天這一課。為此，耶穌向我們的抉擇者提出呼籲：好好正視小我的瘋狂失常，這樣才表示我們真心選擇內在那一套清明正常的思想體系而準備放棄小我了。

(5:1~4) 如果你無法在每小時之初都練習五分鐘的話，至少每小時記得這樣提醒自己：

　　我仍是上主所創造的我。
　　我永遠都是祂的聖子。

今天隨時提醒自己，你是上主所創造的你。

　　試問，如何測出我們想要憶起自性的決心？答案無他，就看我們多麼努力記得操練今天的功課了。下一課還會進一步告訴我們，〈練習手冊〉真正的價值，就在於凸顯出我們多麼

「不」想記得這些練習，也就是間接反映出我們並不真想憶起「我仍是上主所創造的我」。

(5:5~7) 一旦有人好似觸怒了你，記得要以下面的句子去回應：

> **你仍是上主所創造的你。**
> **你永遠都是祂的聖子。**

　　這個重要至極的觀點，我會一再反覆提到。試看，在整部〈練習手冊〉中，耶穌如此三番兩次叮嚀我們：每當我們開始不悅、消沉、發怒、害怕或沮喪時，必須立刻套用當天的觀念，這些練習才會帶來具體效用。換句話說，每一個令自己感覺受到不公待遇的場景，其實是幫助我們憶起當天功課的大好機會，藉之，才得以將受害的幻覺帶入耶穌為我們護守的真相內。我若是上主所創造的我，你一定也是，因為上主只有一個聖子。我對你若仍有怨尤，表示我對自己懷著同樣的怨尤。我說過，不論在天堂或人間，上主都只有一位聖子，我們不可能獨自痊癒的。牢牢記住這一點，才表示我們真的憶起了自己是上主的創造，也會同時憶起自己的自性，亦即和造物主永遠一體不分的真相：

> ……一切能力來自上主。你還能為整個聖子奧體憶起這一真相。不要讓你弟兄忘記，因為他一遺忘，你也跟著健忘。你一憶起，他也跟著記起來了，沒有人能夠單獨憶起上主的。**這正是你所遺忘的真相。**把你

弟兄的療癒視為自己的療癒吧，這是憶起上主唯一的
方法。由於你早已把弟兄和祂一塊兒忘了，上主答
覆你的「遺忘」的方法，就是幫你恢復記憶。（T-12.
II.2:4~10）

最後，耶穌總結了今日練習的重點：

**(5:8~9) 今天盡可能每小時定時地練習。你所作的每一個練
習，都是邁向解脫的一大步，也是學習本課程思想體系的一個
里程碑。**

耶穌再度提醒我們，我們是這個課程的學生，他才是老
師；唯有跟他學習，我們才會幸福快樂。我們這位恩師實在溫
柔又有耐心（這正是資深上主之師的第四與第八個人格特質，
M-4.IV,VIII），他會帶著我們一小步一小步（其實是一大步）
邁上寬恕的旅程。我們只需要發個小小的願心，他就能將這個
小願化為他的無邊大願，因為每個神聖的一刻，都為我們開啟
了一扇永恆無限的窗口。

第九十五課

我是一體自性，且與我的造物主一體不分

　　這一課可謂非比尋常，很值得我們念茲在茲，奉行不渝。整部〈練習手冊〉進行至此，只有這一課，耶穌突然擱置當天的主旨，轉變話題，特別提點我們，當我們**沒有**按照書中指示去做時（例如忘記了當天的功課），應該如何面對。我準備在這一點多花一些時間，因為它太重要了。本課前三段針對今天的主題，繼續探索自性的真相。我前面說過，從第九十一課一直到一百一十課，這二十課自成一個單元，對比出基督自性及分裂小我的天壤之別。本課的要旨即是聚焦在真我的**一體本質**。它告訴我們，上主之子不可能分裂為億萬碎片，他不僅是一個完整生命，還與造物主的生命渾然一體，無二無別。

(1:1~3) 今天的觀念一語道盡「你仍是上主所創造的你」的真正內涵。你在自身內是一個整體，而且與祂一體。你的生命就是整個造化的結合體。

今天的觀念和小我所說的那一套南轅北轍。小我的思想體系是從天人分裂起家的，根據它的說法，我們和造物主分家之後，分化愈演愈烈，最後導致我們與世上每一人和每一物都分別對立，形成了眼前的世界。讓我再次引用〈正文〉的描述：

> 凡是相信上主可畏的人，只會打造一種替身。縱然這替身千變萬化，卻萬變不離其宗，那就是以幻相取代真相，以片面取代整體。因著它一而再再而三的切割、分化、再分化，最後讓人再也認不出它原本一體而且永遠一體的真相。你其實只犯了一個錯誤，就是把真相帶入幻相，將永恆帶入時間，把生命帶入了死亡。你的整個世界都建立在這個錯誤上頭。你所見到的紛紜萬象，無一不是這個錯誤的倒影，你所經歷的每個特殊關係也都離不開這個錯誤。

> 當你聽到萬物的真相與你之所見是如此不同時，也許會驚訝萬分。這表示你尚未意識到那個錯誤的遺害如此之深。它的後果涵蓋之廣，大到不可思議的程度，整個「非真」世界都「不能不」由此而生。除此之外，世界還可能出自何處？整個世界如此分崩離析，你只需正眼一瞧，就會望而生畏。然而，你眼前所見的，根本顯示不出原始錯誤的遺害之深，那個錯誤好似已將你逐出天堂之門，將真知粉碎為互不相關又毫無意義的殘破知見，使你不能不換來換去，反覆取代不休。（T-18.I.4~5）

　　沒有錯，這就是我們眼前的這個世界。這種世界和前面引文所說的「整個造化的結合體」恰恰相反，它既源自分裂及分化之念，那麼，由形體構成的世界必也屬於分裂及分化之地，它怎麼配稱為上主之子的家園！任何把世界當成家園的人，等於否認了救贖原則，既不相信天堂一體境界（也就是上主與基督完美的一體生命）的永恆不易，也不相信我們從未離開過自己的生命源頭。

(1:4~5) 因著你內在完美的合一性，你不可能變化無常。你還無法接受這一事實，也認不出這事的必然性，只因你相信你已經改造了自己。

　　短短幾句話切中了妄念體系的要害。不論正念之我多麼想要接受耶穌的教誨，小我必會暗中抵制，只因它一心想要保有自己無常而且特殊的身分。整部〈練習手冊〉不乏類似的說法，暗示耶穌知道我們無法接受上主之子永恆不易的本質，我們無需過於內疚，也不用在他面前遮掩自己的「罪過」。話說回來，我們一旦堅信自己已被改造，改造之後的我便成了真實的自己，一切顯得如此天經地義，再也沒有懷疑的理由了。相信自己已非本然之我，意味著我不只與上主分裂，也和其他的分裂之子互不相通，完美的一體生命反倒顯得如夢如幻，毫不真實。

　　耶穌繼續描述我們心目中的卑微自我：

(2:1~2) 你視自己為上主造化中一個荒謬的贋品，脆弱、凶狠、醜陋、作惡多端、吃盡苦頭的可憐蟲。這就是你對自己的看法，你把自我分割得支離破碎，相互傾軋，又與上主決裂，全靠那本身乖僻無常的主人將那些碎片暫時維繫在一起；你還會向它祈求生命。

耶穌在《奇蹟課程》其他地方曾把小我及身體說成有辱上主造化的拙劣贋品（T-24.VII.10:9; M-8.2:5），此處稱為「荒謬的贋品」。我們把心目中「神聖無比」的我視為上主的傑作，其實它只是上主造化的拙劣仿冒品，企圖取代上主的唯一聖子；而我們的神聖自性才是上主的唯一聖子，他不只完美地結合於基督內，而且與祂一體不分。

耶穌之所以為我們對比這兩種自我，目的即是要我們明白，唯有提昇到戰場之上，回到心靈的抉擇者那裡，從那個高度俯視人間的我，便會看清那些構成「我之為我」的種種特質其實只是真我的一個「荒謬贋品」。因此，不論什麼原因，每當我們的情緒被激起時，不妨退後一步重新去看，並告訴自己：「我的這些反應，盡是完美自性的荒謬贋品！」這一步雖小，卻顯示了我們願意跟小我分道揚鑣的決心，不再認為自己受到不公的待遇，那麼，那些妄見引發的苦果自然就無法上身了。否則，上述受害的念頭及感受勢必加深我們對身體的信仰，為「上主已死」提供了強而有力的佐證。小我必會龍心大悅，因為這顯示耶穌錯了，自己這一套才正確無誤。

「分割得支離破碎，相互傾軋」，當然是指身體的層次。身體的每個部分似乎相互對峙，我們企圖補救身體這一部分的問題時，另一部分就得付出某種代價。我們永遠無法全然快樂，因為連我們自身都無法整合。換言之，分化的勢力好似打敗了一體之境。

如果把視線再拉遠一點，我們會發現自己這個聖子碎片和其他的分裂之子，全都處於壁壘分明的敵對狀態。可以說，我們不只與生理之我及心理之我為敵，還得時時與上主之子狀似分裂的所有碎片為敵。這就是「**觀念離不開它的源頭**」的道理，由之，**心內**的狀態必會投射出相應的**外境**。

(2:3~5) 它聽不見你的祈求的，因為它是聾子。它也看不見你的一體自性，因為它是瞎子。它不了解你是上主之子，因為它毫無道理，又極其無知。

這一段引文令我們想起先前討論的觀念：我們有眼卻看不見，有耳卻聽不到，大腦也無思考能力。確實，自從與上主分離後，除了自身的虛無所投射的魅影以外，我們什麼也看不見。唯有聖靈思想體系下的慧見才真正具備看的能力，它的「看」不靠任何生理器官，和身體一點關係都沒有。耶穌曾這樣反問我們：為何老是向「整個宇宙只有他不知道」的那一位請教生命的真相。誠如下面我最愛引用的一段話：

他〔上主之子〕內有一位陌生人〔小我〕，漫不經心

地逛進了真理之家，不一會兒又逛了出去。……不要
向那陌生的過客請教「我究竟是什麼」。整個宇宙就
只有他不知道。你卻偏偏向他請教，並且還按照他的
答覆來調整自己。使得浩瀚如宇宙的真理原本不屑
一顧的那個渺小而荒謬的瘋狂一念，如今神氣十足
地擔任起你的嚮導。你開始向那渺小一念請教宇宙
的意義。在浩瀚如宇宙的真理前，你竟會向那個盲
目的嚮導請教：「我該怎樣看待上主之子？」（T-20.
III.7:2,5~10）

　　我們不只向它請教，還經常向它祈求的那個「東西」，就
是小我，它隱身於身體、大腦以及感官的幕後。我們習慣向身
體請教真相，其實它什麼也不知道，因為我們當初打造身體的
目的就是為了遮掩真相。耶穌在這兒再度拐彎抹角地說，我們
真的什麼都不知道。言下之意，我們若由個別又特殊的自我出
發，是不可能讀懂《奇蹟課程》的。如果真想了解這部課程，
我們需要放下「我」的觀點，回到耶穌所在的正念之心才行；
當然，這等於要求我們放棄所有的自我概念。但終究而言，我
們不可能從幻境或身體的角度去了解真理或靈性的。對此，下
面這一段〈正文〉說得可真是一針見血：

　　你真的認為自己能把真相帶入幻想世界嗎？你可能從
　　這些幻相學到真相的意義嗎？真相一落入幻相，便喪
　　失了意義。真理之思想座標的意義必然離不開真理。

你若企圖將真相帶入幻相，表示你存心把幻相弄假成
真，幻相便得以假借你對它的信心而理直氣壯地存在
下去。（T-17.I.5:1~4）

(3) 我們今天要把覺知專注於那能看、能聽，而且言之成理的
那一位。我們的練習會再次領你深入你與造物主一體不分的自
性那裡。我們今天要充滿耐心與希望地努力不懈。

　　耶穌和聖靈代表我們的正念心境，故能從基督慧見著眼，
徹底罔顧眼前的現實及其重要性。但是，他們並不要求我們否
認眼之所見，只需否認自己對這些現象的詮釋即可。因為一旦
落入小我的觀點，必會著眼於分歧、特殊，以及攻擊的表相；
而慧見所要修正的正是這一錯誤詮釋，清理心靈的通道，使自
性的記憶得以重返我們的意識。

　　本課的第一部分到此結束。從第四段開始，一直到第十段
的開頭，耶穌都在向我們講解：當我們忘記練習而不免自責
時，該如何應對才好。這些解說頗具教學意義，因為它表面好
像在說操練〈練習手冊〉的心態，其實它後勁十足，足以瓦解
分裂和罪咎的思想體系，只因小我一心想要把分裂之罪當真，
還要我們為此感到罪孽深重。

(4) 在你目前的學習階段，白天若能拿出每小時最初的五分鐘
來練習，效果會特別顯著。目前，你很難在較長的練習中保持
不分心狀態。你如今一定對此感觸頗深了。你很清楚自己的

心思缺乏訓練到什麼地步，也明白自己多麼需要在心念上下功夫。你必須意識到這個問題，因為它確是你進步的一大障礙。

　　一句「目前，你很難在較長的練習中保持不分心狀態」，耶穌簡直跟我們攤明了，他既不期待我們一絲不苟地操練，也不指望我們每個小時都能想起上主五分鐘，乃至每小時想起當天的功課五六次，或是煩惱一起便能即刻向他求助。他知道我們「心思缺乏訓練」，為此，才會給我們這麼多的規矩，這實在是情非得已。如此的用心良苦，令我想起〈教師指南〉的一段話：

> 若把它們當成例行公事，反而容易引發問題，因為它
> 們很容易變為天條或偶像，而傷及原先設定這些原則
> 的真正用意。（M-16.2:5）

　　雖說如此，在本課，耶穌仍是強調「例行公事」以及「形式規範」的重要，其中的理由不說自明。

　　可以說，耶穌在本段又一次拐彎抹角地提醒我們，我們仍在階梯的底層，不必偽裝自己的境界有多高了。等我們真的達到某一高度時，規範和訓練便不再那麼重要，屆時也無需有板有眼地操練了。但無論如何，目前我們仍在底層，如同耶穌在〈教師指南〉所說的：

> 這問題〔上主之師應該如何度日？〕對資深的上主之
> 師而言，實在沒有太大的意義。人生的課程每天千變

萬化，是無法預先設定的。然而，有一點，上主之師相當肯定：生活中的變化絕非偶然發生的。看出這一點，並了解此言真實不虛，他就能夠活得安心自在了。

至於那些信心還不夠堅定的人，又當如何？他們仍未達到隨心所欲而不踰矩的地步。（M-16.1:1~4; 2:1~2）

為此，耶穌才會對階梯底層的**資淺**學員這麼說：「你很清楚自己的心思缺乏訓練到什麼地步，也明白自己多麼需要在起心動念上下功夫。」換句話說，我們確實需要一個可以依循的規範。遺憾的是，世上不乏自認為「不屬凡夫之列」的人——你若屬於這號人物，最好有點自知之明。倘若你也是雜念紛飛的一介凡夫，表示你忙著保護特殊性都來不及，哪會真心學習這套化解特殊性的思想體系！

耶穌允許他的學生像一般人一樣充滿恐懼或老是遺忘；表示我們無需為自己的頑強遺忘而內疚。耶穌甚至告訴我們，如果我們的功夫已經超越了「放縱自己雜念紛飛」（T-2.VI.4:6）的海倫，便沒有修練這部課程的必要。其實，他真正要說的是，切莫半途而廢，以「自己老是忘記」作為藉口，兩手一攤說：「《奇蹟課程》太難學也太難練了，還是算了吧！」

耶穌從不要求我們每天操練得多完美，他只期待我們發現自己做得不理想時，記得寬恕自己便成了。想一想，這又何難

之有！總之，耶穌並不指望我們成為〈練習手冊〉的模範生，他一心只願我們意識到自己的操練確實差強人意。為此，他才語重心長地說：「你必須意識到這個問題，因為它確是你進步的一大障礙。」沒有錯，我們確實「心思缺乏訓練」，故「需要在起心動念上下功夫」，因它嚴重阻礙了我們的靈性成長。

　　話說回來，心思缺乏訓練還不是真正的障礙，隨之而來的內疚才是問題的癥結。前文多次提到類似的觀念：小小瘋狂一念不是問題，我們因接受小我對這一念的詮釋而引發的罪咎才是真正的禍根。為此之故，若要化解小我思想體系，關鍵即在於解除罪咎。換言之，耶穌想幫我們明白：〈練習手冊〉操練得**不完美**，反倒成為我們化解心內罪咎的大好機緣。這好似說，儘管〈練習手冊〉操練得**不完美**，但只要學會寬恕自己，便是**上乘的**修法，堪稱為《奇蹟課程》的入門弟子。

(5:1~2) 在這一階段，頻繁而簡短的練習，也會帶給你其他的好處。除了體會到自己缺乏專注力以外，你一定也注意到了，若不隨時提醒自己這目標，你會隔了好久還想不起來練習的。

　　在此，耶穌特別要我們注意兩點：首先，雜念紛飛原本即是小我的保身之計，因之，我們不僅難以靜靜地坐上五分鐘或十五分鐘而不分心；其次，真正的問題是，我們根本不認為有每天靜心五分鐘、十分鐘或十五分鐘的必要。然而，耶穌這番話並無責難之意，他只是要我們明白，「做不到」本身並非一種罪過，而是恐懼作祟；若是罪過，理當受罰，若是害怕，只

需修正一下便沒事了。

(5:3) 你也常忘了每天的「短式」練習，你尚未養成隨時用此觀念來應付誘惑的習慣。

　　耶穌知道我們一定會忘記練習的，他再度表示這根本不是問題。這部課程的宗旨是要教導我們用寬恕來解除後天學來的錯誤心態；它絕不會用懲罰來滋長恐懼，加深我們的罪咎的。

(6:1) 因此，在這階段裡，你需要訂個計畫，隨時提醒自己這一目標，並且定時地全力以赴。

　　最重要的是，我們應有自知之明，知道自己仍在旅途的起點；缺少了這份謙遜，是很難從這部課程學到任何東西的。再說一次，身在靈性階梯的底層絕非罪過，反而應該慶幸自己至少跟對了老師，踏上了正確的階梯。如果我們因為身在底層而內疚，或眼看著他人突飛猛進，自己卻蝸步慢行而自慚形穢的話，表示傲慢的小我開始發作了。請注意，如果我們用謙遜來掩飾傲慢，到頭來必然一事無成。試看，嬰兒學步都得從爬行開始，接著學走路，然後才跑步。我們若想教還在爬行的孩童跑步的話，只會害他將來無法正常走路，更別提跑步了。承認自己還是一位有待兄長指導的孩童，這種心態極其重要。我們若堅持認為自己已經長大，而且跟哥哥一樣聰明能幹的話，是不會乖乖聽話的，結果害自己成為靈性的瘸子，不僅學不會真寬恕，更遑論真心愛人了。

(6:2) 若想達到這一救恩課程的最高效益，定時的練習並非最理想的形式。

這句話和我先前引用的「若把它們當成例行公事，反而容易引發問題」（M-16.2:5），是完全相同的道理。

(6:3) 然而，對於意向不堅卻堅持排斥學習的人，是絕對有幫助的。

如果我們足夠誠實，必會說：「我正是你說的那種人！我不只意志不夠堅定，而且還『堅持排斥學習』。我並不真想知道自己的身體、愛炫的個性以及受害的故事毫無意義，我更不想聽『死守人間其實是對上主聖愛的攻擊，或者為愛設限』這類話。請別跟我說『我的自我全是虛幻的存在，是對上主和基督的侮辱』，我真正想學的是，『我是多麼棒的人』，希望耶穌能把我變得更棒更好。」也就是說，正因如實意識到自己的心志不堅而且存心抗拒，故特別需要按照耶穌指示的「定時」練習，這才是真正的誠實。讓我們繼續聆聽〈教師指南〉第十六篇是怎麼說的：

> 一開始就懷著節省時間的初衷，是明智之舉。這當然不是終極的評估標準，但在起步階段，它的效果最為顯著。開始時，我們會再三強調節省時間的重要性，它在整個學習過程也扮演著相當重要的角色，但是，愈到後來我們就會愈少強調它了。剛開始時，我們敢

肯定地說，如果你能正確地開始一天的生活，必會幫你節省許多時間。（M-16.3:1~4）

緊接著，耶穌繼續解說今天的操練方式：

(7:1~2) **因此，我們還會繼續運用每小時五分鐘的練習形式，鼓勵你愈少錯過練習愈好。利用每個小時的最初五分鐘練習，效果最為顯著，因為它提供了比較穩固的練習架構。**

我們再次看到，儘管耶穌知道我們缺乏訓練，他依舊給出「比較穩固的練習架構」，只因我們若真心想要進步，必然少不得這番的磨練。

現在，我們愈來愈接近這類教誨的核心了：

(7:3~5) **然而，不要因為錯過了幾個練習時段，就以此為藉口而不肯盡快恢復練習。這是你最常面對的誘惑：一旦忘了規定的練習，便認定今天徹底失敗而予以放棄。其實你只需認清這個誘惑的本質，它存心剝奪你修正錯誤的機會，故意讓你不想重新開始。**

「咎」，正是這一段的主旨，雖然耶穌沒有直接點出這個字，其實我們心底始終在哀號：「我罪孽深重，無藥可救，不可饒恕，我簡直糟糕透了，我大概是最爛的奇蹟學員了！」果真如此，就連聖靈都束手無策了。〈正文〉曾經討論過罪惡與錯誤的不同，特別指出「咎」在小我守護分裂狀態的機制中扮

演了極其關鍵的角色：

> 切莫把錯誤與罪惡混為一談，這一點極其重要，唯有
> 辨明兩者的不同，你才有得救的可能。……罪惡要求
> 懲罰，錯誤只待修正，相信懲罰等於修正的人，顯然
> 已經精神錯亂了。

> 罪不是一個錯誤，罪的觀念隱含了錯誤所沒有的傲慢
> 心態。犯罪，表示你不只冒犯了真相，並且詭計得
> 逞。罪，等於聲明攻擊確實發生了，你理當為此感到
> 罪咎。它認定上主之子真的犯了罪，必然喪失了純潔
> 本性，就這樣，上主之子把自己轉變為另一個與上主
> 創造初衷截然不同的生命。……小我會把罪帶到恐懼
> 前，要求懲罰。然而，懲罰只是保護罪咎的另一種手
> 法而已；因為該受懲罰的，表示確有其事。懲罰一向
> 是罪最有效的護身符，它對罪絕不會掉以輕心，甚至
> 萬般推崇罪的嚴重性。凡是必須懲罰的，表示它必是
> 真的。（T-19.II.1:1,6; 2:1~4; T-19.III.2:2~5）

由此可知，我們一旦把自己的個體生命視為一種**罪**，因而
引發極深的**咎**，以及必遭天譴的**懼**，我這個體生命就更加穩如
泰山了。不僅如此，咎一出現，我們若非壓抑下去，就是投射
於外；於是，原本窩藏在心內的罪咎感搖身一變成為他人的問
題。如此，原有的咎必然愈壓愈深，根本無從化解起，因為我
們心目中認定的他人之罪覆蓋了我心知肚明的自己之罪。

　　現在再回到「我們未能按照規定的時間練習」這個問題。我們知道，那不過反映出自己當初決定忘掉上主那個原始錯誤的一片陰影而已。因為一旦憶起上主，找回自性，自我便消失了。眼見自己的個體存在命在旦夕，誰會想要記得上主的愛和一體生命！下面這一段〈正文〉說得很清楚，我們隨時隨地都在重演原初那一刻的決定：

> 每一天，每一分鐘，每一瞬間，你不斷重溫那恐怖的
> 時間幻相取代愛的那一剎那。（T-26.V.13:1）

　　請記住，從我們相信「恐怖的時間幻相取代愛」的原始一刻開始，到目前所發生的一切為止，其間並沒有億萬年之隔，只因線性時間純屬幻覺，所有事件其實都發生在當下的每個經歷。每當我責怪自己忘記操練當天的功課，或忘了向耶穌求助時，等於重演原始那一刻，也就是當初拒絕上主聖愛之際向聖靈說出的那番話：「就算你說的全然真實，但我沒興趣，因為我只想保住自己與眾不同的個體價值。」是的，那一刻的決定**始終都在我們心靈深處隱隱作祟**。

　　那一刻，我們不僅沒有對這個錯誤一笑置之，反而定了自己的罪，引發深不可測的咎，深恐上主大發雷霆向我們追討罪債。為了逃避上天的懲罰，我們乾脆和心靈一刀兩斷，投射出這個罪孽深重的我；又為了幫自己脫罪，繼而打造出一個充滿罪人的世界，證明自己才是無辜的受害者。可以說，我們每一次忘記操練當天的功課，就是不自覺掉入自己演得爛熟的那一

齣戲。為此，耶穌特意告訴我們，忘記練習根本不是問題，問題在於我們不想接受耶穌溫柔的愛之修正，再度把這瘋狂一念當真，耶穌才會提醒我們大可一笑置之。這正是下面這段〈正文〉給我們的叮嚀：

> 在「一切是一」的永恆境內，悄然潛入了一個小小的瘋狂念頭，而上主之子竟然忘了對它一笑置之。因著他的遺忘，這個念頭變為一個無比嚴重的觀念，成了一種能夠實現並產生真實後果的可能性。只要我們攜手同行，便不難對此一笑置之了；我們知道時間是無法侵入永恆的。永恆否定了時間的存在。認為時間能干擾永恆的念頭，實在可笑之至。（T-27.VIII.6:2~5）

此刻，無妨用這一課作為比方。耶穌要你在每小時之始想到上主一次，你突然警覺：「我的天！我一點鐘時忘了憶起上主，啊，我從十二點、十一點或十點起就忘了這一回事，直到現在一點十五分才想起來。」這時，我們應該記得對自己說：「我會忘記，只因我害怕記得。我個人的需求實在太強了，為了維繫自己的特殊性，我把所有的精力都投注在自己的身體及身邊人的需求上。我因害怕而遺忘，這一點並無惡意，就算我想保有特殊身分，也稱不上是罪，不過是一個有待修正的錯誤而已。如今，我終於看到自己對這部課程的抗拒，這是何等珍貴的經驗！這一刻，我終於想起今天的練習了，我要請耶穌陪伴我正視自己逃避心態背後的原因。我願重新選擇耶穌的寬

恕，放下小我的內疚。」的確如此，這正是耶穌對我們的期待，讓我們想起聖靈在〈教師指南〉所給的溫暖訊息，也就是針對我們堅信不疑的罪咎而說的一番話（前文已經引用過，這回只添加兩句開場白）：

針對上述觀點〔罪咎的信念〕以及由此而生的世界，修正只會提供一個答覆：

你只是誤把自己的詮釋當成真相而已。你錯了。但是錯誤並非罪惡，你的錯誤也篡奪不了真理實相的寶座。上主永遠君臨天下，唯有祂的律法對你及世界有約束力。祂的聖愛才是唯一真實的存在。恐懼只是幻覺而已，因為你其實與祂一樣。（M-18.3:6~12）

(8:1) 聖靈不會因你的錯誤而耽誤祂的教誨。

換句話說，無論你多常忘記真實的自己，也搖撼不了自性的永恆真相；不論你操練得是好是壞，對你的真相一點也毫無影響。每當你覺得自己受到不公待遇，或者沒有得到特殊性想要的重視及關愛時，盡快回到心內，向耶穌說：「我一定看走眼了，請拉我一把！」他的職責就是教導我們如何寬恕自己，勿把這些瘋狂之念當真，這才算是真正與耶穌連線了。請記住，我們的錯誤耽擱不了耶穌的任務，但它一定會耽擱我們自己的幸福。

(8:2) 只有當你不願放下那些錯誤時，祂才無法可施。

　　這正是罪咎的陰謀：要我們把錯誤視為一種罪惡，心甘情願接受懲罰，絕不輕易放過自己。這種必受天譴的恐懼，最後會逼著我們投射到他人身上，藉以反襯出自己的清白。從此，我們好似患了「偏執妄想症」，隨時睜大眼睛，盯著周遭的風吹草動，深恐那些罪人會反擊回來。其實外界的攻擊，只是自己攻擊之念投射出來的幻影。然而，這還不是問題的癥結，真正的癥結在於我們心知肚明自己才是始作俑者的那個「咎」。

　　為此，耶穌才會敦促我們，一發現自己做錯了或忘記了，立即向他求助。雖然這段原文沒有提到咎字，但每個字裡行間都影射了**咎**的作祟。我們之所以如此不甘放過自己的罪，只因它在我們心目中成了無法逆轉的事實，彷彿接受天譴才是天經地義的事。

(8:3~4) 因此，讓我們下定決心，尤其是在隨後的一週中，心甘情願地寬恕自己的不精進以及未能按時練習的失誤。寬容自己的弱點，有助於我們忽視它的存在，不再賦予它任何力量來阻撓我們的學習。

　　如果我們無法忍受自己的弱點，反而當作一種罪過，這就賦予了它強大的能量；如此，不僅會耽誤我們的學習，還可能毀了修行的願心，令「寬恕」感到英雄無用武之地。再說一次，不論我們究竟是忘了操練或是特殊性作祟，甚至亂發脾

氣，這些都不是問題；唯當我們滿懷內疚，而且死抓著那個錯誤不放，那才是最大的問題。

別忘了，小我處心積慮地鞏固我的個體性，所憑靠的，正是內心的咎死守著罪的信念。也因此，小我只要一逮到機會，就會證明我們果真罪孽深重。正因如此，每當我們犯了一個錯誤時，只要明白那是基於恐懼，而不是因為邪惡或業障，然後坦誠地向耶穌說：「我畏懼你的真愛，只因我深怕失去自己的個體性及特殊性，因而將你推開。這才是我忘記練習的真正原因。」若能如此坦白地和耶穌對話，自然不再內疚；一旦內心無罪無咎，自然就沒有問題了。反過來說，我們若抓著罪咎不放，保證我們會不斷忘記練習的。為此，耶穌才三番兩次向我們叮嚀每日操練〈練習手冊〉的真正意義。

容我再提醒一次，「視而不見」或「罔顧它的存在」，並非要我們**不**去看它，反而是要我們正視它的存在。只要有耶穌的愛陪伴，我們便能輕而易舉地看穿那個表相的。由此可知，這兒說的「忽視」，意思其實是要我們「看透」它。

(8:5) 唯有當我們縱容它的阻撓，它才會顯得很有力量，於是力量與無能便混而為一了。

如果我們把忘記練習視為自己的一大弱點因而內疚不已，表示我們尚未看透小我一無所能的脆弱本質，意味著我們依舊相信小我已經毀滅了上主。〈正文〉有言：

永恆否定了時間的存在。認為時間能干擾永恆的念
頭,實在可笑之至。(T-27.VIII.6:5)

是的,時間若不存在,小我自然也不存在;這個救贖原則
成了力量的唯一源頭。

**(9:1~2) 你若未能達到本課程的要求,你不過是犯了個錯誤罷
了。錯誤有待修正,如此而已。**

再強調一次,「沒做到」稱不上是個罪,耶穌容許我們
「未能達到本課程的要求」,他並不指望我們成為中規中矩的
模範生。我先前說過,如果真心想從〈練習手冊〉學到東西,
最佳的途徑就是練得不完美,**然後寬恕自己**。這等於是在練習
寬恕自己原始那一刻遺忘了上主那一回事。學會寬恕自己的錯
誤,我們便堪稱為標準的奇蹟學員。

**(9:3~4) 允許錯誤繼續下去,只是錯上加錯,使原有的問題變
本加厲。我們最需要捨棄的就是這種心態,因為那只是你保護
幻相而抵制真相的另一種藉口。**

這一段話告訴我們,若不想繼續犯錯,最好的方法就是別
再內疚;若不想內疚,則需邀請耶穌陪伴我們正視這個錯誤。
他必會讓我們明白,我們只不過因為恐懼而犯錯,這根本不是
罪;罪既然不成立,咎自然無從立足了。反之,只要咎還在作
祟,我們便難免一再犯錯;因為心裡一有罪惡感,自然想要壓
抑下去,然後投射成另一種錯誤,若非傷害別人,就是傷害自

己的身體。由此可知，唯有化解罪的信念，才能夠切斷投射的機會；於是，療癒便發生了。

耶穌接著把如何操練每日一課的話題，轉向他真正要我們學的功課：

(10:1~2) 願我們認清這些錯誤的真相，不再執著下去。它們企圖不讓你意識到你的一體自性；它不只與你的造物主一體不分，也與造化的每一部分共為一體，且具有無限的能力與平安。

唯有「我是一體自性」的覺知，方足以化解我的分裂信念。當我忘了每小時的練習，或者生氣時忘了向耶穌求助，這類錯誤不過是我怕失去自己的個體價值的抵制伎倆罷了。因為我若總是記住了當天的功課，我的個體生命便岌岌可危了。

耶穌講完我們的抵制伎倆之後，繼續回到本課的主題「我是一體自性，且與我的造物主一體不分」。這句話無異於在宣告：「我不只看錯自己的真相，而且錯得離譜。今天忘了這一課，只是小我不想讓我憶起真相的一種伎倆；因為一旦憶起了真相，我必會忘掉自己的幻相，放棄那個和所有人（包括自己的造物主）分裂的特殊之我。」

(10:3~4) 這就是真相，除此之外，別無其他真理可言。今天我們將再次重申這個真理，並且試著直抵你的心靈深處，在那兒你從未懷疑過這唯一的真理。

此刻，再回到今天的功課：若想憶起真相，我們必須先把自己的幻相帶到真相內，真相會為我們的心靈洗去小我的種種愚昧，至此，我們才算登堂入室了。

耶穌用最後的五段，反覆重申今天的真理：我是一體自性，且與我的造物主以及所有的人一體不分：

(11) 懷著這確信不疑之心，開始今天的練習，盡可能向你的心靈作此保證：

我是一體自性，且與我的造物主一體不分，也與造化的每一部分共為一體，且具有無限的能力與平安。

然後閉起眼睛，再次緩慢且清明地告訴自己，同時讓這話的含意滲透到心裡，取代你原有的錯誤觀念：

我是一體自性。

複誦這句話若干遍，再試著體會一下話中的深意。

我們解說過很多次了，《奇蹟課程》的療癒方式是把小我的黑暗幻相帶入聖靈的光明真相。說得更具體一點，就是把特殊性之念帶入寬恕之念。甚至可以這麼說，把不惜犧牲別人來滿足自己所需這個人生目標，帶入我們唯一真實的需求那裡，也就是認出所有需求都是同一回事。如此，方能在舉手投足之間處處反映出今天的真理：「我是一體自性，且與我的造物主一體不分，也與造化的每一部分共為一體，且具有無限的能力

與平安。」

(12) 你是一體自性，安穩地結合於光明、喜悅與平安中。你是上主之子，一體自性，只有一個造物主以及一個目標；你要將這一體意識帶給所有的心靈，如此，真實的造化才能把上主「遍及萬有」與「渾然一體」的本質延伸出去。你是一體自性，完整無缺，已被治癒，且重歸圓滿；你有能力掀去世界的黑暗面紗，讓自己內在的光華四射，向世界昭示你的真相。

　　想要「將這一體意識帶給所有的心靈」，我們就必須為彼此活出共同福祉，如此，小我罩在聖子心靈上的那道分裂及特殊性的黑紗便掀開了，我們的光明真相當下光華四射，證明我們確實是一體自性。即使在分裂心靈的層次，我們仍是一個生命；這種認知反映在人間，便成了真理的倒影。換句話說，聖子奧體內每個分裂的碎片都含帶著同一個問題以及同一個答案。

(13) 你是一體自性，與現存的一切及未來的一切共融並存。你是一體自性，上主的神聖之子，與所有弟兄結合於同一自性內，也與你的天父結合於祂的旨意中。感受一下在你內的這個自性吧，讓它的光明驅逐你所有的幻覺及疑慮。這就是你的自性，是上主之子本體，如造物主一般清白無罪，你內具有祂的大能，而祂的聖愛也非你莫屬。你是一體自性，且能在自身內感受到這一自性，這是你與生俱來的天賦，你也能將一切幻覺由這天心、自性及你內的神聖真相中一掃而空。

　　活在分裂夢境的我們只有一個目的，就是盡力解除個別利益的幻覺，因它淹沒了我們對真實自性的記憶。確切而言，《奇蹟課程》教我們憶起自己的終極身分以及造物主之愛的方法，唯獨寬恕而已。耶穌已開始為這個主題鋪路，後面幾課還會切入得更深。

(14) 今天別再忘了。我們需要你的協助，願你負起把幸福帶給全世界的那一點責任。上天對你充滿信心，你今天一定會努力一試的。把你擁有的這一份肯定分享出去。儆醒吧！今天別再忘了。從早到晚須臾不忘這一目標。盡可能隨時複誦今天的觀念；你明白，你每複誦一次，就會有人聽見希望之音、真理在他心內的澎湃，以及和平展翅的輕柔顫音。

　　本課一開始便點破了我們根本不想憶起自性的居心，以及這一抗拒心態如何阻礙了我們的學習及修持。縱然如此，耶穌依舊耳提面命這幾課的重要性，因這不只與我們此生的幸福休戚相關，整個聖子奧體（其實就是我們自己）都指望著我們從痛苦與死亡的夢境覺醒過來。我們投入的這份心力為聖子奧體帶來「希望之音……輕柔顫音」，而這股希望會在心靈的暗夜點亮一盞明燈，直到天堂的平安悄然降臨，取代這個烽火處處的人間。

(15) 當你承認自己是一體自性，且與你的天父一體，你等於在呼籲全世界與你合一。今天不論你遇到什麼人，記得帶給他這觀念所許諾的一切，並這樣告訴他：

你和我都是那一體自性，且與我們的造物主結合於此
自性內。我向你致敬，基於我的生命本質與祂的神聖
真相，也因祂愛我們猶如一個生命。

必然如此！因為你遇到的每一個人其實就是你自己，誠如
〈正文〉提醒我們的：

不論你遇到什麼人，應牢牢記得這一會晤的神聖性。
你如何看他，你就會如何看自己。你如何待他，你就
會如何待自己。你如何想他，你就會如何想自己。
千萬不要忘了這一點，因為在他身上，你若不是找到
自己，就是失落自己。每當兩位上主兒女萍水相逢之
際，就是天降救恩之刻。不要錯過這個給予對方救恩
和親自領受救恩的機會。（T-8.III.4:1~7）

這麼重要的一課，到了最後還在叮嚀我們，要把眼前每個
事件都看成修正「分裂及特殊性」的小我妄念之無上機緣。因
此，在這一天之始，我們發個小願與耶穌同行，有他相伴，我
們才可能記得：「我們不只在小我內是同一生命，在靈性內也
是如此。」從今以後，回歸一體家園的旅途必然充滿寬恕的甜
美果實；最終一起悟出：「自己從未離開過那一體生命，一體
生命也不曾離開過我們。」

第九十六課

救恩來自我的一體自性

在這一課裡，「**心靈**」（mind）一詞的用法不太一致，故在進入課文之前，有必要作一澄清，才不至於引發誤解。「心靈」在本課有兩種含意，如同〈詞彙解析〉「心─靈」（C-1）那一節的用法一樣，它有時指靈性（spirit），有時則指分裂的心靈（split mind）。由於課文並未具體點明它在某處採用哪一種用法，故常會混淆了讀者，等到我們逐句解釋課文時，我再分別點出來。

大致而言，「心靈」（mind）作為「靈性」（spirit）的同義詞時，代表靈性的「運作主體」（C-1.1:1）；在《奇蹟課程》裡，靈性的英文字是spirit。當「心靈」（mind）指我們真實的基督自性時，一律採用小寫；此外，當它偶爾代表上主和聖靈時則用大寫。也就是說，心靈（mind）這個詞，除非指向「上主天心」或「基督天心」，否則它通常都用小寫的mind。

　　第九十六課特別針對靈性、心靈和身體三者的關係作了一番釐清。新時代思潮或另類療法的追隨者，常將身、心、靈視為三位一體，然而，我們馬上就會看到《奇蹟課程》截然不同的立場。

(1:1) 雖然你是一個自性，你卻經驗到兩個自己：好的與壞的，愛的與恨的，心靈的與肉體的。

　　本句課文的「**心靈**」其實是指**靈性**，代表「好的」與「愛的」一方。自從我們認定自己已經一分為二，必也同樣相信上主之子已經與上主天心及基督決裂了；然而，這個觀念與救贖原則完全背道而馳。救贖原則是這樣告訴我們的：分裂不曾發生過，完美的一體自性永遠不可能分裂**出去**，否則，它就不配稱為完美，也就沒有完美一體的生命這一回事了。

(1:2~5) 這種分裂為兩個對立存在的感覺，使你不斷感受到劇烈的衝突，讓你不惜一切想要協調這種自我觀念中的矛盾。你已經找過無數的解決方案，沒有一個行得通。你在自己內所看到的對立，永遠都勢不兩立。然而，真正存在的只有一個。

　　我們一旦聽信了小我之言，認為上主與我們勢不兩立，內心必然交戰不休。不消說，這只是小我的認知，真實的上主對此根本一無所知，因為上主是不可能知道分裂之境或分裂之心這類事情的，唯有小我的神明才會相信有此可能。自從我們驅逐了生命的源頭，就一直企圖消除這個記憶（也就是聖靈），

這等於為自己的心靈製造了矛盾。不僅如此，小我還進一步編織一個謊言警告我們：「聖靈必會東山再起，將罪孽深重的我們逮回去，置於死地。」這個彌天大謊，才是人間一切問題的起因。而我們竟也相信自己真的面臨生死之戰，不得不使用金蟬脫殼之計，把埋在心內的罪咎投射於外，於是，有罪之我成了有罪之他，還處處跟我作對。這種戲法演到最後，我變成了十足的受害者，而自己一手打造出來的有罪的他，搖身一變，成了加害我的人。

我們的特殊關係就是小我「不惜一切想要協調……矛盾」的策略打造出來的。例如「恨的特殊關係」，令我相信敵人在外邊，唯有毀滅他，才能還我清白。小我偶爾也會賞賜我一個「特殊的愛」，來撫慰我內心的衝突——只要跟某個人在一起，他那特殊的愛便能罩住一直在我心內作祟的痛苦與恐慌，讓我感到一時的安全與自在；那人對我的關注、忠誠與肯定，十分令我「感覺良好」，再也無需面對「邪魔、黑暗與罪惡的淵藪」這個自我信念了。

(2:1) 不論你如何努力，用什麼方式，在何處看出問題，真相與幻相之間沒有妥協的餘地，你必須接受這一事實，才有得救的可能。

這一段話重申了本課程一體不二的形上原則：**天人之間沒有衝突可言**，我們和上主或任何人都沒有交戰的餘地，因為真理實相屬於無法分割也不可能分裂的境界。唯當我們誤信自己

活在這一真相之外，還能向真相挑戰時，真相與幻相才會同時現前，而且彼此勢不兩立。正因如此，人類歷史上盡是二元對立的宗教，處處宣揚真理與罪惡交戰。最典型的，莫過於《聖經》了，經文裡充斥了戰爭的記錄，在最後的〈啟示錄〉達到高潮，推出了最血腥的「末日大決戰」。另如〈新約〉裡的耶穌，他在十字架上戰勝了死亡的復活故事，更成為真理與美善戰勝幻相及邪惡的最高象徵。對此，《奇蹟課程》的觀點截然不同，它說，只要我們把幻相攪入真相，真相便失去它的絕對與完整性而不再是真相了。下面這段〈正文〉說得再清楚不過了——真理之外，**什麼也沒有：**

> 在你之外，沒有任何東西存在。這是你最後必須學習的課題，這才表示你已覺悟天國重歸於你了。天國是上主唯一的創造，上主從未離開天國，天國也不曾離開過祂。天國原是上主之子的居所，聖子從未離開天父一步，也不可能活在天父之外。天堂不是一個地方，也不是某種境界。它只是對一體生命的圓滿覺悟，也就是悟出「此外無他」的那個真知：在這一體之外，別無他物，在這一體之內，也別無他物。（T-18.VI.1）

當我們親自接受了救贖，便會憶起這個幸福真相，從此，不受人間的衝突幻影所苦了。

(2:2) 除非你接受這一事實，否則你會追逐一連串不可能達成

的目標，無謂地耗費時間與精力，無數的希望與懷疑，而每次都像前次那樣徒勞無功，也會像下次那樣一敗塗地。

　　短短數語，可說道盡了人間的滄桑，也點出了世界終將功虧一簣的根本原因。我們一邊想盡辦法解決內心難以承受的焦慮和內疚，暗中又想**藉用**焦慮和內疚的問題來鞏固自己的個體性；企圖透過衝突鬥爭的方式來爭取和平，明知無用卻還一意孤行。這和小我「去找，但不要找到」的立身法則完全如出一轍。（T-12.IV.1:4）

(3:1) 毫無意義的問題，是無法在問題所在的框架下解決的。

　　在感覺中，我們經歷到的一切問題都發生在身體和世界的層面，只不過，我們完全無法從那個層面去開解，因為問題並不出在那兒，而是發生於我們心中，也就是我們相信了小我的那個決定。這才是唯一的問題，它引發極大的罪咎；當罪咎之苦壓抑不下時，只好投射於外，從此，只要張眼一看，問題全在身外，再也看不見心內的咎了。就在小我詭計得逞之後，我們便開始忙著解決這些虛假的問題，為它們耗盡一生的時光和精力。但這些解決辦法全部一無是處，因為它們根本**不可能**有用！說得更露骨一點，世界已經無藥可救了，沒有人可以在世上找到真正的幸福的。當然，我們偶爾也能滿足一下自己的特殊需求，只可惜好景不長，因為罪咎不會允許我們真正快樂起來的，故我們也不可能真正享有特殊性所給予的那一點點幸福。比如說，猜忌成性的小我一定會如此起疑：「那個人怎麼

可能愛上我，而且還願意跟我廝守終生？我還是再等等其他機緣吧！」可以說，種種類似的猜疑充分反映出人心中始終未解的咎。

對此，寬恕則採取反向的操作，把投射反轉過來。我們的新老師會教我們如何把問題帶回答案所在之處，亦即將小我的幻相帶入聖靈的真相。我們一旦把罪咎問題放對了層次（也就是存心定罪的心靈那兒），一切問題必然迎刃而解。

(3:2) 你解決不了兩個自我之間的衝突，也無法讓善與惡和平共存。

這一句話再度重申了奇蹟的形上理念。〈正文〉對此著墨頗多，也成了操練〈練習手冊〉必備的基本概念。如果沒能讀懂「一體不二」的思想體系，我們根本不可能了解〈練習手冊〉前面的幾十課，更別提上述這句課文了——除了上主、天堂、真理，此外無一物存在。然而，問題就出在我們相信還有其他東西存在。究竟說來，唯獨只有這個信念有待化解，而所有其他的問題都是從這個根本問題衍生出來的假問題。〈正文〉在「相會之處」那一節，為我們對比了兩種孩子，一個是我們最愛的特殊性之子，一個是天父的聖子，其中的深意與上面這句課文毫無二致：

> 於是兩個孩子就這樣形成了，他們都活在世界中，卻無交會之處，相見亦不相識。你在身外所看到的那一

位，是你自己的愛子。另一位安息於你內，他才是天父的聖子，活在你弟兄內，一如弟兄活在你內。他們的不同不在於外在形狀，或是所走的道路，甚至不在於他們所做的事情，而在於他們各懷不同的目標。就是這些目標導致他們物以類聚，當然也使得「道不同者，不相為謀」。聖子必以天父的旨意為依歸。人子所見盡是來路不明的願望，還企圖把它弄假成真。人子的所知所見就如此這般賦予了這個願望一個假相。（T-24.VII.11:1~9）

請看，我們再度回到「目標」這個核心的觀念。唯有從這個角度出發，才能理解為何我們常被特殊性之「惡」所吸引，只因我們非常希望把它變成自己的愛子。然而，若要完成聖子的「目標」，唯有選擇「善」，我們才會樂於承認自己全都搞錯了。

(3:3) 你所營造的自我絕不可能成為你的自性，而你的自性也不可能分裂為二後，還能保持它本來如是且永遠不變的本質。

如果我們相信自性可能一分為二，還能搞出一個特殊之我，並且認為這個「我」急需化解，這豈不表明分裂真的發生了！由此可知，有待化解的既非分裂，亦非特殊性，而是我們對它們的信念。這個重大的分野是讀通《奇蹟課程》的關鍵所在。換言之，如果我們所強調的是化解自己的信念，等於聲明心靈的決定仍有修正的可能；相反的，如果我們著力於解除分

裂狀態或自己的特殊性，反倒把分裂和特殊性的信念襯托得真
實無比。

(3:4) 心靈與身體是不可能並存的。

　　這一句的「**心靈**」其實就是指**靈性**，而非分裂的心靈。
這句課文所表達的，就是我們耳熟能詳的「非此即彼」的概
念——小我和上主是無法並存的。〈正文〉也有類似的說法：

> 你若不著眼於血肉之軀，就會認出靈性。兩者之間沒
> 有中間地帶。一個若是真的，另一個必是假的，因
> 為真的必會否定假的。你只能看到一個選擇。（T-31.
> VI.1:1~4）

**(3:5) 不要企圖去協調兩者，因其中一個否定了另一個的真實
性。**

　　迄今為止，不少奇蹟學員仍在致力於修復身體與心靈的關
係，企圖將靈性、上主或耶穌拉進世界來解決人間的問題。但
若根據《奇蹟課程》的觀點，「身心靈合一」之說等於推翻了
靈性的真相。靈性一旦成為世界的一部分，就不再是靈性了。
請記得，「無所不容之境是沒有對立的」（T-in.1:8），也因
此，無所不包的靈性絕不可能在對立的世界中立足。近代十分
流行一種說法，認為唯有整合身心靈才可能活出一個完整的自
我——這正是小我最愛聽的話。我並不是說整合身心靈對我們
絲毫無益，我要說的是，這並非**本課程**傳授的重點。要知道，

靈性和我們的心理、身體完全屬於不同的層次，根本沒有整合的餘地。不僅如此，身體本身徹底虛幻不實；它純粹出於心靈的一念，也不曾離開過心靈的源頭。

(3:6~7) **如果你是一具形體，你的心靈就會由你的自我觀念中隱退，因為它在你內已無容身之處了。如果你是靈性，那麼身體在你的實相中也失去了存在的意義。**

短短幾句話便切中了要害：我若是那獨一無二的自性，不僅與造物主一體，本身又是不可分割的整體，那麼，我便不可能是這一具身體，也不可能活成一個與眾不同的我了。下面這段引言解釋得更加完整，先前已經引用過其中一部分，我再重述一次：

> 你的整個世界就是建立在這個選擇〔靈性或肉身〕上，因為這個選擇決定了你相信自己是血肉之軀還是靈性生命。你若選擇肉身，便會死守身體作為你的現實，因你已選擇了自己想要的存在形式。你若選擇了靈性，整個天堂都會俯身輕吻你的眼睛，祝福你眼前的神聖景象，你便會明瞭這個有血有肉的世界正等待著你的療癒、安慰與祝福。（T-31.VI.1:6~8）

換句話說，我們每時每刻都有機會選擇自己的身分，我究竟是特殊性之子還是上主之子？是分裂的生命還是一體生命？是身體還是靈性？總之，我覺得自己是什麼，完全取決於這個

選擇。簡單地說，天堂或地獄，端賴這一選擇了。

(4:1) 靈性（spirit）利用心靈（mind）作為表達它自性的媒介。

　　這一說法和我先前引用的「心靈……代表著靈性的運作主體」（C-1.1:1），兩者可謂異曲同工。心靈在此指的就是靈性。這種筆法再度提醒了我們，《奇蹟課程》屬於藝術創作，而非科學論文，不宜逐字解析它表面的意義。最佳的研讀方式，乃是讓句中的話融入自己的心中，大腦最多只能把這些理念帶向心靈的覺知而已。耶穌確實使用不少含有時空觀念的詞彙，作為「表達它自性的媒介」，目的即是要將我們由「時空」層面提升到「超時空」的無限之境。

　　接下來，耶穌突然語鋒一轉：

(4:2~3) 事奉靈性的心靈必活在喜悅及平安中。它的能力出自靈性，且能在世上欣然完成自己的任務。

　　我們在世的任務只有救恩、療癒和寬恕，而寬恕的力量必須借助於聖靈，祂是我們對自己靈性真相的記憶。由此推之，「心靈」一詞在這裡指的就是正念之心，而非基督天心；因天心只有一個任務，即是創造。

(4:4) 然而，心靈也可能把自己視為與靈性分裂的生命，認為自己活在身體內，誤把身體當成自己。

　　現在，耶穌開始講述妄念之心了。正念之心是透過聖靈而

與靈性相通的，故我們將聖靈定義為「隨著我們進入分裂夢境的上主記憶」。為此，在正念之心內，我們與聖靈永遠不分，也與基督一體不分。自從我們決定與這一體生命分離，便落入了妄心之境，認定自己活在肉體內，而且活成與上主、靈性甚至自性毫不相干的另一生命。這個妄心成了罪、咎、懼和個體性的老巢，逼得我們不能不把自己的罪過投射到其他人的身上；唯有歸咎他人，才能反襯自己的無辜。或者說，即使我們自知罪孽深重，內心始終存有這麼一念：「我本來不是這樣的，是別人把我害成這樣的。」即使我生來就是個壞胚子，我也可以大聲抗議：「我沒有選擇的餘地，那是別人遺傳給我的壞基因！」總而言之，無論是在你身上或我自己身上看到有罪的一面，我都能找到代罪羔羊來為我負責。然而，不論自責或怪罪他人，骨子裡其實是同一回事。

> 你的弟兄既是你的一部分，你若指責他們剝削了你，無異於指責自己。你也不可能只指責自己而不同時指責他人的。這就是為什麼你必須先根除指責的習性，不論何處都不再著眼於此。指責的箭頭一旦轉向自己，你便無法得知自己的真相了，因為歸咎他人正是小我的看家本領。因此自責也成了小我的獨門絕活，它與歸咎一樣，都屬於小我的防衛措施。（T-11.IV.5:1~5）

(4:5) 它一忘卻自己的任務，便會失落平安，幸福對它成了相

當陌生的觀念。

　　心靈的任務，就是藉著寬恕來化解自甘活成一具身體所引發的罪咎。「化解」這個觀念，可說是貫穿整部課程的主旋律（leitmotif）。但請注意，本課程從不教我們否認身體的存在（不論是自己或別人的身體），它只教導我們如何解除自己對身體用途的誤判，轉而把身體交給聖靈所用。即使活在小我的分裂異鄉，仍可以寬恕取代攻擊，以靈性取代身體，步上歸鄉之路：

> 救恩即是化解。……救恩並非只准你著眼於靈性而不看身體。它只願你明白你是有選擇的。你無需任何協助就能一眼看見身體，但對身體之外的世界你卻如此無知。救恩的目的就是化解你的世界，好讓你看到超乎肉眼的另一世界。……只要你能穿越那分隔善惡兩境的無明紗幔，兩者便會同時消失，知見從此也無藏身之地了。這是如何成就的？其實它什麼也沒成就。在上主的造化裡豈有什麼成就可待？（T-31.VI.2:1; 3:1~4,8~11）

　　內心的衝突一解除，平安自然來臨，這不需要什麼功夫，故說「它什麼也沒成就」。唯有寬恕了自己的心靈自甘與罪咎認同的那個決定，不再企圖從身體層次去解決，才表示我們真的選擇了真相。反之，如果我們企圖改善身體層次的問題，它反而會改頭換面，轉化為另一幻相而繼續興風作浪。基督慧見

所化解的只是一個根本不存在的問題，故能一舉掀開罩在我們自性記憶上的面紗；寬恕的功課一旦完成便功成身退，讓位給甦醒的心靈開始創造。

(5:1) 人的心靈一與靈性分開，就失去了思考的能力。

　　這句話乃是針對妄心而說的。我們都知道，小我根本沒有思考的能力，真正的思維只可能呈現於正念之心，即救贖原則，它只是幫助我們憶起自己的終極身分原是上主的一個聖念。自從我們與這個聖念分離之後，自以為懂得思考，其實那根本稱不上是思考。這和前文所說，我們無法透過眼睛而看到或透過耳朵而聽到，是同一個道理。

(5:2~3) 因它已經否定了力量的真實源頭，不能不視自己為一個無助、有限而且脆弱的生命。它一旦與自己的任務決裂，必會感到自己是一個孤伶伶的個體，受盡內憂外患的攻擊，不得不投靠那不堪一擊的身體，請求庇護。

　　我們自甘與上主聖愛及力量的源頭分手之後，必會落入前文所描繪的淒慘處境。不幸的是，我們又不甘為這妄念之境負責，轉而投射於外，從此，外面所有的人在我心目中都成了冤家，令我感到孤立無援，無路可退。只因罪咎把我們養成了一隻驚弓之鳥，若想生存下去，就必須相信「外面有任何力量控制得了你〔我們〕的生活，讓你〔我們〕身不由己地生出與自己〔我們〕心願相違的念頭」（T-19.IV.四.7:4）。由此可知，

這種自我概念一日不除，心靈永遠不可能平安，永遠無法安息於純潔無罪之境。正如同〈正文〉如此的剴切之言：

> 你真的百害不侵嗎？那麼，你眼中的世界必也是無害的。你願寬恕嗎？那麼，你的世界必也充滿了寬恕，因你已寬恕了它種種過犯，它也會以你看它的眼光回頭看你。你是一具身體嗎？那麼，整個世界都會顯得危機四伏而且殺機重重。你是一個不死的靈性嗎？不受罪惡污染的不朽生命嗎？那麼，你所見的世界必也安全穩定，值得全心信賴，讓你幸福地安息片刻，此地沒有恐懼，只有愛。仁慈的心境怎會排斥任何人？又有何物傷害得了全然聖潔的心靈？（T-31.VI.6）

(5:4) **如今，它必須設法與非我族類之物妥協共生，甚至認為這就是它存在的目的。**

　　一點也沒錯，我們終日忙著解決無中生有的衝突，認為自己是一個異類，與上主、耶穌、聖靈完全不同。事實上，我們根本活在幻覺中，祂們才屬於真相。我們其實也想跟祂們和解而向祂們求助，然而，我們並不期待祂們**真正的**協助，一心只想鞏固自己虛幻的個體之我，追逐虛假的安全感與幸福感，徒然助長了小我的氣焰。我們一旦把真理引入幻境，小我從此江山永固，再也不怕它的謊言被揭穿了。難怪小我不惜任何代價，也要制止我們憶起自己和上主、聖靈一樣都是靈性，讓我們徹底忘掉「上主之子的『觀念』（靈性）永遠離不開它的終

極源頭（靈性）」這個真理。要知道，同類只可能與同類生命合為一體。

(6:1~2) 不要再為此而浪費時間了。誰能解決得了夢境裡的無謂衝突？

耶穌直言不諱地告訴我們：「別再浪費時間解決人間的問題了。」這正是「我什麼都不需要做」的真諦（T-18.VII）。我們老是認為自己需要完成什麼大事，眼前也總有一堆問題催促著我們去面對、去行動。其實，我們什麼都不需要做，因為我們認為的問題都在心靈之外，根本稱不上是問題。話說回來，這並不表示活在夢境的我們，不該去處理夢中的問題或照顧夢裡形形色色的人。耶穌只是提醒我們別再獨斷獨行了，他願我們明白，我們對人生種種的不滿或身體各類的疾病，所有這些問題，其實源自於我們與他的生命互不相通之故。為此之故，求助於他，等於重新與他的愛連結，從而一舉瓦解「與愛決裂」這個根本問題和它所形成的後遺症。我們所有的焦慮、恐懼、沮喪與挫敗感，以及與愛決裂的念頭，一旦清除殆盡，耶穌的愛立即顯得真實無比，我們自然就融入愛內，那時我們便會知道該說什麼、該求什麼了。往昔的緊張、焦慮或疲累頓時消失無痕，一切好似水到渠成，只因內在的衝突釋放之後，再也沒有任何阻力作梗，所有的問題必隨之迎刃而解。

容我再複述一遍這個關鍵理念：耶穌並非要我們罔顧人間的問題，他只要我們和他一起面對所有的操心掛慮；唯有接納

他的慧見，才可能看清問題的本質以及解決之道。

(6:3~5) 它的解決方案在真理中又有何意義？它能完成什麼目標？它究竟為何存在？

我已多次強調過「目的代表一切」的觀念。世間的問題層出不窮，當中只有一個目的，即是讓我們在夢境裡愈陷愈深，以便鞏固小我神聖不可侵犯的地位，也因此，我們自然無暇憶起自己一體不二的終極身分。換句話說，這個夢境中的主人（亦即抉擇者）在身體**這兒**興風作浪，攪得我們心神不寧，分散了我們的注意力，藉此確保心靈**那兒**永無改變的機會。我們已說過，真正的問題出在我們早已把耶穌的愛拒於千里之外了。我們一旦願將耶穌迎回心中，與他結合，分裂的假相便自然瓦解了，外在問題再也煩擾不了我們。如此，我們便能一心不亂地面對所有的問題，找出一解百解之道。

(6:6) 救恩無法把幻相弄假成真，也無法解決一個根本不存在的問題。

只要細讀這一句話，不難讀出耶穌話中的深意：我們不該祈求聖靈來解決人間的問題。他說「救恩無法把幻相弄假成真」，意思就是救恩的大用並不在於解決問題；接著又說「無法解決一個根本不存在的問題」，只因這毫無道理可言。救恩，只會解除問題的起因，也就是選擇小我取代聖靈那個根本問題。唯有這樣求助聖靈，才是徹底解決之道，聖靈的答覆，

也就是上主的記憶，便會重現我們心中。

(6:7~8) 你也許會如此寄望於它。然而，你難道希望看到上主拯救祂鍾愛之子的計畫不僅無法幫人解脫，反倒帶來更多的痛苦嗎？

是的，不得不承認，我們始終希望「救恩」能夠解決人間的問題，而這正是我們要非常當心的一點。每當我們祈求耶穌幫忙解決世間問題時，等於下定決心永遠留在人間，等於拒絕返回天鄉。如此一來，聖子奧體脫離苦海之日更加遙不可及，因為小我一定會要我們犧牲幸福（無論是自己或他人的幸福）作為救恩的代價，成為它那套思想體系的奴隸。為此，我們才稱小我的**救恩**（salvation）為**奴役**（slavation）。

(7:1) 你的自性依舊保存了原有的聖念，它們仍存於你的心靈及上主的天心內。

現在，我們又回到了正念之心。正念所傳達的不外乎救贖原則，呈現在人間便是寬恕和療癒。它們全都能夠反映出一體聖愛之念，這一聖念屬於上主的天心境界，而且永遠離不開它的神聖源頭。

(7:2) 聖靈把救恩護守在你心中，且賜給它平安之道。

所謂「平安之道」，就是從小我轉向聖靈之路；而聖靈則代表了救贖之念，救贖之念所要修正的，正是我們把分裂當真

的信念。

(7:3) 救恩乃是你與上主共有之念，因為祂的天音已為你接納了它，且以你的名義認可它的完成。

　　就在我們把分裂當真的那一刻，聖靈的天音即被打壓下去了，從此，我們只聽得見特殊性之聲。而小我最厲害的一招，就是把特殊性化為「靜電噪音」來干擾天音，防止我們聽到真理。〈正文〉「不可信任的特殊性」那一節有一段非常生動的描述：

> 如果你請教、答覆與聆聽的對象，都是這一特殊性，
> 你可能接收到聖靈什麼樣的答覆？上主不斷以愛讚頌
> 你的生命真相，你卻一味聆聽特殊性的喑啞回應。上
> 主讚美你與愛你的雄偉讚歌，在特殊性的淫威下，只
> 好噤聲不語。每當你豎耳聆聽特殊性的喑啞之聲時，
> 上主對你的呼喚必然不復可聞。（T-24.II.4:3~6）

　　幸好，縱然我們在夢中能夠故意置若罔聞，但這並不表示愛的天音會永遠銷聲匿跡。它始終妥善地保留在正念之心內，這可說是人類莫大的喜訊。

(7:4) 救恩就如此保全了你的自性為你珍藏的聖念。

　　這是救贖原則的另一種說法：分裂之念不曾真正發生，它只是狀似蓋住了我們對聖念的覺知而已，令我們憶不起自己的

終極身分。耶穌則代表我們的自性之聲，始終護守著這個聖念。這句引言，讓我想起先前引用過一段鼓舞人心的話，很值得再讀一遍：

> 我為你保存了你所有的善良以及每一個慈心善念。
> 我會為你淨化所有令它們蒙塵的過失，為你保存它
> 們原有的無瑕光輝。沒有一物能夠摧毀得了它們，連
> 罪咎都難以得逞。它們全都出自你內的聖靈，而且
> 我們也知道，凡是上主創造的必然永恆長存。（T-5.
> IV.8:3~6）

正因如此，我們才說，救恩說不上是什麼成就，它只等著我們接受而已。

(8:1~2) 今天我們就要找出這一念來；在你自性中不斷向你發言的那一位，向你保證這一念仍在你心中。我們將用每小時五分鐘的練習，進入你心裡去尋找祂。

心靈在人間只有一種意義，就是回到正念之心找到聖靈；而我們都已明白，回到正念，意味著不再聽信自己的妄念。也就是說，不再堅持自己是個獨立自主的個別之我。當然，我們還得看清自力更生的習性從未給自己帶來幸福與平安，我們才會心甘情願按時記得當天的功課。我們之所以老是忘記練習，說穿了，就是害怕看清這一真相。

(8:3~9:3) 救恩出自於你的一體自性，祂就是你的心靈與自性之

間的神聖橋樑。耐心地等候吧！祂會告訴你自性的真相，以及你的心靈如何才能回歸於祂，如何自由地為祂的旨意效力。開始時，這樣對自己說：

救恩來自我的一體自性。我要善用祂的聖念。

　　只要記得，唯有改換導師才有獲得幸福的可能，我們才肯拿出時間認真操練。不再相信特殊性的假我，轉而聆聽那幫我們憶起自性的天音，決心和反映生命真相之聖念認同，這才是「選擇聖靈」的真義所在。祂的天音為我們在幻相與真相之間架起一座橋樑，並且溫柔地教導我們去寬恕那些並未真正發生的事情。

(9:4~7) 找出這些聖念，且將它們視為己出。它們才是你自己的真正念頭，你卻寧可否定它們，任憑自己的心思遊蕩於夢的世界，且追逐幻覺以取代聖念。聖念才是你的真正想法，也是你唯一的想法。救恩就在其中，從那兒去找吧！

　　老實說，我們的抉擇者最喜歡獨斷獨行了，不惜用特殊之念取代那代表救贖原則的真實念頭，這便是導致心靈始終徘徊於夢境的原因——自甘以夢境替代真相。這有點像「浪子回頭」的故事。我們自知步入了歧途還不夠，還得看清錯誤的選擇讓自己吃盡苦頭，才會痛定思痛，**決心接受救恩之念的指引**，返回自己不曾離開的天父家中。是的，我們必須選擇這個救恩之念，它才可能成為我們「唯一的想法」。

(10:1) 你若練習得當，那些念頭就會出現，告訴你，你已得救了，你的心也已找回它以前故意失落的任務。

　　選擇救恩，乃是正念之心的任務。我們只要把人生的目的由罪咎轉為寬恕，由罪罰轉向救恩，由自我轉回自性，救恩便指日可待了。

(10:2~5) 你的自性會伸出歡迎的手臂，帶給它平安。它一旦恢復了力量，就會再度由一個靈性流向另一個靈性，流經聖靈按照自己肖像所創造的一切。你的心靈祝福了這一切。無明已逝，你恢復了本來面目，因你已經找回你的自性。

　　這一段話再度道盡了上主造化的一體性，它和小我的分裂走向恰好截然不同。憶起自己的寬恕任務，等於收回我們過去存心放棄的力量，力量一旦收回來，立即與造物主的大能匯合而開始創造——愛推恩給愛，喜樂流向喜樂，基督回歸祂的本然。上主所有的聖子終於團圓了。

> 於是，我們便會一起消失於隱身在面紗之後的神聖「臨在」中；這不是迷失，而是被尋獲；不是被看見，而是被了知。了知上主救恩計畫中的一切必會圓滿完成。這是你此生的目的，缺了這一目標，你的人生旅程顯得荒謬無比。上主的平安盡在其中，而且祂已將此平安永遠賜給了你。你所尋覓的寧靜與安息亦在其中，你當初就是為此目的而踏上這一旅程的。
> （T-19.IV.四.19:1~5）

我們終於回到家了，回到上主願我們永在之地。（T-31.
VIII.12:8）

(11) 你的自性知道，今天你不會失敗的。你的心也許還會猶豫
一會兒。不要為此而氣餒。你的自性會為你保存它的喜悅經
驗，你遲早也會全面意識到它的。祂會將你的心與自性結合為
一，你每小時花五分鐘的時間去探訪祂一次，等於是獻上另一
份財寶請祂為你保管。

　　自性的境界一直在等候著我們，我們卻不知道自己始終安
居家中。為此，耶穌向我們保證，基督永遠在那兒，並且保證
我們即將憶起這一真相，只要我們每天每時真心記得祂在，很
快就會抵達目的地的。

(12:1~2) 今天，你每告訴自己狂亂的心一次：救恩來自你的一
體自性，就等於在你日積月累的寶庫裡增添一件寶物。所有的
寶藏都已賜給每一個人了，只要他祈求而且願意接受。

　　耶穌繼續他仙樂一般的精神喊話，加強我們的信心，提醒
我們無需因為一時忘記練習而灰心喪志，更不要認為自己的
練習毫無結果。無庸置疑，這兒提到的「你」，當然是指抉擇
者。它跟我們狂亂的心說，它一開始就作錯了選擇；這等於是
要我們告訴自己，從妄念生出的這個我是徹徹底底虛妄的。至
此，我們才會明白自己原來這麼害怕一體自性的神聖真相，因
而寧可選擇這個虛妄的我。幸好，如今我們終於能夠寬恕這個

錯誤了，表示我們能夠欣然接受聖靈的救恩禮物了。

不僅如此，這禮物也是賜給所有人的，因為心靈本是一體不分的整體，儘管每個分裂之子仍需親自領受才享受得到它。然而，這也正是關鍵所在。不少學員常會納悶：「既然耶穌（已經為我們）領受了救贖，為何我們仍然身陷此地？」然而，從耶穌的角度觀之，我們並沒有活在這兒。問題是我們始終拒絕他的救贖及愛，才會深陷夢境，繼續昏睡又繼續作夢。總之，「憶起真相」這個禮物是賜給每一個人的，但我們必須真心想要才能享有這份禮物。

(12:3) 你不妨想一想今天所賜你分享出去的禮物是多麼豐富，那正是上天賜你的禮物。

請謹記在心，耶穌要我們分享出去的禮物，就是「我們原是『上主創造的唯一聖子』，是與上主一體不分的基督」這個記憶。我們一旦真心接受這個記憶，自然知道「上主只有一個聖子」即是我們的自性。從這一刻開始，我們成了世界已經得救的一個象徵。接納自己的真實身分，等於親自領受了救贖。這個重要的觀念也成了下一課的主題。

第九十七課

我是靈性

　　本課延續了前幾課探討的真實自性（或終極身分）的主題，又進一步將真實自性具體界定為靈性。

(1:1~2) 今天的觀念有助於你認同自己的一體自性。不再接受你分裂出去的個別身分，也不再企圖硬把對立的因素湊合成一物。

　　我在前文已經提過致力於身心靈結合的「整合療法」，本課再次明確指出，靈性和分裂後的心靈（也就是靈性和身體）屬於互斥的兩種境界，既不可能並存，也不可能揉合為一個整體，故《奇蹟課程》才會一直要我們在真相與幻相之間作一選擇。隨後幾課還會繼續發揮這個重要的觀念。

(1:3~4) 這句話只是道出了真相。今天盡可能把握機會練習這一真理，因它會把你衝突的心領向平安與寧靜。

這兒說的「真相」即指：我們都是靈性，靈性就是我們的自性，這個自性成了所有虛幻的自我形象的試金石。由於我們在幻相中早已混得如魚得水，故需相當精進的操練才解除得了舊有的習性。可以說，每日練習的目的，就是建立一個磁場，幫助我們破除過去所學的一切，將我們的人生戰場漸漸導向「平安與寧靜」；唯有在這種平安裡，我們才可能憶起自性。

(1:5) 恐懼的陰風無法侵入，因為你的心靈已經擺脫了瘋狂，願意捨棄種種虛幻且分裂的自我認同。

耶穌提醒我們，我們已經選擇了聖靈，決心抵制小我，也已明白自己並非分裂之心或這具身體，開始憶起了自己的靈性真相。所謂選擇聖靈，其實就是選擇深藏在自己心中那個「我是基督」之記憶。福音有言：「愛裡沒有恐懼，愛既完全，就把恐懼除去。」（〈約翰一書〉4:18）只要我們決心憶起真愛，恐懼的陰風便無法侵入心靈，這正是奇蹟的目的。誠如〈正文〉一開始以三段論證的形式所闡明的道理：

奇蹟教你分辨真實與虛妄之別的邏輯即是：

完美的愛驅逐了恐懼，

恐懼若存在，

完美的愛就不存在。

然而：

唯有完美的愛存在，

恐懼若也存在，

　　　　表示它已造出了一個不存在之境。

　　　　（T-1.VI.5:3~8）

　　如此，方才表示我們的正念之心終於恢復了清明，也憶起了自己的靈性本來面目。

(2) 讓我們再次闡明你自性的真相：上主神聖之子安息於你內，他的心靈已經恢復了清明的神智。你是靈性，充滿天父的聖愛、平安及喜悅。你是靈性，不僅圓滿了天父，還分享了造物主的天職。祂時時與你同在，你也與祂同在。

　　唯有依照聖靈的教誨去寬恕，才足以扭轉小我的幻境，恢復清明的神智。因為恐懼已被帶到愛前，悄悄地消融於真理之內。為此，我們必須先完成此生的寬恕任務，才可能覺醒於自己的靈性本質，恢復天堂的創造能力，從而憶起創造我們的一體生命，與它重歸於一。

(3) 今天我們試著讓這一實相更深入你的心靈。你每練習一次，不只會加深這種意識，還會為你省下千年以上的光陰。你所投入的時間會加倍地遞增，因為奇蹟知道如何利用時間而不受時間的控制。救恩本身即是一個奇蹟，是第一個，也是最後一個；第一無異於最後，因為它們根本就是同一個。

　　這一段話所論及的，正是奇蹟在救恩中所扮演的角色。這個觀點和〈正文〉第一章的論旨大同小異：奇蹟的目的就是瓦解時間，為我們節省千年的光陰。我們在此無暇深談《奇蹟課

程》的時間形上學，只能簡要指出，時間既然不是線性的，表示所有的事件都發生於同一剎那，因此，耶穌才會說，只要選擇一個奇蹟，這一選擇便足以瓦解我們深信發生於時間內的那一龐大思想體系。他是這麼說的：

> 奇蹟把時間的需求降到了最低的程度。……因此，奇蹟具有廢除時間的特殊功能，讓人不再浮沉於時間的洪流裡。行一個奇蹟的時間與它的影響所及的時間毫不相干。奇蹟足以取代千百年的學習過程。……奇蹟之所以能幫你縮減時間，在於它有摧毀時間的能力，故能為你消除某些人生劫數。然而，它必須在更廣的時間序列中成就此事。（T-1.II.6:1,5~7,9~10）

打個比方，假想自己一生都跳脫不開「遭人遺棄」的陰影，這類的劇本必然會橫跨整個時空大幻境〔原註〕。無庸置疑，這種「遭人遺棄」的經驗會生生世世在你生命中重演。為了方便解說，不妨假定你輪迴了十次，每一世一百年，如果你這一世真心寬恕了一位背棄你的人，必會引發骨牌效應，不只消除了這一生的苦，其餘九世的被棄經歷也因之一併銷聲匿跡了，為此，才說「省下千年以上的光陰」。再換另一種比喻，設想你電腦裡存有一個叫做「被棄」的檔案，裡面藏有你生生世世被人遺棄的經歷，直到了此生，終於有個機緣幫你明白了

〔原註〕關於《奇蹟課程》時間觀的詳細討論，請參閱我的《時間大幻劇》一書。

投射的道理，了解自己的控訴背後其實是在控訴自己先背棄了真愛。如此，你終於寬恕了。就在這神聖的一刻，整個「被棄」的檔案（包括你對別人的怨尤以及對自己的愧疚），一併從電腦中消失了。

顯然，耶穌說的一千年，並非真的指一千年，因為時間根本就不存在。耶穌只是借用數字的象徵告訴我們，《奇蹟課程》會為我們節省時間。只需寬恕一個特殊的夥伴，就足以化解我們的怨恨之心所投射出的上千個可恨對象：

> 在所有的見證中，你最先看到的就是那位弟兄，在他身後還有成千上萬的人，而這些人後面又有成千上萬的人。（T-27.V.10:4）

這才是耶穌心目中的奇蹟。我們常有一個錯誤觀念，認定自己這一天中想起上主的那一刻，就只限於那一刻。事實上，在那一刻，我們不僅化解了當初背棄上主而選擇小我之後所犯的一連串錯誤，也一舉將我們由「分裂、罪咎及特殊性」整個瘋狂幻境中解救出來，因為它們全是同一回事。總之，我們只犯了「一個」錯誤，故「一個」奇蹟便足以化解所有的錯誤。這正是唯一有待解決的問題。

(4) 你是靈性，奇蹟就存於你的心靈中，所有的時間會在奇蹟中靜止下來；在這奇蹟內，你花在練習中的每一分鐘，都會轉變為無窮無盡、無始無終的時間。因此，心甘情願地獻出這幾

分鐘吧！相信祂會信守諾言，把永恆置於這些時間之旁。祂會在你微薄之力上灌入祂的一切能力。今天就獻出祂所需要的那幾分鐘吧！你才可能了解，與祂同在的你，是一個靈性，且安居於祂內，透過祂的天音向每個生靈呼喚，且將祂的慧眼賜給所有向祂祈求的人，使這單純的真理得以取代一切錯誤。

奇蹟安止於時間之外，故說「時間會在奇蹟中靜止下來」。奇蹟也代表了我們的正念心境，唯有進入奇蹟之境，我們才可能看清自己根本錯得離譜，而且聖靈所言不虛。別忘了，選擇奇蹟，意味著我們已準備放下小我的手而牽起聖靈的手。心靈中作抉擇的那一部分存在於時空之外，屬於非時間性的永恆領域。但我們只能在時空世界感受到奇蹟的效果。為此，耶穌才說它會為我們省下千年的光陰。究竟說來，我們只是回到「非時間」的心靈，重新作了一個選擇而已。

這一整段引文的要點乃是：除非我們允許聖靈相助，否則祂對我們也完全愛莫能助。換句話說，我們的職責只是給聖靈「幾分鐘」，獻上我們的「微薄之力」，不再把時間耗在否認真相上頭，而應該把時間與力量用於修正自己的錯誤。這一份的「微薄之力」意味著「小小的願心」，如同〈正文〉這段話所說：

> 至於你的本分，只是獻給祂小小的願心，讓祂為你消除所有的恐懼與怨恨，並因而獲得寬恕。（T-18. V.2:5）

　　請留意，本段課文隱藏了「無所不包」的概念，這正是貫穿耶穌整套學說的關鍵因素。我們的真實自性（亦即靈性）必然會向每一個生靈召喚，絕無例外可言。正因上主只有一位聖子，如果慧見只給一部分的人而非所有的人，它便徹底失去了修正的功效。這個觀念在整部課程裡可謂俯拾皆是，其中，又以下面這一段最具代表性：

> 上主已將所有的人託付給每一個人；有所偏愛的救主，只會得到片面的救恩。上主託你拯救的神聖之子，就是你平素所遇到或看見卻不識廬山真面目的那些人，包括所有萍水相逢、相知已久、素昧平生，或你已遺忘，甚至尚未出生的人。上主願你將祂託付給你的聖子，從他們每個根深柢固的自我概念拯救出來。（T-31.VII.10:4~6）

　　是的，唯有學會寬恕**整個**聖子奧體，我們才敢說自己聽從的內在天音確實來自上主。

(5:1) 聖靈會十分樂意每小時由你手中接納這五分鐘，且把這五分鐘帶入那好似受苦受難的悲慘世界的每一角落。

　　注意到沒有？耶穌可沒說，聖靈會把這短短五分鐘帶到這個幸福喜悅的世界，他其實是要我們明白，這真的是一個受苦受難的悲慘世界。各位應該還記得〈教師指南〉有一段十分類似的描述：

……只有時間還欲振乏力地在人間徘徊，世界早已活
得疲累不堪了。它歷盡滄桑，毫無指望地撐在那兒。
（M-1.4:4~5）

的確如此，如果我們看不透世界是如此之苦，便沒有動力
去選擇另一套思維；而缺少了這一選擇，人間的悲苦更無化解
的機會了。

〈教師指南〉在結尾處，曾以一段散文詩傳達天堂的感
激，感激我們不僅決心接納這個充滿希望的訊息，而且還推恩
給早已疲憊不堪、正在引頸盼望這一福音的世界。

如今，願你的所言所行蒙受上主的祝福，

為拯救世界之故，祂轉身向你求助。

上主之師，祂由衷地向你致謝，

全世界都沉浸於你由祂那兒帶回的恩典。

（M-29.8:1~3）

**(5:2~3) 祂不會略過任何一個開放的心靈，誰肯接受這救治之
恩，祂便會把禮物放到這已準備好的心靈中。每當有人把這禮
物納為自己的想法且發揮治癒之效時，這五分鐘的治癒力量便
會隨之增強。**

我在前面已經談論過《奇蹟課程》遣字用詞的問題，此
刻，我再簡述一次。耶穌並非真的在講聖靈「不會略過任何一
個開放的心靈」，以及祂會把救治之恩「放到這已準備好的心

靈中」，因為**聖靈從不在人間做什麼具體的事情**。上述的說法好似把聖靈描述為人類的一份子，跟我們一樣忙這忙那。其實，那純粹是擬人化地表達我們**心目中**感受到祂的臨在而已。然而，在實相的層次裡，聖靈之愛只可能臨在於聖子的一體心靈；祂不做什麼，只是臨在。

我一旦選擇接受聖靈的療癒之愛，我的心靈在那神聖的一刻就跟**整個**聖子奧體結合為一了，我不可能只與聖子奧體的**某一部分**結合的。只要選擇了聖愛，我便與聖愛一體，祂會全面臨在於我的心內，我的心靈與祂的心靈便融合為一了。不僅如此，我的心靈必也同時與整個聖子奧體合一了，只因心靈的本質永遠是一。為此，只要我的心靈接受了祂的愛，聖愛必然全面臨在於整個聖子奧體內。〈練習手冊〉第一百三十七課「當我痊癒時，我不是獨自痊癒的」，說的正是同一道理。話說回來，聖子奧體每個部分仍需親自接受，才能感受到這份禮物的存在。究竟說來，當我的心靈在神聖一刻痊癒時，整個聖子奧體同時都收到了我所領受的禮物。

(6:1) 如此，你獻給祂的禮物便會千倍萬倍地遞增上去。

這句話仍然在重申上述的道理：在神聖一刻中，療癒的不僅僅是我自己的心靈，而是整個聖子奧體。心靈一旦痊癒，分別之念就會徹底銷聲匿跡。這種「無所不包」的觀念貫穿了整部課程，它的重要性可見一斑。它不只是寬恕的基礎，更是瓦解小我分裂思想體系的關鍵要素。

(6:2~3) **當它再回到你這兒時，它的威能遠遠超過了你當初獻上的微薄之禮，好比閃爍的螢光在燦爛的陽光下頓時黯然失色。這燦爛的光明會穩定地領你步出黑暗，從此你再也不會迷失方向。**

當我們聽到這一番話，可能會忍不住反唇相譏：「真的嗎？讓你瞧瞧我的厲害！」不要輕忽小我的「本事」，它無時無刻不在伺機駁倒耶穌的說法。小我最拿手的招數之一，就是抓住類似上述的言論，提出它自以為是的反證。就好比我們先證明耶穌的說法與事實不符，才能理直氣壯地把他的真理之言當耳邊風；如此一來，等於重申了分裂的事實，而我們在人間的種種反應都是理所當然的。

為此，我們要特別警覺自己內心總想證明耶穌小看了我們，自己的小我其實非常強壯健碩，甚至還會找來一群人為這個小我撐腰辯護。為此，我們才會這麼「想要」攻擊別人。攻擊，等於宣告自己「很壞」；然而，攻擊其實是一種防衛措施，企圖證明自己的想法是對的，而耶穌上面那套說法根本大有問題。

上面的引文中，耶穌用「燦爛的陽光」與「閃爍的螢光」作強烈的對比，藉此提醒我們，我們在身體的小小「現實」中所經歷到的一切，其實和臨在人心的聖愛那個燦爛真相根本無法相提並論。難怪他在〈正文〉會這樣說，我們自認為最大的突破或進展，其實是最糟的退步；相形之下，我們心目中的

敗落，反而是最大的成就（T-18.V.1:6）。我們真的什麼都不知道！試想一下，如果我們感受到耶穌的愛而自然慈愛待人，這類小小的善舉在我們眼中可能微不足道，但在實相層次，它對聖子奧體的影響卻深不可測。我們之所以認為微不足道，純粹是因為透過我們扭曲又片面的知見和經驗去判斷的。此外，上述這段課文同時也為我們點出了，每一個向耶穌求助之舉，對我們的心靈作用之大以及影響之深遠，絕對超乎我們的想像。

(7) 用聖靈對你所說的話，開始今天這令人歡欣的練習；讓這一句話透過祂而迴盪在整個世界中：

> 我是靈性，上主神聖之子，不受世界的束縛，安全無虞，已被治癒，且重歸圓滿；我能自由地寬恕，也能自由地拯救世界。

透過這一宣告，聖靈會接受你由祂那兒所領受的這份禮物，強化它的力量，再回贈於你的。

　　說實在，作這種練習應該是十分快樂的事情才對，因為它的目的，無非就是要讓我們快樂起來。前文提及的「快樂的學徒」（T-14.II）的觀念，反映的正是上文所描述的快樂心態。接納自己的真相，足以化解人間的一切苦難；而得到釋放的心靈，方能回到聖靈為我們及整個聖子奧體護守的幸福之境。在那兒，聖靈不只與我們**一起**，祂**就是**我們。

(8:1~2) 今天，愉快地把每個練習都獻給祂。祂會向你發言，

提醒你：你是靈性，與祂、上主、你的弟兄及你的自性全然一
體。

　　此處再度述說了「一體」的究竟意義：我們與上主、聖靈
以及聖子奧體是一體不分的生命。接著，請注意，「提醒」這
一詞十分關鍵，因為它一語道破了聖靈的任務所在。聖靈不會
為我們做什麼，或告訴我們什麼秘密；光是祂的「臨在」，便
足以令我們憶起真理之境。以下，我再引用大家早已耳熟能詳
的一段〈正文〉：

> 聖靈的天音，不是命令，因為它不會如此傲慢或強
> 勢。它也絕不強求，因為它沒有控制你的企圖。它
> 更無意征服你，因為它從無攻擊之意。它只是在旁提
> 醒。是它所提醒的訊息本身讓你不得不信服。它為你
> 的心靈指出另一條路，即使在你庸人自擾之際，它始
> 終保持寧靜。（T-5.II.7:1~6）

　　就這樣，聖靈的天音為我們留在人間，直到我們領受了祂
神聖的記憶為止。可以說，〈練習手冊〉這幾課的目的實在用
心良苦，它們正是為我們加一把勁，讓我們快一點接受聖靈所
給的「另一條路」。

**(8:3) 今天，每當你複誦祂所賜你的這些話時，請仔細聆聽祂
的保證，讓祂告訴你的心靈：此言真實不虛。**

　　直到現在，「我們是靈性，而非身體」這一存在真相，仍

在等待著我們接受，聖靈是不可能強制我們相信祂之所言的。這表示責任並不在耶穌或聖靈，而直接落回我們的肩膀上。《奇蹟課程》的要旨不是告訴我們天上那群神靈會為我們做什麼，而是教導我們如何反轉小我的選擇，容許祂們神聖的愛暢通無阻地流入現實人生的每一角落。這一重點，不論重複多少次都不為過。

(8:4) 當你快要掉入自己不是靈性而是他物的信念時，記得用今天的觀念來抵制誘惑，不受它那悲哀的後遺症所苦。

　　耶穌再度提醒我們，除非我們能把這些練習具體套用在所有生氣、焦慮或任何不安的現實場景，否則，它們不過形同虛設，根本發揮不了任何作用。每當我們想用某種「怪力亂神」來撫平自己的不安時，只要記得向耶穌求助就夠了。他絕不會告訴你「別用」這些奇方妙法；他只是告訴你，你若不向他求助，他就無法指點你如何徹底由苦海夢境覺醒過來。

　　因此，每當你試圖藉用某些「特殊性」的妙方來減輕焦慮或不安時，請先想到這一課，轉向耶穌說：「請教我以不同的眼光來面對自己的不快或不安。」內心的恐懼一除，自然會接受他的援手，不再一味依賴「特殊性」的秘方了。就算你不想迎接耶穌伸出的手，至少心裡要有數，明白那是自己的決定。願意對自己誠實一點，這樣的小小願心，*毋寧*說是耶穌對所有奇蹟學員的唯一要求。

(8:5~6) 今天，聖靈會賜你平安。接受祂的話，作為你獻給祂的禮物吧！

此刻，我們又回到「聖靈的平安」這一主題了。平安，無疑正是激發我們學習《奇蹟課程》的最大動力：

> 不要忘了，本課程的宗旨乃是幫你證入平安，安住於
> 平安之境。在平安中，心靈漸趨寧靜，便具備了憶起
> 上主的條件。（T-24.in.1:1~2）

我們一旦寬恕而領受了聖靈的平安，便具備了「憶起上主的條件」，如此，平安非己莫屬，自性的記憶便會浮現於心中。這等於將聖靈的禮物獻回給祂，再經由祂而通傳到整個聖子奧體。

第九十八課

我接受自己在上主救恩計畫中的那份任務

　　我在第九十一課一開頭已經解釋過，接下來的二十課自成一個單元，它會以直接或間接的手法為「自性」與「自我」作一對比。這單元最後的七課更著重於兩者的差異，並且進一步鼓勵我們放下身體，選擇與靈性認同。本課以及下一課開始推出另一副題——寬恕，即我們的特殊任務。寬恕乃是將我們的身分認同由小我轉向神聖的基督自性所必經的一座橋樑。

(1:1) 今天是你決心定志的（特殊）日子。

　　所有的奇蹟學員必須了解，耶穌並沒有把「**特殊**」這個詞當作小我的專門用語。當然，特殊一詞的確具有匱乏、罪咎及謀害等負面含意，也難怪奇蹟學員對它避如蛇蠍。其實，耶穌已經多次把「**特殊**」一詞發揮在正面的意涵。由此可知，可怕的並不是這個詞的本身，而是它所代表的那套思想體系，而這

又落回了**內涵**與**形式**的問題。在整部〈練習手冊〉中，今天這一課有其特殊意義，因為它有助於化解我們對特殊性的信念，幫我們憶起自己原是上主之子的終極身分。

(1:2~3) 今天我們只認同一方。我們要與真理為伍，放棄所有的幻覺。

　　要我們選擇認同真相而放棄幻相，這可真是萬般不易，因為這個選擇其實有違自己的心願。正因如此，我們特別需要一段過渡期，以便安撫內心的憂懼；而能夠幫助我們過渡的工具，非寬恕莫屬，它正是上主在救恩計畫中為我們安排的那份任務。

(1:4~6) 我們不再腳踏兩條船，堅定地站在祂那一邊。我們今天決心把自己獻給真理，獻身於上主的救恩大業。我們不再硬把它扭曲成另一物了。

　　換句話說，切莫把救恩扭曲成特殊性來追求自己**心目中**的救恩，而應決心透過寬恕來化解自己的罪咎，這才算是接受救恩的真正任務。耶穌繼續為我們打氣，鼓勵我們盡早作出那能帶給自己幸福的唯一選擇。

(1:7~8) 也不再向它所不在之處尋覓它的蹤跡。我們只是歡欣地接納它的真相，並負起上主指派給我們的那一份任務。

　　耶穌所說的「那一份任務」，跟行為層次完全無關；上主

並不指望我們成為祂的神聖使者，到處傳播祂的聖言。祂「指派給我們」的那個任務，其實就是寬恕，純屬心靈層次，只因**夢境也離不開心靈的源頭**。既然救恩純屬心靈層次，若只知從世界或身體上去追尋，是絕對找不著救恩的。

(2:1) 能夠如此堅定，是多麼幸福的事！

如果我們真心想找回幸福，必須意識到自己一向確定不疑的想法其實完全錯了：「你寧願自己是對的，還是寧願自己幸福？」（T-29.VII.1:9）想要幸福，就得堅定不移，像聖靈那種堅定，而不是小我總認為自己是對的那種傲慢。

(2:2~3) 我們今天要擱下所有的疑慮，懷著明確的目標，堅定的立場，並為疑慮盡消後的篤定而心懷感激。一個偉大的目標正等著我們去完成，我們也具備了完成那目標所需的條件。

說到底，我們「偉大的目標」僅止於寬恕而已。「完成那目標所需的條件」，就是在新的導師帶領下，把特殊性劇本打造的「恨的人生教室」轉化為「寬恕的教室」。請記得，耶穌始終在我們心中，他的臨在會保證我們作出正確的選擇，最終學會寬恕教室裡的功課。無論如何，耶穌不會故意用某種功課來考驗我們，也不會為我們改寫劇本，他只代表了人生劇本的「修正版」；沒有他，我們是寬恕不了自己的特殊性的。因為那純屬另一層次的事，而我們是無法靠自己完成的。

既然這個世界（不論是個人或集體的世界）成了我們學習

的教室，那麼，我們就必須認真看待，絕不可掉以輕心。但請記住，所謂「認真看待」，是指看清世界是個悲哀又痛苦的地方，絕對不可能是我們的家。唯有回歸上主家園，才有幸福的可能；這也意味著不跟祂在一起，是不可能快樂的。但也唯有敢於承認自己並不快樂，我們才會鼓起勇氣大聲求助：「一定還有另一條路才對！」唯獨我們心內那位老師，他知道如何善用人間教室來幫助我們脫身，而絕不會懲罰我們或任由我們身陷牢獄的。

總而言之，耶穌所說我們具備了完成真理的目標「所需的條件」，指的就是我們所在的這個人間教室以及寬恕的導師。

(2:4~6) 沒有任何錯誤擋得住我們的路。因為我們的錯誤已獲赦免。所有的罪過也一掃而空，因為我們明白了，它們不過是一些錯誤而已。

然而，把自己的罪過視為一種錯誤並不容易，除非我們看清楚內心的「咎」早已為自己定了「罪」。不僅如此，我們還要更進一步了解這個「咎」的來源，實在是因為我們企圖利用世間萬物來取代上主聖愛。唯有如此看清，我們才會主動向耶穌求助，請他幫助我們看透這些罪過原是一個錯誤觀念所導致的果，如此而已。就這樣，在耶穌的協助下，我們便有了生命的大轉機。

緊接著，耶穌轉向我們清白無罪的一面，那是與罪截然相

反的境界。下面這一番話顯然是針對夢境中已經選擇神聖一刻作為自己實相的人，也就是已經進入真實世界之人而說的：

(3:1) 心無罪咎的人沒有恐懼，因為他們不只是安全的，還能認清自己是安全的。

　　有罪之人為何恐懼？答案無他，只因罪咎要求懲罰。我們自知必遭報應，難怪活得戰戰兢兢。反之，心無罪咎之人，毫無投射的必要，自然不會認為外面有一堆罪孽深重之人伺機打擊自己。是的，唯有心無恐懼，我們才會活得安全無虞，自由自在。

(3:2~5) 他們不靠怪力亂神，也不會為那些虛幻的威脅而發明一些解圍之法。他們寧靜、篤定且安心地去做上天賦予的任務。他們毫不懷疑自己的能力，因為他們知道自己會在最恰當的時刻與地點完成使命。我們今天就要加入他們的陣容，才能活得如他們一般篤定，這一篤定會因著我們的接受而更加堅定。

　　心無罪咎的人，既已領受了救贖，自然不會追逐外物來取代上主之聖愛，因為他們心中明明白白，自己**就是**那個真愛。這兒提到的「怪力亂神」，就是指那些特殊的替代品。聖子奧體心靈內的慈愛之念充滿了力量，永遠臨在於每一個人心中。然而，唯有心無罪咎之人，方能在寧靜與篤定之中領受到它。不論我們是透過什麼象徵或形式與那股力量接頭的，它始終在

等待著我們的選擇。別忘了，我們若決心接納愛的臨在以及寬恕的美果，表示我們已經不再堅持「自己是對的」，以及認為「自己很特殊」了。

(4) 他們會與我們同在，凡是今天加入我們陣容的人，都會欣然與我們分享他們所有的經驗以及一切成果。那些仍然不太肯定的人，也會加入我們的行列，借我們的篤定之力，而變得更為堅定。即使是那些尚未出生之人，也會聽到我們所聽見的召喚，並在他們將來需要作決定之刻即時答覆這一召喚。我們今天的選擇不只是為自己而作的。

　　請注意，上面這番話指涉著一個非常重要的觀念，就是聖子奧體的一體本質不只存在於天堂或基督自性的層次，也同樣存在於分裂世界億萬個分裂聖子的心靈內。這個至為關鍵的理念，倘若由個體性、分裂性以及差異性的角度去了解，簡直不可思議。在分裂夢境裡，我得救並不代表你也得救；你受懲罰也不意味著我同樣會遭殃。然而真相是，即使在分裂之境，我們仍是同一聖子，若非**一起**得救，就是**一起**沉淪。因此，我在你身上看到的一切，在分裂之境必會在自己身上看到。我若為了擺脫內在的罪咎而把你釘上十字架，便無異於釘死了我自己。第一百九十六課說得很清楚，「我只可能把自己釘在十字架上」（W-196）。反之，我若明白自己的不安並非你的過錯因而赦免了你的罪，表示我也赦免了自己。請記住，我們的一體性遠遠超乎時空表相的局限，它貫穿了整個宇宙長達數十億年

而近乎無限的時空領域。

順道一提，《奇蹟課程》有不少章節強烈暗示了輪迴的存在，本段課文即是其一。耶穌在〈教師指南〉還用專文討論過這個主題（M-24），他說，相信輪迴與否，對於學習寬恕功課一點影響都沒有：

> 有一點是可以肯定的，不論相信或不相信輪迴，你都能找到救恩的。因此，不要把這觀念視為本課程的中心思想。……為了我們的宗旨，最好不要對輪迴觀採取某種特定立場。（M-24.2:5~6; 3:1）

耶穌這一番話講得不能更透徹了。一旦明白了幻相永遠是幻相，一個肉體生命和一群肉體生命又有何差別？反正「天堂之外沒有生命可言」（T-23.II.19:1）。領受救恩，只可能發生於「神聖一刻」，因為只有這一刻的時間點足以反映出真理實相的境界。

(5) **每小時花個五分鐘的時間來接受上主賜你的幸福，不是很值得嗎？每小時花五分鐘來認清你在此地的特殊任務，不是很值得嗎？這五分鐘的要求，比起它將帶來的不可估量的回報，不是微不足道嗎？你至今已經做過不下千件的賠本生意了。**

《奇蹟課程》幾乎每一頁都暗含著類似的反問：「我要你放棄的這麼少，卻以那麼大的回報跟你交換，為什麼你還不肯做呢？」（T-20.VII.1:7~8）老實說，這絕對不是因為我們太

笨，我們可能神智不清，但一點也不笨！我們其實早就心中有數了——耶穌這回只要我們每小時給他五分鐘，下回就是十分、十五分鐘，一不留意，他就會每小時都要求我們給出整整六十分鐘了。因此，我們會噘嘴以示抗議：「那**我**呢！誰來照料**我的**需求？這個**我**還算什麼呢！」耶穌大概只會輕輕搖頭說：「你本來就不算什麼，因為你的個體生命只是一個幻相。」耶穌不會命令我們放棄自我，他只要我們誠實看到自己如此珍惜個體身分，以至於每小時連五分鐘都不甘心給出。當然，耶穌無意勾起我們的內疚，他只希望我們好好正視自己對愛與真相的恐懼如此之深，才會緊抓著特殊性不放。我們若想完成自己那個特殊任務，必須對這一恐懼有深刻的體會才行。「特殊的任務」這個用語恰好是〈正文〉第二十五章第六節的標題，也是極為重要的一節，它論及我們的任務時絲毫不提形式或行為的層面，始終聚焦於心靈的轉變，而這一轉變所憑靠的，正是寬恕的決心定志。

耶穌在《課程》論述特殊關係時，不斷提到「賠本生意」的觀念。他這樣告訴我們：「誠實面對你一手打造的賠本生意。不論你多麼確定這回可能會有轉機，結果你的特殊性每次都令你抱憾而歸。你難道不該『辭去你自以為師的角色』（T-12.V.8:3）？讓我來教你吧。」我們只要誠實省察此生所犯的愚蠢錯誤，不難發覺背後始終有個念頭在作祟：「這回我知道怎麼跟老天拚搏了，而且勝算頗大的。」或是：「我知道怎麼

和這個人較勁，我一定會贏他的！」耶穌溫柔地提醒我們，真相絕非如此，只要有一方贏而另一方輸，從本質上來講，這個交易雙方都輸了，只因聖子奧體的一體性絕不容妥協。

(6:1) 祂的恩賜保證你能全面地由一切痛苦中解脫出來，並帶給你超乎世間的喜悅。

不幸的是，我們聽了這一番話，大多會如此反彈：「如果沒有我習以為常的苦，也沒有某種藥物、某個人或某類東西給我的特殊快樂，那麼，我是誰呢？倘若我失去每天賴以存活的救急之物（不論是什麼），我又是誰呢？」這才是問題之所在！我們對種種有形之物早已上癮了。耶穌曾在〈正文〉說過，我們早已淪於「苦樂不分」的地步（T-7.X）。我們期待世界給予的快樂，其實是痛苦。唯有領受救贖，方能帶來真實喜樂；而小我卻告訴我們，沒有比接受救贖更苦的事了。

(6:2~5) 你只需投入少許的時間，就能換得心靈的平安、明確的目標，加上萬無一失的保證。時間既然沒有任何意義，所以你其實是以虛無來換取一切。這是一樁穩賺不賠的好生意。你的回收利潤是無限的。

奇蹟學員大致會相信這些都是耶穌所說的話語，只是內心有一部分感到難以接受。為此，我們不妨一邊聆聽他的話，一邊允許自己這樣說（而且還要自己**親耳聽見**）：「我才不信你說的呢！我還不甘心放下自己的特殊性、我的怨恨、我的癮

頭，尤其是這個自我；我也承認，自己心裡確實有那麼一部分並不相信牽著你的手或聽從你的話會讓日子好過一點。」

即便是敢對耶穌這麼坦白的學生，通常意識不到自己竟會說出這種話，更驚訝自己竟藏有這種大不敬的念頭。因此，唯有**親耳聽見**它，才會了解這番話背後隱藏的恐懼，而且不至於為此內疚。相對的，當我們存心隱瞞，故意「壓抑」，繼而「投射」，在這種情況下，內疚才會根深柢固，為自己或他人製造無邊的痛苦。舉例來說，當你讀到這一句：「你只需投入少許的時間，就能換得心靈的平安、明確的目標，加上萬無一失的保證。」此時，不妨留意自己心裡的嘀咕：「耶穌，你說的可好聽了，有誰會相信『放下我的特殊價值就會快樂』這種許諾啊！」其實，這類抵制的念頭才是一切痛苦的終極源頭。

總之，我們需要徹底誠實，坦誠地向耶穌說：「我才不信你那一套呢！」只要實話實說，就不會引發內疚，反而會讓我們領受這些訊息的時機加速來臨。那麼，當你聽到下面這類訊息時，豈能不欣然接受：

> 在這方面，上主之子的要求不僅不夠多，甚至應當說，他的要求實在少得可憐。為了追求小小的寶貝，他竟不惜犧牲「自己既是一切也擁有一切」的真實身分。為此，他不可能不感到孤立、失落且舉目無親。而這一感受也恰恰成了他千辛萬苦尋來的寶貝。對這寶貝，他必然心存恐懼。恐懼能算是一種寶貝

嗎？你真的想要這無常的人生嗎？你會不會根本就
認錯了自己的意願，又認錯了自己的真相？（T-26.
VII.11:7~14）

(7:1) 今天每小時都獻給祂五分鐘的薄禮。

耶穌的要求僅止於此。他不要求一整個小時，即便你只給
出三分鐘，他也心滿意足了。我們真該好好覺察自己每小時是
怎麼迴避他的，但不要依賴鬧鈴來提醒自己；藉著鬧鈴的設
定，動機雖好，卻誤解了耶穌的用心。他希望我們自動想起他
來，如果忘了，寬恕自己一下就成了。我們若依賴鬧鈴提醒，
守住了**形式**卻錯失了**內涵**，連帶也錯失了真正的寬恕功課。因
為關鍵並不在於每小時想起上主五分鐘，否則就好像這五分鐘
的念頭會帶來什麼救恩神效似的。耶穌真正的用意，是要我們
寬恕自己並不真想憶起他來。這個道理，我們在第九十五課已
經探討過了。

**(7:2~6) 當你在練習今天的觀念時，祂會在你的話上頭賦予更
深的信念及你所缺乏的篤定心態。祂的話會加入你的話中，使
你今天每次的複誦都成為全心的奉獻；你所發出的信心也如祂
對你的信心那般完美而堅定。祂對你的信心會照亮你所說的每
一句話，你會越過那些聲音，而契入言下之意。今天你就與祂
一起練習這樣說：**

**　　我接受自己在上主救恩計畫中的那份任務。**

　　我們再次看到耶穌要我們發個「小小願心」，因為他深知
我們信心不堅，故有待聖靈的協助。唯有願意記住定時練習的
願心，才能夠重振那被恐懼壓得奄奄一息的信心。不僅如此，
信心愈大，寬恕的決心就愈堅定，這等於盡了自己在上主計畫
的那一部分責任。到了那時，我們便會慢慢從文字**形式**契入**內
涵**：「越過那些聲音，而契入言下之意。」就這樣，我們一步
一步穿越小我的迷陣，直抵心靈深處，喚醒那埋藏已久的真理
記憶。

**(8) 在你們共處的每個五分鐘內，祂會接下你所說的話，且注
入堅強的信仰與信心，再回贈於你，以希望與喜悅之光照亮整
個世界。今天，不要錯過任何機會，欣然領受祂的贈禮吧！如
此，你才可能把這些禮物帶給全世界。**

　　這一段話和第九十七課的結尾十分相近：只要真心接受耶
穌的教誨而放下小我，我們所領受到的禮物絕對超乎意想之
上。更美妙的是，這些禮物不只為我們而設，它同時是送給整
個聖子奧體的禮物，無一例外。只因這一回報實在太豐盛了，
我們的心靈導師才會叮嚀我們踏踏實實地操練。

(9:1) 你只需向祂獻出這些話，其餘的祂自會照料。

　　耶穌在〈正文〉也說過，我們的責任只是選擇奇蹟而已，
無需操心後續的發展。讓我再引述一次這段話：

　　你無需為神聖性的推恩力量操心，因奇蹟的本質不是

你所能了解的，也不勞你插手。奇蹟的推恩力量超乎你的知見所及，這一點恰恰證明了它們不可能出於你。你連奇蹟本身是什麼都不了解，又何苦去為如何把奇蹟推恩到整個聖子奧體而操心？（T-16.II.1:3~6）

很確定的，我們只有一個責任，就是突破自己寬恕功課的心障，而不是推恩給他人。如果我們認為自己有責任把寬恕推恩給更多的人，反倒會引狼入室，任由小我誤導，把寬恕某一個人以及向世界宣揚奇蹟福音視為己任。我們心目中的任務一旦落入行為或形式層次，便等於加入了小我的陣容而與它沆瀣一氣了。

可別忘了，分裂後的心靈，只有一個任務合乎正念之境，即「放下小我」，唯有如此，才足以顯示我們的心靈已經與耶穌的愛認同，履行了我們在人間的唯一任務。耶穌的愛早已存於聖子奧體內，一直在等著我們這個選擇，他的愛也才能遍傳整個聖子奧體。究竟說來，愛**就是**聖子奧體。為此，我們所能做的，只是捨棄我們自認為與愛隔絕的信念，一切問題便迎刃而解了。救恩的單純性即在於此（T-31.I）。

(9:2~4) 祂會幫你了解你的特殊任務。祂會為你展開幸福之路，祂會賜你平安與信賴之心，這就是祂對你這些話的答覆。祂會以所有的信心、喜悅來答覆你，且向你保證：你所說的一切都是真的。

耶穌不斷用這樣的幸福結局來激勵我們；只要我們發出小小願心，以聖靈為師，意味著「我要幸福，不再堅持自己是對的」，那麼，我們怎麼可能活得不幸福！我們一旦接受了自己在上主救恩計畫中那一點兒任務，即便還會三心兩意，都已經足以讓我們的導師一展身手了。他會加深我們對幸福及平安的渴望而且擁為己有，那時我們便會意識到這個特殊任務對自己是何等重要了。

(9:5~6) 於是，你會擁有祂的信心，因祂確切知道你在天上以及在人間所負之任務。每當你與祂一起作練習時，祂都與你同在，並把你獻給祂的每一刻轉換為永恆及平安。

到了下一課，我們才會具體談到聖靈所肩負的「橋樑」角色。目前這一段只提到：「聖靈知道我們在人間的任務是寬恕，在天堂的任務是創造。」然而，連這一句話也不可拘泥於文字表面，它不過是提醒我們，只要還認為自己活在夢裡，寬恕就是我們唯一的任務；這一任務還得仰賴聖靈的幫助，才有完成的可能。

其實，就在我們請求祂幫助我們寬恕之際，自己的心靈已經跟祂的聖念銜接上了，「我們原是基督自性」的記憶隨之浮現。這一聖念成了我們由夢中覺醒的橋樑，因它讓我們意識到夢境之外的另一實相，也就是我們的自性。

(10) 願你今天的每個時辰都欣然為你們下一個五分鐘的會晤作

準備。在你等待下一個快樂時光來臨之際，要記得複誦今天的
觀念。時時複誦，而且別忘了提醒自己：你每複誦一次，都在
準備你的心靈迎接下一段快樂時光。

　　耶穌要我們別低估了自己獻給他的五分鐘，它就好比銀行
存款，會自動孳生利息。可以說，每一時段的操練，都在為下
一個五分鐘打基礎，而下一個操練同樣得靠前面五分鐘打下的
基礎。耶穌在〈正文〉第一章也有類似的說法，他把救贖的過
程描寫成焊接起來的救贖之鏈（T-1.III.9:2）。我們正是透過每
天一次又一次的練習，焊接成一條緊密相連的鎖鏈，形成了自
己的一生。

**(11:1) 當一個鐘頭過去了，祂再度前來與你共度片刻時，你應
滿懷感激地放下所有的世俗工作、無謂的念頭以及有限的觀
念，再次與祂共度歡樂的時光。**

　　耶穌在此道出〈練習手冊〉的整體用意。他設計這一整套
練習，要我們每天拿出一點時間，把自己的焦點從世間的工作
以及微不足道的想法或觀念移開，一念接著一念，深刻憶起
上主。不消說，當我們一頭栽入人間俗事時，影射出我們的抉
擇者已經把自己的幸福及聖靈的無限聖念擱置一旁，而選擇與
卑微又有限的小我觀點認同了。也因此，每日練習的目的，不
過是訓練我們一邊照料人間俗事，同時還能記得夢境之外的真
愛。換句話說，我們的身體縱然忙得不可開交，內心卻始終與
那個聖愛緊緊連繫著。研讀及操練《奇蹟課程》的最終目標，

乃是將書中的教誨及練習和現實生活融合得天衣無縫，最後把**自己**化為天堂與人間的一座橋樑。即使身體仍積極參與人間事務，心中卻須臾不離那寧靜的核心。如此，我們才敢說「我什麼都不需要做」：

> 所幸，你永遠有這一席安息之地可以回歸。而且你對這暴風眼之寂靜核心的敏覺度，遠遠超過了在它四周肆虐的風暴。你什麼都不需要做，這寂靜的核心始終與你同在，讓你每天在為聖靈服務的忙碌行程中仍然得享安息。因為這一核心會指點你如何以無罪的心態發揮身體之用。（T-18.VII.8:1~4）

然而，在我們認同並且全面契入聖愛的寧靜核心之前，仍是需要每小時拿出一些時間，按照當天的提示，憶起聖靈的臨在。我們不只要警覺心中的小我，也應意識到分裂的心靈除了妄念以外還有正念的存在。即使有一部分心靈經常被特殊性勾走了，但那寧靜平安的核心始終屹立不搖。

(11:2) 再次告訴祂：你接受祂要你負起並助你完成的那份任務；祂會讓你更加肯定，你們共同作出的這個選擇確實是你真心所願的。

總之，聖靈無法替我們選擇，我們也無法憑自己選擇，唯有跟祂**一起**，我們才作得出這樣的選擇。為此，我們必須銘記於心：每天生活的意義，不再為了滿足特殊性的需求，亦非如

何戰勝自己的仇敵，而是把這些「好事」與「壞事」一律視為人間課題，跟隨新的老師學習寬恕。我們學得愈加用心，罪咎自然消褪得愈快，喜悅必隨之臨於心中，令我們那「小小」的努力頓感「如虎添翼」。

第九十九課

救恩是我在世的唯一任務

　　現在，我們繼續來討論「任務」這個主題。本課特別聚焦於一點：救恩具有彌合幻相與真相的虛擬間距之橋樑作用。在進入內文以前，我必須提醒諸位（否則，海倫絕不會饒我的），從本課開始，一直到〈練習手冊〉結束，每一課的全文（包括了練習的提示），皆以抑揚格的無韻詩體呈現。

(1:1) 救恩與寬恕是同一回事。

　　這是耶穌交響樂中另一個重要觀念，亦即**救恩、奇蹟、神聖一刻、神聖關係、寬恕**和**慧見**這些名詞，都是在描述「分裂與罪咎思想體系」的化解過程，只因我們已經將它弄假成真了。耶穌接著解釋，由於救恩和寬恕所解除的，其實是不曾真正發生的事，故兩者皆屬於幻相層次。

(1:2~3) 兩者都影射出：事情出了差錯，有待拯救，需要寬

恕；事情偏離了正軌，需要改變或修正；事情已與上主的旨意背道而馳了。由此可知，這兩個名詞都意味著一件不可能發生卻發生了的事，而你也在事情的真相與子虛烏有的假相之間經驗到了衝突。

　　這一段話呈現的乃是「層次一」的正見：唯真理是真，其餘皆屬虛妄。這是《奇蹟課程》最基本的形上理念。故而雖說化解，其實什麼也沒化解，只不過不再重複當初那個選擇罷了。〈詞彙解析〉論及寬恕時，闡明了同一道理，可以說，我們對於這類說法早已耳熟能詳了。

　　寬恕是為了上主，也會帶你接近上主，但不是出自上主。祂所創造的一切怎麼可能需要寬恕，這是不可思議的事。因此，寬恕也屬於幻相的領域，只因它以聖靈的目的為目的，故能脫穎而出。寬恕能幫人遠離錯誤，不像其他的幻相反會導致錯誤。

　　寬恕也許可以稱之為一齣喜劇，也可視為幫助不明真相者跨越知見與真理之間的溝距的橋樑。他們無法直接由知見跳到真知之境，因為他們不認為這是出自自己的意願。為此，上主好似成了他們的死對頭，使他們無法看清祂的真相。也正是這個神智不清的知見，使他們難以心甘情願地啟程，平平安安地回歸上主那兒。

> 因此，他們需要一種虛擬的救援假相，因為他們是如
> 此的無助；他們需要平安的聖念，因為他們一直活在
> 衝突之中。（C-3.1:1~3:1）

自從我們與上主分裂之後，上主成了我們的天敵；而寬恕的最終目的，就是教我們看破這一信念的荒誕不經；特殊關係則成了我們練習突破這一幻覺的最佳道場，因它正是原始分裂幻相的陰森碎影。當我們逐漸意識到上主聖愛和我們之間真的什麼事也沒發生，根本無需補救什麼，那個虛無信念就自然瓦解了。救贖之念因而大展神威，所有的衝突到此結束，只剩下真理之光，瞬間照亮了心靈，一個剎那，我們便會消融於唯一真理、唯一光明及唯一上主之內了。

(2:1) 如今，真相與幻相平起平坐，因為兩者都發生了。

小我要我們相信人間**既有**真相，**也有**幻相。也就是說，的確有一位無所不在的真神，但真神之外還可能存有與祂不同的東西，而且兩者可能並存。幾乎所有傳統宗教都如此相信，真相和幻相，靈性和物質可以平起平坐；形體世界以及純靈的上主均屬實相的一部分。既然兩者在人間都佔有一席之地，那麼上主在人間必會大展神威。果不其然，許多宗教堅信上主不只活在世間，還成了世界的造物主。從此，真相與幻相共存於人間，同樣的真實，也同樣的重要。

(2:2~3) 那不可能存在的事便成了需要你寬恕及拯救的對象。如今，救恩遂成了真相與幻相的過渡地帶。

這幾句話令我想起〈正文〉第二十六章「邊緣地帶」那一節（T-26.III），它把真實世界與救恩比喻為幻相與真相之間的邊緣地帶：

> 在現世與天堂之間，存有一塊思想的邊緣地帶。它不是一個處所，你一抵達此境，就與時間分道揚鑣。這裡是所有念頭的匯集處，矛盾的價值觀也在此碰頭，所有的幻相因與真相龍蛇雜處而暴露了自身的虛妄。過了這邊緣地帶，就是天堂之門。所有的念頭在此獲得淨化，恢復本有的單純。罪則被摒棄門外，此地只接受本然境界。

> 這是旅途的終點。我們稱之為「真實世界」。……救恩屬於這一邊緣地帶，只有在此，時間、空間、抉擇才能顯出它們的意義，但你已不難看出它們的暫時性，也常有身在異域之感，其實，每個選擇都早已完成了。（T-26.III.2:1~3:1,6）

這兩段論述都指向我們所說的「層次二」的真實世界，它乃是寬恕的家園，所有罪咎與攻擊的虛幻信念到此便煙消雲散了。再強調一次，寬恕不屬於真理層次，只能算是「一齣喜劇」，反映天堂真理的一個倒影罷了。我們繼續讀下去：

(2:4~5) 它反映出了真理，因為那是你擺脫幻覺的途徑。然而，它仍不算是真理本身，因為它的作用只是化解那不曾發生的事。

　　「反映」一詞在《奇蹟課程》中可謂舉足輕重，因它點出了「橋樑」的重要性。天堂不可能存於人間，真愛、一體或神聖也不可能；但在人間，確實有它們的倒影。可還記得先前引用過〈練習手冊〉這一段話：

> ……寬恕是幫我認出自己純潔無罪的媒介。它反映出上主對世人的愛。它會將我拉到天堂邊緣，讓上主的愛能觸及我，將我提昇到祂那裡去。（W-60.1:4~6）

　　我們心靈內含有聖靈的那一部分（即正念之心），成了橋樑的最佳寫照，它將神聖、一體及真愛境界和它們在人間的倒影經驗銜接起來。既是倒影，必屬幻相，但正視倒影而能深知其幻的功夫，則是慧眼、寬恕及救恩不可或缺的要素。

　　為此，耶穌在〈正文〉曾作了澄清，他並非「不准」我們把他人看成一具身體，那樣未免強人所難，只因我們早已與身體徹底認同了：

> 你不該問：「我怎樣才能不透過身體去看弟兄？」你只該問：「我真的希望看到他是無罪的嗎？」在你提問之際，不要忘了，他的無罪本質乃是你擺脫恐懼的關鍵。救恩是聖靈的目標。慧見則是祂的方法。（T-20.VII.9:1~5）

　　若用肉眼來看，每個人的確不一樣；然而，耶穌期待我們在不同的表相下，看出暗藏於內的同一性。比方說，每個人的

所欲與所好大同小異，我們相信罪的瘋狂程度亦不相上下；在此同時，所有人的共同福祉也只有一個，就是憶起自己是上主唯一而且一體不分的聖子，永遠純潔無罪。這個同一目標即是基督一體自性的倒影，祂才是唯一的真相。

　　請看，接著我們又回到「層次一」了：**不是真相，就是**幻相，絕無並存的可能。

(3:1) 在你想要腳踏天堂與人間這兩條船的心靈內，豈能找到一塊供兩者和平共存之地？

　　耶穌在此明說了，真相與幻相會相互抵消，根本沒有並存的機會！他不僅教導我們救恩的真諦在於寬恕，唯有寬恕方能悟入基督慧見；但他同時又提醒我們，這段過程仍屬幻境。只不過，對於深陷紅塵的我們，這類觀念實在難以理解。沒關係的，我們一定還有機會學到寬恕的重要性，藉由它，穿越幻相而抵達那唯一真相，亦即我們的自性。

(3:2~4) 著眼於幻相的心靈必會認為幻覺是真的。這些幻覺只可能存於念頭內。它們並非真的，因為想出這類念頭的心靈，已經與上主分裂了。

　　根據這個道理，我們不妨將笛卡兒的名言改成：「我思故我**不在**」。究竟說來，只要認為自己能思考，便已影射出自己並非實存生命。《課程》多次為我們釐清「**存在**」和「**實存**」的不同，此處即是一例。**存在**屬於分裂心靈的層次，**實存**則純

屬基督與上主的境界。為此，我們的念頭只能存在於夢境，絕
非實有，因為它們毫不真實。我再舉出一小段先前引用過的
〈正文〉：

> 存在層次（existence）和實存層次（being）一樣都
> 是仰賴交流而生的。然而，存在比較具體，它能根
> 據「如何」、「何種」、「與誰」來判斷這一交流值得
> 與否。實存境界則完全沒有這種分別。心靈在這了無
> 分別之境一直與所有真實生命保持交流狀態。（T-4.
> VII.4:1~4）

接下來，耶穌開始描述聖靈在幻相與真相之間所扮演的橋
樑角色，再度將我們從「層次一」領回「層次二」。「層次一」
不存在橋樑的問題，因為那兒只有真相而無幻相，自然無需橋
樑居中銜接。「層次二」則屬夢的領域，充滿幻覺經驗，因此
才需要聖靈之念將我們由幻相引渡到一體真相那裡。耶穌是這
麼說的：

**(4:1~2) 有什麼能把分裂的心靈與思想和那永遠一體不分的天
心與聖念重新復合？有什麼計畫能夠使真理不受侵犯，同時也
能認出幻覺下的需求，還能提供一套不傷不痛的解決方案？**

救贖的大能即在於此。只要與耶穌同在，一起正視眼前幻
相，無需攻擊也無需受苦，幻相自會化解於無形。反之，我們
若跟幻相有任何**糾結**，等於認可了它的真實性，痛苦勢必難

免。只要我們還嫌上主的愛不夠，期待特殊性賞賜自己一點幸福或消除某些痛苦，必然自食其果；唯有看清特殊性的目的就是受苦，我們才會對它徹底死心，杜絕這種幻覺。和耶穌一起正視幻相，就是看清了自己為特殊性所付的代價；一旦看清了特殊性的痛苦下場，輕輕放下即可，不再需要任何的防衛或攻擊。溫柔的眼睛一定看得到溫柔，在此溫柔下，痛苦或攻擊豈有撒野的空間？只有療癒的祝福會怡然降臨。下面這段話，美妙地描寫出天堂的溫柔：

> 上主的恩典溫柔地降臨於寬恕的眼睛，寬恕眼中的一切都在向瞻仰的人訴說上主的臨在。這人看不見邪惡，因世間無一人可懼，也無一人與他相異。他如何愛他們，也會如何溫柔地愛自己。他不再為自己的錯誤而定自己的罪，更不會為此定他人之罪。他既非報復之君，亦非懲罰罪惡的判官。他如何仁慈地對待別人，也會同樣溫柔地看待自己。他只會療癒，只知祝福。由於他和上主旨意志同道合，凡是他在上主恩典中所見到的人，都一起蒙受了他的療癒與祝福。（T-25.VI.1）

(4:3) 除了上主聖念以外，還有什麼計畫能夠對那些不曾發生的事視若無睹，全然忘卻那始終虛幻不實的罪？

我先前解釋過，《奇蹟課程》所說的「視若無睹」，絕不是「你任意擱置東西之後再也視而不見」那個意思；而是說，

你必須先看得一清二楚，而後卻仍能視若無睹，因為唯有和耶穌一同去看，才能**看穿**表相。套用柏拉圖的說法，就是看透表相而認出背後的真相，或者說，穿透罪的假相而認出那是愛的求助。此外，這句話也可理解為「從形式轉向內涵的眼光」。總之，**視若無睹**所要強調的，是看穿或看透的那種能力。至於文中所謂「不曾發生的事」，就是指世界的出現，以及被我們弄假成真的特殊之物。只要耶穌的愛陪伴在旁，我們便不難意識到，眼前這個小我絲毫影響不到上主聖愛，它就這樣失去了立足之地。為此，「視若無睹」成了慧見與領悟的關鍵。

(5:1) 聖靈保全了上主原有的計畫，與祂當初在天心與你心內所接受的計畫全然相同。

所謂「心內」，是指正念之心，上主的救贖計畫就存在於它的寬恕之念中；其實，更徹底來說，寬恕本身**就是**上主的救贖計畫。

(5:2~3) 它不在時間之內，因為它的終極根源是在時間之外。然而，它卻能在時間領域中運作，只因你相信時間真的存在。

這句話完全就是在講奇蹟。由於我們深信不疑自己活在時空中，自然感到奇蹟發生於時空內，其實它存於時間之外。請記住，只要是心靈，不論是一心之境**或**分裂心境，都超乎時間之上。當我們的抉擇者選擇以聖靈為師，等於決心憶起自己的基督或上主之子之身分；這個選擇本身即是超越時空的，經由

心靈的轉譯，才在分裂夢境裡呈現為我們可能了解的現象。為此之故，我們會感覺到救贖好似發生在時空內，其實它發生於時空之外的心靈內，表示那心靈已和代表永恆無限天音的聖靈認同了。

(5:4~5) 聖靈俯視你眼中的罪惡、痛苦、死亡、悲傷、分裂、失落，卻能絲毫不受這些現象蒙蔽。祂知道有一件事仍是真的，即上主仍是愛，這一切並非祂的旨意。

我們已說過，耶穌並不要我們故意否認眼之所見，刻意漠視自己的悲傷或痛苦，他只要我們好好正視一番即可。只要與聖靈一起正視，我們便會意識到，情形並非我們想像的那樣，因為痛苦既非上主的旨意，故它不可能成真的。幻覺對於精神錯亂的人顯得真實無比，但它對真相卻起不了任何作用。讓我再度引用〈正文〉的一段話，它將聖靈溫柔且具療癒力的慧見描述得極其動人：

> 聖靈看得見真正的起因，祂只會輕輕一笑，毫不在意那些後果。除此之外，祂還能如何為存心罔顧起因的你修正這一錯誤？祂要你把每一個可怕的後果都帶到祂面前，與祂一起看看那可笑的起因，再與祂會心一笑即可。你最愛評判後果，祂只評判問題的起因。祂的評判能為你解除一切後果。你也許會垂淚而來，但一聽見祂說：「我的弟兄，上主的聖子，看看你這無聊的夢吧！這一切只可能發生於夢中。」你就會破涕

為笑，並且與弟兄和祂一起笑著走出那神聖的一刻。
（T-27.VIII.9）

　　聖靈要你送給祂的那些「後果」，就是這段〈正文〉的前一段所說的「嚴重的後果」（T-27.VIII.8:4），它們在人間顯現得極為痛苦而且真實無比。然而，只要看穿它們愚昧的起因（即罪的信念），一切便會顯得如此荒謬，大可一笑置之。當然，所有的關鍵，就在於你能否正視「**起因**」。我們若聽信小我之言而一味著眼於「**後果**」，人間的苦難看起來確實很真實。然而，痛苦如果真的存在，上主之愛便無立足之地了（W-190）。為此之故，我們才亟需聖靈協助，因為只有祂最清楚上主始終不渝的愛，也知道痛苦與死亡皆非上主旨意。

(6:1) 就是這個聖念把幻相帶回了真相，且認出它們全是假相而已，隱身其後的才是千古不易之境。

　　這兒再度明確點出，「視若無睹」是要我們看穿事物的表相。小我卻告訴我們：「罪，實實在在，就像銅牆鐵壁一樣堅固真實。」若真如此，我們還可能看到它背後的真相嗎？然而，只要是和耶穌一起觀看心目中認定的罪（不論是自己或他人的），便會明白這個罪既影響不了耶穌的愛，也改變不了他和我們的一體狀態，那麼，自然也干擾不了我和每個人的一體關係。於是，那看似罪孽深重的銅牆鐵壁，瞬間猶如輕紗一片，終究遮擋不了它後面的光明。是的，唯有與耶穌一起觀看，才能享有他那一眼便能看出清白無罪的慧見，一窺表相之

後那永恆不變且萬無一失之境。

(6:2~3) 就是這個聖念具有拯救及寬恕的能力，因為凡是不出自它所熟悉的唯一根源者，它一概不信。就是這個負有拯救使命的聖念，把它的任務賜給了你，成為你的任務。

　　的確，唯有聖靈之念能將我們從罪咎中解放出來，因為夢境中只有祂的聖念能幫助我們寬恕那虛幻的罪咎，而且深知它對實相一無所能。終有一天，我們會明白真的沒什麼需要寬恕的。一旦全面接受了這一真相，我們便完成了自己的人間任務，那時，我們的天堂任務便會在寧靜而且療癒的心中露出曙光，分裂世界開始悄悄地隱退，恰如〈教師指南〉所言：「其意義終將隱沒於它所源自的虛無中。」（M-13.1:2）

(6:4~8) 於是，救恩成了你和那位承擔救恩計畫的聖靈一起肩負的任務。如今，你與祂一起被託付這一計畫。對人間的一切假相，不論在外形、大小、深淺或性質上有何差異，祂的答覆只有一個，就是：

　　救恩是我在世的唯一任務。
　　上主仍是愛，這並非祂的旨意。

　　這一段話明白點出，我們所有的問題其實都是同一問題，因為它們全是抵制一體聖愛之真相的某種伎倆而已。然而，沒有任何東西抵制得了聖愛的。但若想悟入這一救恩真理，我們就需要耶穌陪伴我們正視每一個令自己坐立不安的事件。直到

心靈恢復了寧靜，我們才會聽到他的答覆：「上主仍是愛，這並非祂的旨意。」因為神聖一刻只可能出現於寧靜的心靈。從此，我們的學習能力會像「此起彼落的零星歌聲……匯為一首無遠弗屆的大合唱」（T-31.VIII.11:5），只因我們形形色色的人生經驗，全都匯為一個心境，救恩便如此完成了，我們終於回到「上主願我們永在」的天鄉了。（T-31.VIII.12:8）

(7:1~2) **有意行奇蹟的你，一定要好好練習今天的觀念。試著看出這句話的力量，因為你的自由就藏身在這些話裡。**

請留意，別被「話裡」這兩個字誤導了，耶穌說的不是有形層次，他是指心靈的療癒，也就是接受了奇蹟的「修正」而明白自己原是那黃粱一夢的夢者。如此，耶穌的愛方能在我們心內運作。至於身體，它依舊活得像一般人一樣，只是生活的目標轉變了——從作夢轉向覺醒；從小我的軟弱與自囚，轉向聖靈的大能與自由；從特殊性追逐的個別利益，轉向寬恕後的共同福祉。這是唯一不同之處。

(7:3~4) **你的天父愛你。世上的一切痛苦並非祂的旨意。**

隨後的幾課提出了另一個重要觀念，即上主的旨意只願我們幸福，而非受苦。這個主題先前只是點到為止，在此它再度提醒我們：只要我一感到自己活得很苦，或看別人活得很苦，無異於宣告這個世界、這具身體以及自己的存在全都出於上主旨意；就因為我親眼目睹，甚至身受其苦，這一切才會顯得如

此真實。

　　再說一次，耶穌並不要我們否認身體不適或漠視他人的苦，他只是讓我們明白，這種感受影射了一套思想體系，好似宣稱上主旨意之外，還有另一旨意存在，也就是小我的分裂旨意，而這正是你我所有痛苦的根源。總之，耶穌並非要我們罔顧痛苦，而是要我們正視痛苦背後暗藏的整套思想體系。

(7:5~6) 寬恕你以前認為祂要你受苦的想法吧！然後，就讓祂意圖取代你所有錯誤的那個聖念進入心中每一陰暗角落，那兒窩藏著你所有與祂旨意相違的念頭。

　　畢竟，這個責任落在我們肩上，救贖正在等候著我們選擇聖靈之念取代小我的陰暗念頭。若要完成這一取代過程，我們得先善盡自己的寬恕任務，將黑暗帶入光明才行。接著，我要引用兩段〈正文〉的重要引言，來強調「讓聖靈的光明和愛進入心靈的黑暗死角」之重要。只因我們早已將聖靈逐出心外了，故也唯有親自邀請，祂的光明才能照入我們的心靈，療癒小我的黑暗與痛苦：

> 聖靈的任務純粹是為了幫你恢復天人交流之境。祂必須清除所有的干擾，才能恢復交流的暢通。你無需對祂隱瞞任何干擾因素，因祂絕不會攻擊你的衛兵。你只需把那些衛兵領到祂跟前，祂就會慈愛地教你看出，這些衛兵在祂的光明裡一點也不可怕；它們根本

守不住你小心翼翼藏在黑暗之門背後的一切，那兒其實什麼也沒有。我們必須打開所有的門窗，光明方能照入。（T-14.VI.8:1~5）

聖靈僅僅要求你一事：與祂分享你封鎖在心底的所有祕密。為祂開啟每一扇門，邀請祂的光明驅散你心中的黑暗。祂樂於應你之邀而來。只要你敢向祂揭開每個黑暗的角落，祂的光明便會進入。……因此，把你暗中隱藏的一切念頭都帶到祂那兒，與祂一起去看吧！祂充滿了光明，你內則是一片黑暗。當你們兩個一起正視時，光明與黑暗便無法並存了。祂的判斷必然無往不利，但你得把自己的知見融入祂的知見，祂才能給你祂的判斷能力。（T-14.VII.6:1~4,8~10）

　　無庸贅言，「把陰暗的判斷之念帶入聖靈的寬恕之光」不僅是《奇蹟課程》的核心教誨，更是整部課程的宗旨所在。

(8:1~2) 心靈這一角落與其餘部分一樣，都屬於上主。它無法想出一些唯你獨有的想法，瞞著上主而將它們弄假成真的。

　　正念之心為我們保存了聖靈的「修正之念」，此外的任何想法都屬於妄念心境。我們必須把其他的想法（亦即充滿敵意的特殊性之念）帶到聖靈那兒，因為人間唯有祂才能反映出上主之愛。

(8:3~9:1) 讓光明進來吧！你就會徹底明白上主對你的旨意。把

你不可告人的祕密向祂慈愛的光明開啟吧！你就會看見光明仍然如此燦爛地在你內照耀著。

今天好好地練習祂的聖念，讓祂的光明得以伸展出去，照亮所有黑暗的角落，照透它們，它們才能與其餘部分重新復合。

　　可以說，這是寬恕過程的另一種描述，和上面所引的兩段〈正文〉可謂相得益彰。只要誠實坦然地與耶穌一起正視自己的小我念頭，既不羞愧也不內疚，還能不帶批判地把那些特殊性的陰森面目帶到耶穌溫柔的光明中——化解就成了。但別忘了，我再三叮嚀過，除非自己主動求助，否則耶穌不能擅自替我們驅散黑暗的；少了這一助援，我們絕對驅逐不了心內的黑暗。故說寬恕屬於一種聯袂探險；而聯袂之意，絕非指兩個特殊夥伴的結盟，而是與耶穌一起聯手。這讓我想起他曾意味深長地說：

> 我甘心樂意給你這一力量，因為我需要你不亞於你對
> 我的需要。（T-8.V.6:10）

(9:2~4) 上主的旨意就是：你的心與天心是一體的。上主的旨意就是：祂只有一個聖子。上主的旨意就是：你是祂唯一的聖子。

　　在此，一體觀念又出現了，它實在是耶穌教誨的基石：我們就是靠天堂的一體實相以及它在人間的倒影，才可能回歸那須臾未離的一體生命。

(9:5~8) 今天練習時不妨想一想這些事，並用這真理之言開始我們今天的課程：

> 救恩是我在世的唯一任務。
> 救恩與寬恕是同一回事。

然後轉向與你同負這一任務的聖靈，向祂請教，如何才能放下你所有的恐懼，如何才會知道你的自性原是愛，且明白它在你內是沒有對立的。

　　為此，我們需要再三重申自己要向這位新導師學習的決心，藉之鞏固自己由祂那兒所學到的一切。然則，怎樣才能讓自己死心塌地而且快快樂樂地跟隨這位老師，踏上回歸自性的旅程？最有效的方法，莫過於徹底看清與小我同流合污的結局，不僅沒有給自己帶來幸福，還害我們活得動輒得咎，苦不堪言。

(10:1~3) 寬恕所有與你的圓滿、一體及平安之真相相反的念頭吧！你不可能失去天父的恩賜的。你也無意成為另一個自我。

　　這是真的，坦白承認自己內心有一部分很想活成另一個我，這一點非常重要。我們若真想憶起與上主一體的生命，就必須先放下這個私心。除非誠實面對內心對真理的抵制，否則哪有機會將這抵制降到最低，讓真理的倒影進駐我們的心靈，一體光明也才可能逐漸取代分裂的暗夜。到了那時，一切好似水落石出，我們以為早已失落的那個天恩，原來始終守護在天

心的記憶裡，而且完好如初。那時，我們便完全明白，自己早
就被寬恕了，因為我們並未犯下盜竊生命之罪。海倫的一首詩
〈天堂禮物〉，美妙地為我們傳達了這個保證。以下，我為大
家摘錄幾句：

> 無人盜取得了永恆，
> ……
> 無人剝奪得了一切，
> 它的圓滿本質為我們保證了
> 自己永遠完整無缺。
> ……
> 無人剝削得了愛，
> 因愛本身即是最偉大的修復神，
> 你取走的一切，它原璧奉還。
> 它不知道失落，
> 不知道限制，
> 更不知道虧損為何物。

—— 《天恩詩集／暫譯》P.80

**(10:4~7) 你沒有一個任務不是來自上主。寬恕你為自己打造的
任務吧！寬恕與救恩是同一回事。只要寬恕了你所營造的一
切，你就得救了。**

　　正因為我們相信自己真的篡奪了上主的創造任務，黑暗才
會籠罩人間。為此，寬恕任務在世上才顯得如此重要。一旦寬

恕了自己不曾犯下的罪，就好似揭開了覆蓋心頭的黑紗，我們便會憶起自己的天堂任務，與造物主重歸一體，永不分離。救贖就是如此將我們從「莫須有」的罪名中救拔出來的，因為寬恕所化解的也不過是個「莫須有」的幻覺罷了。順帶一提，本段課文的最後一句，顯然是第九十三課「你認為自己被毀滅了，其實你已得救」（4:4）那句話的迴響。問題在於，我們始終覺得這類說法實在令人難以置信。這也難怪，因為「罪」的最大成果便是「我」的誕生，從那一刻開始，我們已經全面認同了這個我，現在卻要我們相信「放下這個有獨特價值的我便會得救」，的確很難。這正是有待我們修練的功課，而耶穌設計這些練習的用意，就是幫助我們解除對自己（或對他人）的錯誤信念，給真相一個粲然復出的機會。

(11) 今天的特殊訊息足以永遠消除你心中所有的疑慮及恐懼。當你快要落入它們的陷阱時，只需記住，那些假相是抵制不了下面這強而有力的真理之言的：

救恩是我在世的唯一任務。
上主仍是愛，這並非祂的旨意。

耶穌實在是苦口婆心，他要我們隨時複誦這幾句話，來好好對治內心的抵制。但再說一遍，除非我們主動將小我的黑暗面帶到光明中，否則光明是無法為我們驅散黑暗的。這個療癒過程，乃是此生唯一的任務，於今，我們真的一定要鍥而不捨地操練才行了。

(12) 你唯一的任務說明了你是一體生命。在你與聖靈共同分享上主計畫的五分鐘前後的空檔，隨時提醒自己這一點。這樣說：

　　救恩是我在世的唯一任務。

如此，你就已經把寬恕帶入自己心中，輕輕地放下了所有的恐懼；如此，愛才能在你內復歸原位，讓你看清自己真是上主之子。

　　最後一段把本課的**形式**與**內涵**兩個層面作了最好的綜合：努力把本課的具體訊息套用在今天所有的煩心怨尤上（屬於形式層次），如此才反映出心靈真有「放下所有的恐懼」的決心（屬於內涵層次）。寬恕就這樣以愛取代了恐懼，溫柔地將我們領回自性之境，也就是上主唯一聖子的家園。

第一百課

我的任務乃是上主救恩計畫中不可或缺的一部分

　　請注意，從第一百課到第一百零五課，連續六課都在告訴我們，上主只願我們活得幸福、平安、喜悅，受苦絕非祂的旨意。這顯然是要修正世俗的信念，因為不只是宗教人士，連一般人冥冥中也幾乎都認為受苦是上天的旨意，若無犧牲，便無幸福可言。

(1:1) 上主之子圓滿了他的天父；你的參與也同樣圓滿了天父的計畫。

　　這句話可不是說，倘若我不寬恕，所有人都會遭殃。它要說的是，當內心的分裂信念得到了療癒，表示我領受了救贖，因而「圓滿了天父的計畫」；在那一刻，整個聖子奧體也隨之痊癒，因為聖子原是一個生命。

(1:2) 救恩必須把那相信個別想法與個別身體的瘋狂信念扭轉

過來，因那信念衍生出各自分道揚鑣的分裂人生。

這一句話乃是針對整套分裂思想體系而給予的化解之道，它否定了種種形狀大小等程度上的差別相。根本而言，世間所有的想法和形體，儘管形式各異，本質全都同等的虛幻。而我們竟然如此狂熱認同那些企圖取代救贖的荒謬替代品，而且堅信不疑。下面這段引言，簡直說得一針見血：

> 你所打造的那些替代品，渺小而荒謬，毫無實質可言；它們在瘋狂失常之下，好似一片羽毛不由自主地在狂風中亂舞。它們在空中聚聚散散、合合分分，變幻莫測，毫無軌跡可循；實在不值得你品頭論足。你對它們所下的個別定義更無意義可言。它們外表的小小差異，稱不上是差異，根本不值一提。這一點倒成了它們唯一相通之處。此外，它們還有什麼相同之處？（T-18.I.7:6~12）

一旦看清了人際關係的虛幻，而且明白它們全是同一回事，我們就能夠「沿著往昔沉淪於分裂的軌跡一級一級地向上回溯」（T-28.III.1:2），如同下面這段話所說的：

> 聖靈會溫柔地牽起你的手，沿著你先前瘋狂無比的旅程原路折返，再溫柔地將你帶回那一直在你內的平安真相。祂會幫你把瘋狂中投射於外的種種怪誕替代品一一帶入原有的真相。祂就這樣扭轉了你那瘋

狂而失常的人生旅程，恢復了你的清明理性。（T-18.
I.8:3~5）

接下來的這一小段話，為我們明白點出這個折返的過程。

**(1:3) 唯有讓分裂的心靈共享同一任務，它們才會結合於同一
個目的之下，因為每一個體對它們全體都成了不可缺少的一部
分。**

　　試問，究竟是什麼能讓我們沿著沉淪的分裂階梯反溯而
上？答案無他，就是看出人類共有的**唯一**目標。唯獨這個目
標，能夠在分裂又虛幻的世界反映出聖子生命的一體真相；也
唯獨借助耶穌的慧眼，我們才超越得了（或視而不見）表相的
差異──正是這些表相上的小小差異，使我們與那結合全人類
的「同一目標」失之交臂的。

**(2:1~4) 上主的旨意是要你活得圓滿幸福。你為什麼還要故意
與他的旨意作對？他在自己的計畫中為你保存了一份任務，讓
你重獲他願你享有的幸福。這份任務對他的計畫以及你的幸福
而言，都同等重要。**

　　對於耶穌的反問，我們其實都心知肚明：如果我們過得很
幸福，一點問題也沒有，不僅意味著過去全部的經歷、自己的
特殊性，還包括種種遺憾怨尤全都不存在，到頭來，連我們都
不知道自己是誰了。就是為了保全這個小小自我，我們樂於犧
牲真正的幸福，這才是我們終日奔波卻很少感到快樂的真正原

因。不快樂，其實出於一個決定，等於聲明我們寧可在世上不快樂的苟且偷生，也不甘心快快樂樂地消融於上主天心之內。正因如此，我們才會如此冥頑不靈地抵制寬恕特殊關係的任務。只因我們聽信小我所言，認為唯有緊抓著怨尤不放，才能保住自己的個別身分，因而落入了小我的圈套，辜負了上主的旨意，還理直氣壯地認為自己做得很對，即使很不快樂也要一意孤行下去。

(2:5~6) 你的喜悅必須圓滿，才能讓祂送到你面前的人了解祂的計畫。他們會在你光輝的面容上看出自己的任務，並在你幸福的笑聲中聽見上主對他們的呼喚。

　　我先前已經提過《奇蹟課程》的用語問題，例如「上主或聖靈有意**派遣**我們去度化眾生」這類說法，其實，祂們不可能派遣我們去任何地方的，因為外面根本沒有人！耶穌在世時也採行類似的手法，用我們所能體會的方式來跟我們溝通。在基督教傳統中，這種說法更是屢見不鮮，問題就在於基督徒把所有的比喻都當成真理本身。根據福音的記載，上主會為這人而派遣那人，〈馬太福音〉中的耶穌最後還鄭重其事地派遣他的門徒到世界每個角落，向異教徒傳教（〈馬太福音〉28:19）。《奇蹟課程》的耶穌雖然沿用了類似的說法，意義卻迥然不同。它一再強調，我們的人生劇本都是**自己**（也就是心靈內的抉擇者）編寫出來的。不論我們的罪咎與攻擊打造了多少的問題，聖靈只會提供一個答案，就是寬恕。如果我們能放下小我

的肉眼之見，轉而以聖靈的眼光去看待所有的人，那麼，我們遇到的每個人都成了「送到你面前的人」，只因每一個人都會為我們開啟一個寬恕的新契機。因此才說，每一個會晤都神聖無比，每一個關係都蘊含了耶穌的溫柔提醒——他永遠與我們同在，自然也與上主**唯一的**聖子永遠在一起：

> 不論你遇到什麼人，應牢牢記得這一會晤的神聖性。你如何看他，你就會如何看自己。你如何待他，你就會如何待自己。你如何想他，你就會如何想自己。千萬不要忘了這一點，因為在他身上，你若不是找到自己，就是失落自己。每當兩位上主兒女萍水相逢之際，就是天降救恩之刻。不要錯過這個給予對方救恩和親自領受救恩的機會。因為我會與你同在，為你憶起你的真相。（T-8.III.4）

是的，唯有經過這般喜樂課程的薰陶，我們才可能加入耶穌「幸福的笑聲」；而那種溫柔幸福的笑聲，也只可能發自喜悅的心靈，因為它知道所有的「罪過」全被寬恕了。在人間這片無邊的苦海，只有這種喜悅才是唯一真實的。無庸置疑，耶穌並非指有形的笑聲，他只是提醒我們，微笑的念頭得靠一張幸福的笑臉，方能映現於人間。

(3:1~2) 你確實是上主計畫中不可缺少的一部分。少了你的喜悅，祂的喜悅就不圓滿。

　　終究說來，上主的喜悅不可能不圓滿的。在此，我們又回到比擬的手法了，耶穌再度用我們所能領會的語言來傳達天堂的愛與喜悅。切莫被文中的二元語法所誤導，因而忘記了上主一體不二的完美真理。要知道，上主渾然一體的本質永遠不可能分裂，也永遠不可能不圓滿的。

(3:3~4) 少了你的微笑，世界就無法得救。當你悲傷時，上主用來拯救世界的光明會變得黯淡無光，再也沒有人笑得出來，因為世間的歡笑原是你笑容的返照。

　　無疑的，這種歡笑透露出我們已經化解了可悲的分裂信念，不再相信自己背棄了上主而理當接受懲罰。這段課文所描述的，正是你知道自己已被寬恕而自然流露的喜悅。不論你自認為對別人或對自己、又或者對上主幹了什麼事，從實相而言，什麼也沒有發生。我們之所以會感到內疚，只因我們相信自己的「罪」具有改變實相的能力。可以說，人類最大的悲哀，莫過於相信了這個幻覺；反之，人類最大的喜悅，也莫過於看穿了這個幻覺。此外，本段課文再次強調了救恩無所不包的本質：一位聖子等於全部聖子，一人微笑等於全人類的微笑，一點光明等於全部光明。總之，這個一體性真理不只是絕對的，而且放諸四海皆準。

(4) 你確實是上主計畫中不可缺少的一部分。正如你的光明增強了天堂的光輝，你在世上的喜悅也能讓人間的心靈放下憂傷，與你肩並肩地立於上主計畫中。上主的使者充滿了喜悅，

他們的喜悅治癒了哀傷與絕望。他們成了上主願所有接受天父恩賜的人活得圓滿幸福的一個明證。

　　一體性的主題又出現了，不論重複多少次都不嫌多，因為我們真的需要反覆提醒，才解除得了自己對「分裂現實」與「個別利益」根深柢固的信念。一旦承認「自己全搞錯了，耶穌所言才是對的」，幸福之門便開啟了。不僅如此，我們的接受代表所有人都接受了（雖然他們尚未意識到自己有此選擇），於是我們成了上主的快樂使者，呼喚所有的心靈憶起那一選擇。但請記得，我們的呼喚靠的並不是語言，而是憑著內在的平安、喜樂和幸福，這種心境會推恩到所有的心靈。我們的以身作則，證明了救贖的真實不虛，小我的罪咎懼故事才是謊言；上主也未曾發怒，祂的聖愛永恆不易。

(5:1~2) 今天，我們不容自己哀傷了。否則，我們就無從負起自己在上主計畫中不可缺少的那份任務，那也是慧見不可缺少的因素。

　　耶穌絕非要我們刻意地掛出一副笑臉，也不是不准我們悲哀傷感。他只希望我們在哀傷之際還能夠意識到那是源自心靈最深的痛——我們以為自己背棄了上主而選擇小我的那個原始創傷。然後，再祈求耶穌幫我們回心轉意，接受上主的救恩計畫，將聖子由人生苦海拯救出來。耶穌不斷向我們如此呼籲，直到〈正文〉的最後：

重新選擇吧！你究竟想要躋身於救主的行列，還是與
弟兄一起墮入地獄？（T-31.VIII.1:5）

言下之意，哀傷的選擇就是指自己（連帶整個聖子奧體）
決心與救恩一刀兩斷的決定，因而落入地獄的深淵。我們就是
這樣抵制慧見，自絕於喜樂之外的，從此，只要一看到聖子的
慘狀，面對著活得這麼悲哀的聖子，就再也無法莞爾一笑了。

總之，耶穌並非真的要我們從早到晚都笑臉迎人，他只是
教我們提高警覺，當我們笑不出來時，表示原始的悲哀已侵入
心靈了；有了這份警覺，我們才會立即轉向心靈內代表「幸福
之念」的那一位求助的。

**(5:3~5) 哀傷的標誌表示你放棄了上主指派給你的角色，寧可
扮演其他的角色。如此，你就無法向世界顯示出祂願你活出的
無限幸福。那麼，你也不會認出那幸福非你莫屬。**

確切而言，小我的職分就是要證明上主是錯的，聖靈的任
務則是證明上主是對的。每當你感到悲哀時，表示小我勝利
了，幸福失守了。當弟兄分享不到自己的幸福美果時，我們也
享受不了這份幸福的。

**(6:1~2) 今天我們要試著了解，喜悅乃是我們在世上的任務。
你若悲傷，表示你沒有完成任務，整個世界便與你一起失落了
那個喜悅。**

　　真心領受寬恕任務的人才可能領悟出「哀傷的心情不只顯示自己緊抓著怨尤不放，甚至已經把哀傷當成了救恩」。哀傷之心好似在向耶穌反唇相譏：「你那一套是錯的，哀傷才是理所當然之事。」如果我們把第五課標題的「煩惱」二字改為「哀傷」，便成了「我絕不是為了我所認定的理由而哀傷」。換言之，那個哀傷並不是來自非我所能操控的身體或他人，而是來自不願寬恕而決心反擊的決定，也就是我們聽信了小我而遠離了聖靈。為此，《課程》才不斷提醒我們，救恩其實十分單純：一個問題，一個解答。如此而已。

(6:3~5) **上主願你幸福，如此，世界才能看出祂是多麼愛自己的聖子，祂不願任何哀傷剝奪他的喜悅，也不願恐懼騷擾他的平安。今天，你是上主的使者。你把祂的幸福帶給你所見到的每一個人，把祂的平安帶給所有見到你的人，他們會在你幸福的臉上讀出祂的訊息。**

　　耶穌不斷用這類快樂的邏輯思維為我們打氣，十足顯示出他的用心良苦，切望我們跟他學習這幸福的寬恕功課，因為只有寬恕**解除**得了我們心中根深柢固的小我故事——上主因為我們所犯的罪而大發義怒，不置我們於死地是絕不甘休的。我們一旦能把小我的悲哀噩夢轉化為聖靈平安幸福的美夢，這個選擇必會迴盪於整個世界，小我頓時潰不成軍；我們的「笑容」便如此祝福了全世界。總之，我們若想成為悲哀世界的一位快樂使者，自己就得先活出上主的快樂訊息才行。

(7) 我們今天就這樣預備自己：在五分鐘的練習時間內，感受一下心中生起的幸福感，就如天父及我們所願的那樣。用今天的觀念開始這個練習。同時，心裡明白，自己的任務就是活得幸福。這是上主對你或任何有意充當祂的使者的人的唯一要求。想一想其中的深意吧！你過去相信上主要你犧牲，是何等的錯誤！在上主的計畫內，你只會領受恩典，絕不可能失落、犧牲或死亡的。

小我一直向我們耳提面命，說上主要求我們犧牲奉獻，唯有達成祂開出的條件，我們才有幸福的可能，其結果卻苦不堪言，還失落了一切。這個觀念留到後面幾課再繼續發揮。其實，小我這種原始交易的心態始終潛伏在我們的日常生活裡，形成了相當陰暗的人生觀：除非我滿足了你的需求，否則我絕不可能快樂，因為我若不給出，你就不會滿全我的願望。這種念頭所反映的，正是當初小我與上主的協定。從此，小我把犧牲變成爭取快樂的手段，套用在特殊關係中，就成了「**有所求才給**」的遊戲規則。然而，救恩給予的教誨恰恰相反：施與受原是同一回事；在愛的流動中，沒有輸家，人人都贏。這個快樂訊息我們留待後面幾課還會深入細說。

(8:1~3) 現在，讓我們試著尋回那喜悅，它向我們及全世界證明了上主對我們的旨意。你的任務就是在此地找到它，而且就在當下此刻。這是你此生的目的。

小我將我們帶進眼前這個世界，便是企圖證明「錯不在

我，罪在他人」，自己才是無辜的受害者。然而，只要我們願
意向耶穌求教，便會看到人生的另一目標，終於學到「不僅我
不是受害者，世上也沒有一個人是受害者」。如此，我們才可
能**去找**，而且真正**找到**那個喜悅。然而，話說回來，關鍵就在
於我們是否能夠放下個別利益的信念，因為那種喜悅只可能來
自寬恕的心靈。

**(8:4~5) 願今天就是你成功之日。往自己深處看去，不要為了
路上那些無謂的念頭及愚昧的目標而傷神，將自己提升到心靈
深處，基督與你相會之境。**

　　耶穌彷彿帶著你忽焉向上、忽焉向下，一會兒要你**向下**去
看你的心，一會兒又要你**向上**升到心內的基督那裡。其實，耶
穌毫不在意自己所用的象徵**形式**，他只在乎所要表達的**內涵**。
他真正要強調的是，只需誠實地往心內去看你的小我在玩什麼
把戲，咎的迷霧便會從心中慢慢褪去，你的真實身分（即基督
自性的記憶）也會在你的覺知中漸漸升起的。

**(9:1~3) 祂必在那裡。你現在就能到祂那裡去。祂在那兒等著
與你會晤，除了祂以外，你還會仰望何人？**

　　耶穌要我們掂一掂基督大愛以及小我的特殊之愛，看看哪
一個更有份量？他並沒有催促我們選擇真愛，只是勸導我們比
較一下小我和耶穌所給的兩種禮物——小我的特殊性禮物陷我
們於無邊的痛苦與內疚，耶穌的愛之大禮卻會帶來幸福平安和

喜悅的結局。一旦看清這一真相，選擇，頓時就變得輕而易舉了。這就是為什麼小我想盡辦法也要把這單純無比的選擇隱藏在複雜無比的雲霧後面。

(9:4~5) 還有什麼無謂的念頭牽制得了你？當上主親自呼喚你之際，有什麼愚昧的目標阻礙得了你的成功？

　　《奇蹟課程》最愛把小我微不足道的本質和心靈的大能拿來對比一番，尤其是在回應上主的救贖呼喚之際，相形之下，幻相豈有控制真相的能力？恐懼豈有戰勝真愛的可能？海倫的〈光明異人〉那一首詩，將我們抵制耶穌之愛的企圖，描寫得十分生動。現在，來一起讀一下詩中的片段：

> 我想盡辦法把他鎖在門外，
> 他一來到，鑰匙滑落於地，
> 他凝視我的眼神如此溫柔，
> 令我躲避不及。

——《天恩詩集／暫譯》P.44

　　當初只因我們企圖與造物主決裂，才會對小我如此言聽計從，而小我因著我們投注在它身上的信心，方有呼風喚雨的力量。其實，真正的力量始終掌握在抉擇者的手裡。我們的心靈一旦確知自己作錯了選擇，小我的「力量」當下頓歸虛無，我們便和上主的真理會合了。溫柔的真愛一臨在，恐懼豈有招架的餘地？

(10) 祂必在那裡。你是祂計畫中不可缺少的一部分。今天，你是祂的使者。你必會找到祂要你給的東西。在每小時練習的空檔，切莫忘記今天的觀念。今天，你的自性在呼喚你。每當你告訴自己一次：你是上主救恩計畫中不可缺少的一部分時，那就是你給祂的答覆。

是的，上主必在那裡！因為祂始終都在那兒，那兒就是天堂，如今化為一個記憶，存留在昏睡的心靈內。我們只是作了一個離開上主的夢，如今終於決心甦醒，願意回家了，再也不會把自性視為陌路。寬恕即是引領我們回家的載具，因為它能解除我們從未犯下的錯誤，回歸那從未離開的自性。我們真該反躬自問：「我們為何始終充耳不聞自性的呼喚？為何繼續遺忘自己的自性？為何依舊迴避上主的救恩計畫？」

第一百零一課

上主願我活得圓滿幸福

　　我在前一課已經提示過，從第一百課起，一連六課都在討論上主對我們的某種旨意，但核心要旨則萬變不離其宗，即化解小我的錯誤。化解小我，乃是此生有待完成的寬恕任務，也是憶起自己本來面目的不二途徑。今天這一課特別針對小我思想體系內罪、苦（suffering）、懼的那一面，以及特殊關係裡頭的給予心態，最後當然還會回到基本的分裂思想體系。

　　在進入課文以前，容我重述一遍《奇蹟課程》的用語特色，這一點對操練〈練習手冊〉影響甚鉅，尤其是那些誤以為操練三百六十五課就等於研讀了整部課程而徹底忽視〈正文〉的奇蹟學員。大多數時候，耶穌的敘述屬於比擬的語法，本課即是最典型的一例。前文已經提過，切莫被「上主感到孤獨或若有所失」的表面文字所誤導。本課的「上主願我活得圓滿幸福」亦然，它只是模擬人間父母常對孩子說「我只希望你快樂

幸福」的那種口吻。這類表述不過是要體現上主慈愛如父的一面，用意是在扳正小我給我們的那副上主嘴臉——那個老想懲罰我們，還鼓勵我們犧牲受苦來為自己贖罪的上主。還有，縱然〈練習手冊〉常常提到「上主的計畫」，但請記住，上主是不可能有什麼計畫的！我們的父母、師長或好友常會好意地為我們規畫未來，醫生或治療師會為我們制定健康計畫，財務顧問則會為我們訂立理財規畫；相同的，耶穌也採用人間熟悉的象徵語言來談論上主的計畫。但如果從真理實相的層面來透視，上主是不可能為我們訂定什麼計畫的，否則就表示祂業已認同人間無謂的需求，或把虛妄的人生問題當真了，這豈不是跟救贖原則恰恰背道而馳？

為此，當我們讀到「計畫」這類詞語時，千萬記住，這只是長兄耶穌用他的稚齡弟妹所能聽懂的比方來傳達愛的訊息。為此，**上主計畫**也好，**上主對我們的旨意**也罷，不過是指向抽象而非具體的聖愛那根指頭而已。

(1:1~2) 今天我們要繼續討論幸福這一主題。它是了解救恩的關鍵。

耶穌開始向我們細說，他的救恩代表了幸福，而小我所給的救恩只會帶來痛苦與犧牲。耶穌一再強調，救贖真相始終存在心靈內，只是一時被小我妄念覆蓋住了，故只需化解小我思想體系，我們便會領悟救贖真相的。

(1:3~5) 你仍然相信救恩會要求你受苦來為自己「贖罪」。絕非如此。但只要你還相信罪的存在，又相信上主之子可能犯罪的話，這種想法勢所不免。

可還記得「罪咎要求懲罰」那條小我法則？本課再度提到這點，現在，我把與它密切相關的兩段〈正文〉並列於下：

> 罪惡要求懲罰，錯誤只待修正，相信懲罰等於修正的人，顯然已經精神錯亂了。（T-19.II.1:6）

> 小我會把罪帶到恐懼前，要求懲罰。然而，懲罰只是保護罪咎的另一種手法而已；因為該受懲罰的，表示確有其事。懲罰一向是罪最有效的護身符，它對罪絕不會掉以輕心，甚至萬般推崇罪的嚴重性。（T-19.III.2:2~4）

罪和咎必會這麼說：「我犯了大錯，冒犯了上主，祂有充分的理由懲罰我。」問題是，我又相信祂是一位慈愛的上主，祂的懲罰必然是出自愛的旨意。那麼，我們必會下此結論：「天父要我受苦，一定是為了我好的緣故。」耶穌在論及十字架苦刑時，曾反問我們：「你真的相信我們的天父會做此想嗎？」（T-3.I.2:8）這種瘋狂的邏輯背後凸顯了小我的真正企圖，就是把罪弄假成真；如此一來，上主為我們訂出一套犧牲受苦的救贖計畫，豈非順理成章？至此，我們終於了解耶穌不得不推出另一套「計畫」的苦衷，純粹是為了修正小我那一整

套妄念思維罷了。

(2:1~2) **如果罪真的存在，那麼懲罰就是正義且合理的，無人得以倖免。那麼，你必須付出痛苦的代價，才可能買到救恩。**

　　本課不斷出現「如果罪真的存在」這句話，它其實是在呼應〈正文〉所說的小我第二條與第三條無明法則（T-23.II.4~8）。罪一旦成立，就唯有滿足上主的報復心，我們才有得救的可能。毋庸贅言，那只是小我的投射而已。也因此，只要一落入有輸有贏的局面，我們就知道，小我已經插手其中，正在按它那套「痛苦與失落」的牌理出牌了。

(2:3) **如果罪真的存在，那麼幸福必然成了幻相，因為兩者無法並存。**

　　這句話呈現的是層次一「**不是全有便是全無**」的原則。在這個層次，唯有上主才算真的存在。如果痛苦和罪是真的話，上主便不是真的；反之，如果上主等於幸福，幸福必也是真的，那麼罪就不可能是真的了。想一想，我們若相信自己謀殺了上主，盜取祂的寶物，為了躲避祂的義怒而亡命天涯，一生都在忙著防堵某種懲罰報應，我們還可能活得幸福快樂嗎？小我之夢本身**即是**報應的寫照，只要張開眼睛，看看眾生最後都難逃一死的結局，便可見一斑了。

(2:4) **有罪之人註定要受死亡與痛苦的報應，這是他們咎由自取。**

　　是的，綜觀古今，人類一生存在的意義，全都在忙著逃避痛苦及死亡的宿命，光憑這一點，便足以反襯出那些痛苦和死亡一定是自己吸引來的。然而，我們為什麼會打造出這種夢境？只因它證明了罪的存在；罪若存在，分裂之念必是真的。由此可見，我也一定存在而上主一定不存在。從此，死亡和痛苦成了我們的忠實夥伴，也成就了我們一心想要存在的欲望。

(2:5) 他們知道報應正在等著他們，追蹤他們的下落，總有一天，在某個地方，它會以某種形式討回他們欠上主的債。

　　這一小段課文顯然是針對小我思想體系而說的，它揭發了人生脫離不了痛苦的事實。即使偶爾享有片刻的幸福喜悅感，但好景不長，因為死亡始終在某個角落等待我們。不論你自認為這輩子多麼幸福，最後依舊難逃死亡的宿命。而且，愈是相信自己罪孽深重的人，愈會感到死亡乃是應受的天譴。為此，罪和咎對我們才會產生這麼大的吸引力，令我們不由自主地老是做些讓自己內疚的事，因為那樣才能加深自己的存在感。〈正文〉「平安的障礙」那一節，把小我罪咎、痛苦與死亡的魅力描寫得淋漓盡致（T-19.IV. 一～三）。倘若沒有這些罪和咎，我根本就不知道自己是誰了，這是人心最深沉的恐懼；而我們對於懲罰的恐懼又會反過身來鞏固罪咎那套思想體系的價值，使得小我的存在更加固若金湯。

(2:6~7) 因此，他們不可能不戰戰兢兢地設法逃避祂的耳目。然而，法網恢恢，他們永遠逃不出祂的股掌。

　　當我們還是上主的唯一聖子時，心靈為了逃避必受天譴的恐懼，不惜造出世界和身體作為藏身之地。從此以往，我們每個人一生都在重演那個分裂之念，正如我們耳熟能詳的這一段引言所描述的：

　　每一天，每一分鐘，每一瞬間，你不斷重溫那恐怖的時間幻相取代愛的那一剎那。（T-26.V.13:1）

　　我們明知不可能卻仍抱一線希望，但盼能夠證明錯在上主，那祂就沒理由懲罰我們了。不幸的是，小我世界中的死亡宿命不斷向我們證明，上主沒有看錯，祂的報復名正言順，因為我們真的罪孽深重，死在祂的手下乃是罪有應得。下面這段引言曾經部分引用過，它把人類無路可退的絕望心態描寫得驚心動魄：

　　這實力懸殊的戰爭會有什麼結局？結局已經註定，必然死路一條。……如今，希望已經破滅。除了置祂於死地以外，你別無出路。這是你唯一的「得救」之道。憤怒的父親開始向他罪孽深重的兒子討債了。你若不痛下殺手就得坐以待斃，這是你當前的唯一選擇。此外別無出路，因為你所做的一切已經覆水難收了。斑斑血跡是永遠清洗不掉的，手沾血腥的你，不能不以死亡來償命。（M-17.6:1~2; 7:7~13）

　　可還記得，我們先前已經討論過的一段精彩正文，揭發了小我的瘋狂陰謀。小我不斷恐嚇那被罪咎壓得喘不過氣來的心

靈，教唆它打造一具身體來躲避上主的死亡懲罰。結果，等我
們淪為一具身體以後，再也想不起自己為什麼又如何造出這具
身體的，最後還是難逃一死。只因我們忘了造出身體的起因，
只能認命地接受死亡的結局。這位天才小我仍不放過我們，又
發明了一個「失心」大計，不給我們任何改變**心念**的機會，斷
絕了我們唯一的逃生之路。

　　總之，我們會活成一具身體，只因我們相信了小我的謊
言，以為變成一具身體之後，便能高枕無憂了。言聽計從的我
們卻萬萬沒想到，才度過了幾個春秋，一轉瞬，就眼睜睜地看
著身體的脆弱本質一步一步將我們推向死亡。正因如此，耶穌
才透過這部《奇蹟課程》，把小我的謊言攤在我們眼前，讓我
們看清那純是小我杜撰的恐怖小說，絕對不可輕信。不消說，
連同整個世界告訴我們的那一套生存策略也全都不可信，因為
世界不過是小我思想體系投射而成的一個空殼子罷了。唯有耶
穌慧眼下的真相，方能幫助我們跳脫出小我無情的生死輪迴。

　　沿著本課的主旨，耶穌繼續推出幾個相關的主題：

(3:1) 如果罪真的存在，那麼救恩必然是很苦的事。

　　短短一句話道盡了第三條無明法則的本質：

> 他就如此斷了自己的解脫之路。救贖好似一種「神
> 話」；上主的旨意影射了因果報應，而非寬恕。（T-
> 23.II.8:1~2）.

　　已經神智失常的小我，認定上主的旨意就是要我們受盡折磨才平息得了祂的報復怒火，直到我們滿足了祂永不饜足的懲罰欲望，才會大發慈悲，再按照我們的痛苦程度折換成救恩。下文繼續發揮這一觀念：

(3:2~3) **痛苦是罪惡的代價，如果罪真的存在，則受苦是勢所難免。救恩一定顯得很可怕，它遲早要置人於死地；但它會慢慢地奪走一切，直到受害人被折磨得只剩下皮包骨，感到生不如死，救恩才會饒他一命。**

　　簡短的幾句話，卻正是肉身生活的最佳寫照。有些人受苦時間比較短，在生命高峰期，毫無預警之下突然撒手人寰，親友及周邊人莫不哀痛欲絕。只因他們在四十歲（而非八十歲）就失去了生命，成了最可憐的受害者。其實不論長壽或早夭，每個人終歸一死，這是世界毫無指望的原因。〈正文〉有一段是這樣描寫人間夢境的，和上面課文後一句（3:3）的說法如出一轍：

　　你夢到了：與你分裂的弟兄成了你的累世冤家，他陰
　　魂不散，明明企圖置你於死地，卻故意慢慢折磨你。
　　（T-27.VII.12:1）

　　既然註定會死的身體只是世界的縮影，故整個物質世界最終也會崩解殆盡，如同近代科學家所預告的宇宙於百萬年或億萬年之後的消亡結局。只因身體、世界、宇宙全都源自同一思

想體系。如果我們已然意識到時間是個幻相,那麼,只活一年
或活到九十歲,甚至億萬年,又有何差別?既然這渺小的生命
終歸一死,它怎麼配稱為生命!真正的生命來自上主,屬於那
永恆之境。〈正文〉對此有一段貼切的描述:

> 天堂之外沒有生命可言。上主在何處創造了生命,生
> 命就只可能存在那裡。活在天堂之外的生命全是幻
> 相。最好的時候,它看起來像是生命;最糟的時候,
> 它與死亡無異。然而,這兩種形式只會告訴你什麼
> 「不是」生命,兩者同樣的不正確,同樣的無意義。
> 生命不可能不在天堂內;凡不在天堂內的生命,也不
> 可能存在於任何地方。(T-23.II.19:1~6)

　　除非我們真正記得只能在心內而非肉體找到自己的真實身
分,否則我們是聽不懂上述論點的。正因身體純然是個幻覺,
故它不可能出生,自然也無所謂死亡。

**(3:4) 救恩的怒火無所不在,手下絕不留情;人們卻把這一切
視為天經地義的事。**

　　世界真的冷酷無情,但我們總覺得受苦是天經地義的事,
只因小我告訴我們,這完全是罪有應得的;由是,我們深信不
疑這套思維完全正確、上主那一套才荒誕不經。連我們吸入
的每一口氣,都在為肉體生命背書,確信自己所犯下的違逆上
主之罪。正因罪和咎必會招致懲罰,我們受苦時才會感到理所

當然，難怪我們很難相信上主的旨意是要我們幸福快樂。總而言之，只要我把自己視為一個與眾不同的個別生命，就絕對不可能相信上主願我活得幸福的。不論我皈依了什麼宗教，一樣會相信「上主為了拯救我們所做的一切以及所發的怒火，都是合乎正義的」。對此，《奇蹟課程》要修正的就是這套瘋狂的思維，它明明白白告訴我們：上主的旨意確實要我們活得圓滿幸福，並且保證我們遲早會由這個痛苦噩夢覺醒，徹底了悟自己這獨特的一生只是幻夢一場，而我們真實的生命——基督自性，始終完好如初。

(4:1~2) 誰會去找這種狠毒的懲罰？這種救恩，誰不會倉皇走避，想盡辦法湮滅那有意拯救他的天音？

確實，我們若相信得救與死亡無異，自然會對上主和耶穌避如蛇蠍。我們不難從上述這兩句推衍出一個結論：基督徒不可能真正愛這種救主的，因為這位救主不但要求信徒們犧牲受苦，還會審判及懲罰人類。有意思的是，耶穌在世時好似也是為了滿足上主懲罰性的正義原則，才受盡磨難，犧牲生命，成了最慘的受害者。想一想，有誰能夠真心去愛那個總想置我們於死地的上主代表？更可怕的是，這個死亡若要發揮「救贖世人」的效果，死得愈慘烈就愈有價值。從此，人類的處境每況愈下，我們自知無法去愛那個耶穌而內疚不安，又得設法壓抑這種罪惡感，最後只好投射出去。於是，「咎」成了小我最拿手的把戲。罪惡感愈深，愈不能讓外人知道；愈想否認自己的

罪過，就愈傾向於責怪他人。這股憤怒七拐八彎後，必會投射到上主和耶穌身上。這種瘋狂的戲碼愈演愈烈，最後徹底覆蓋了上主的天音。這樣的世界怎麼還會有絲毫的希望呢？

(4:3) 誰願聽祂那一套？誰敢接受祂的餽贈？

　　這兩句話讓我們明白了為什麼耶穌需要借用比擬的手法來描述上主的愛。只因我們相信上主的旨意存心要我們活得痛不欲生，耶穌才如此溫言軟語地安撫我們這種受盡驚嚇、一心想要逃家的幼童心態：「不要害怕，爸爸沒有生氣，他始終愛你，一心指望你活得幸福美滿。」只有這樣溫柔的口吻，才解除得了小我充滿仇恨的天譴神話，代之以溫暖的寬恕故事。至此，我們終於體會到這幾課的用心良苦，它必須把小我所給的上主形象扳正過來，否則我們一聽到救恩的慈愛天音，只會逃之夭夭而已。

(4:4~5) 如果罪真的存在，它的贈禮便是死亡，它會按照你惡念以及罪業的輕重來決定報應的殘忍程度。如果罪真的存在，救恩就成了你最難纏的敵人，它是上主對你的詛咒，因祂的聖子被你釘死在十字架上了。

　　這幾句話可說是為小我（也是世界）的思想體系做了精闢的總結。要知道，我們若接受不了上主一體之愛以及它「非二元」的本質，是很難駁倒小我天衣無縫的邏輯的。罪惡、懲罰以及殘酷在一體之愛內根本沒有立足之地，但我們一旦接受了小我的分裂之愛來取代上主真愛，那麼，所有的罪罰之苦必會

鋪天蓋地肆虐人間。

(5:1~2) 你今天需要用心練習。這些練習會教你看出罪的虛假不實，你相信罪惡會為你帶來的一切報應也絕不會發生，因為它沒有發生的理由。

　　這幾句課文換了一個角度來詮釋奇蹟的「因果律」。物質世界所呈現的喜怒哀樂，全是罪形成的「果」。既然我們了知自己不曾與上主的愛分離過，罪就無法成立，於是人類的苦因頓時解除；苦因一除，自無苦果可言。然而，話說回來，我們內心若還留戀「咎、懼、苦」之苦果，它們的苦因（亦即罪）便被我們起死回生了。當然，我們之所以如此緊緊抓著苦因不放，只因它能確保我這個人的存在價值。

(5:3) 以開放的心接受救贖吧！別再縱容你以為自己已經把上主之子變成魔鬼的信念了。

　　隨後幾課還會談到「開放的心」這一主題，它令我們即刻想起資深上主之師的第十個人格特質（M-4.X）。若想培養這一特質，必須捨得放下小我企圖抵制救贖而塞進我們心裡的垃圾。這堆垃圾的首腦就是罪咎，它暗地裡認定「自己已經把上主之子變成魔鬼」。也因此，只要解除了這個咎，上主之子便能得救，也會自然憶起他自己的本來面目——基督自性。

(5:4~5) 罪並不存在。我們今天要隨時把握機會，溫習這個想法，因為它是今天的觀念之基礎。

這兒所謂的「溫習」，就是時時刻刻覺察自己所看到的「罪行」，不論出現在自己或他人身上；同時，還要意識到自己多麼看重罪的存在。不論你因為此罪開始攻擊自己還是別人，其實全是同一回事。正如我在前面引用過的一段〈正文〉所說的，現在，我再重述當中的精彩之處：

> ……當指責的箭頭自外收回時，極容易向內轉為自責。乍看之下，還真不易看穿兩者原是同一回事，不論向內自責或對外指責，其實毫無差別。

> 你的弟兄既是你的一部分，你若指責他們剝削了你，無異於指責自己。你也不可能只指責自己而不同時指責他人的。這就是為什麼你必須先根除指責的習性，不論何處都不再著眼於此。指責的箭頭一旦轉向自己，你便無法得知自己的真相了，因為歸咎他人正是小我的看家本領。因此自責也成了小我的獨門絕活，它與歸咎一樣，都屬於小我的防衛措施。（T-11. IV.4:5~5:5）

只要我們把罪弄假成真，不管是在自己或他人身上，小我都會樂此不疲。反之，寬恕卻能一舉化解所有的罪以及攻擊，只因它們全是同一回事。

(6:1) 上主願你活得圓滿幸福，因為你既沒有罪，就沒有受苦之理。

可以確定的，每當我們深埋在痛苦而難以自拔時，表示我們根本捨不下那個苦因。說穿了，我們其實並不在乎受苦，只要達到受苦的目的，再怎麼苦都值得。問題是，我們會感到痛苦，和我們心目中認定的原因一點關係都沒有，純粹是因為我相信了小我之言，視自己的存在本身就是一種罪。小我存在的目的就是為了鞏固這一信念，企圖徹底否定「願我們活得圓滿幸福」的上主旨意。

(6:2) 喜悅對你才是天經地義的事，痛苦倒成了你誤解自己的信號。

請記得，每當你生氣或生病時，只需要退後一步跟自己說：「這問題絕非出於我自己以為的那個理由，而是因為我內心始終相信憤怒的上主必會懲罰罪孽深重的我。事實不然，我不過犯了個小錯、跟錯了老師而已，如今，《課程》為我送來了一位真正的明師，我終於可以接受他給我的喜訊，重申我的清白無罪了。」是的，救恩就這麼簡單！

(6:3~4) 別再害怕上主的旨意了。你應滿懷信心地投靠它，它會將你由「罪」瘋狂想出的一切報應中解放出來。

我們之所以活得戰戰兢兢，追根究柢，只因我們往往在外在的人事物上頭看到自己最害怕的那個上主形象。世上每個人多多少少都有權威的心結，但我們害怕的其實不是某位權威人物，而是他們所代表的上主權威。我們堅信不疑，小我的上主

正在向我們追討當初冒犯及背叛上主的罪債，因為我們拒絕了
祂的真愛，還打造出一個特殊之愛的王國。今天，我們別再聽
信這類的瘋狂謊言，而應跟著課文這樣說：

(6:6~7) 上主願我活得圓滿幸福。

**　罪既不存在，我也不會受到任何報應。**

　　事實上，我們隨時隨地都想顯示給自己、世界以及上主看
那個罪孽深重而必受報應的我——**我**就是那個報應的化身。可
以說，每天早上我都在鏡子中看到罪的具體結果，一整天的所
言所行，也莫不證明這就是我的生命現實。只要我對自己的作
為產生一絲罪惡感，就會投射到他人身上而證實了罪的存在。
不論我是內疚或投射出去，全都鞏固了我的存在感，也因之更
加相信上主絕對不會放過祂的聖子的。由此可知，我們如何看
待弟兄，反映出我們是如何看待上主的。下面這段引言已經引
用過，它一針見血地點出人間知見的玄虛：

> 他〔我們的弟兄〕是天父的代表，而你卻把天父視為
> 賜你生命也賜你死亡的神明。我的弟兄！天父只可能
> 賜給你生命。你在夢中看到弟兄給你什麼，那便成了
> 天父對你的恩賜。（T-27.VII.15:7~16:2）

　　為此之故，唯有寬恕他人，我們才可能寬恕上主。要知
道，就在罪的信念背後，藏有聖靈的基督慧見，正等著我們前
來領受；然而，我們必須先在他人身上建立這一慧見，才可能

在自己的心內看到這個真相。

(6:8) **不妨這樣開始你的練習，然後再試著感受一下這一念所帶給你心靈的喜悅。**

　　毋庸置疑，想要找回心靈的喜悅，得先改變自己看待身邊世界的眼光，尤其是自己的人際關係。既不再相信「犧牲等於救恩」這類神的旨意，也不再聽信小我之言，老是要求別人為自己的幸福付出代價。反之，我們會把現實生活中的每一事件都當做一個學習寬恕的機會，這才有圓滿幸福可言，而這種幸福絕對少不了「上主之子共用同一需求以及共享同一福祉」這個正知見。唯有在此慧見下，我們才可能活出真正的喜悅。

(7) **欣然給出五分鐘的練習吧！它會解除你對罪的瘋狂信念所加給自己的重擔。今天就由這瘋狂心態中脫身吧！你已經踏上了自由之路，今天的觀念會使你如虎添翼，更願加速抵達那正等候著你的平安遠景。罪並不存在。今天記住這一點，而且隨時提醒自己：**

　　上主願我活得圓滿幸福。
　　這是真理，因為罪不存在。

　　罪若不存在，世上便沒有罪人可言；全人類不過犯了一個小小錯誤而已。但要記住，這個真理若對某一個人是真的，必然對所有人也是真的才行。這正是我們一生要修的功課：上主只有一位聖子，你我表面的分歧差異並不存在，只有神智失

常的心靈，才會想盡辦法爭個我贏你輸。如果說「上主願我活得圓滿幸福」，便表示祂願所有的人都圓滿幸福。人間唯獨只有這一個真理，也只有這個真理能幫助我們掙脫束縛而徹底解脫，從而化干戈為和平，化仇恨為弟兄之愛。終有一天，我們會欣然領悟，原來，這個上主旨意竟然就是我自己的旨意。

第一百零二課

我與上主一樣願自己幸福

本課延續「幸福」這個主題，只是更為具體地針對「受苦」的觀念，多著了一些筆墨。

(1:1) 你並不想受苦。

事實絕非如此，因為我們每一個人從生到死，無時不活在痛苦中。如果說這是自己的夢，那麼，除了自己這個愛受苦的夢者，我們還能怪誰！耶穌這麼說，無非是想要改變我們這種受苦心態。句中這個「**你**」，當然是指抉擇者，也就是我們自己。他好似語重心長地告訴我們：「我知道你很想受苦，但你遲早會看出那實在不值得，試著放下罪的信念和內心的咎吧！」這就是〈練習手冊〉後面所說的「**雙手空空地來到上主面前**」之深意（W-189.7:5）。是的，了無罪咎，自無痛苦可言，我們便由痛苦中脫身而出了。

(1:2) 你也許還認為痛苦會為你賺得什麼，你甚至可能相信它會為你贏得自己想要之物。

不幸的是，痛苦確實能帶給人不少「好處」，這可以從三方面來講：

(1) 受苦能夠償還我們虧欠上主的債。祂一旦看到我們已經「小死」一次，就無需親自下手了（T-27.I.4:8）。換句話說，受苦等於向上主求情：「不勞祢動手，我會自行了斷的。」這正是我們與那位審判官討價還價的伎倆，希望祂會從輕發落：

> ……疾病屬於怪力亂神之術。說得更確切一點，它是藉怪力亂神來解決問題的方案。小我相信它若先下手懲罰自己，上主很可能會放它一馬。（T-5.V.5:4~6）

(2) 受苦還能證明這一切都是別人害的，自己純粹是個受害者，對方才是加害者，故該受懲罰的，理當是他人而不是我。無論「他人」是指害人的壞蛋，或是害我們生病的微生物，這些大敵全部都存在於自心之外，老天應該懲罰或打壓他們才對：

> 你所受的每一個苦，都會被你視為他攻擊你的罪證。
> 於是，你自身便成了他不再無辜的標誌；只要看看你的慘狀，就不難明白他是如何罪孽深重。對你不公的事，臨到他頭上就成了理所當然。如今輪到他來承受

你所遭受的不義之報應了；唯有嫁禍於他，你才算真
正解脫。（T-27.I.2:2~5）

(3) 受苦又能證明我就是這具身體，讓我們的生存之道顯
得如此天經地義；上主和耶穌的那一套（靈性之說），才是天
方夜譚。更棒的是，我們這一套若是對的，上主連存在的餘地
都沒有了。

> 生病是出自一種選擇、一種決定。……疾病乃是人在
> 瘋狂中想出來的應對方式，企圖藉此把上主之子推上
> 天父的寶座。上主在他眼中是一個專制蠻橫、令人生
> 畏的超然力量。若要打倒這位神明，上主之子不能不
> 置祂於死地。（M-5.I.1:4,7~9）

> 痛苦，不過顯示出幻相已經取代了真相的主導地位。
> 它證明了，遭人否定的上主已被視為一個恐懼的象
> 徵，瘋狂地背叛了自己的身分。上主若是真的，痛苦
> 就不可能存在。痛苦若是真的，上主就不存在。報
> 應，不能算是一種愛。恐懼根本否定了愛，用痛苦來
> 證明上主已死，而且死亡已戰勝了生命。於是，身體
> 一下躍升為上主之子；它會在死亡中腐朽，和被他殺
> 害的天父一樣，難逃一死的厄運。（W-190.3）

確實如此，只要我們還相信疾病和死亡能夠證明自己的無
辜，而且還給了我們一個奮鬥的理由，我們怎麼可能輕易放下
它們？

(1:3) 如今，這個信念已經動搖了，至少你已開始質疑這種想法的可靠性了。

耶穌並沒要求我們立刻放棄自己那套思想體系，他只請我們反問自己一下，死命抓著「隱秘的罪咎、深埋的怨恨」（T-31.VIII.9:2）不放，對自己究竟有什麼好處？何苦念念不忘過去的怨尤？逼著某人某物來滿足自己的特殊需求，真的會讓我們心滿意足嗎？不需多久，黃粱夢醒，我們便會發現，世上沒有任何東西滿全得了自己的欲望或帶來真正的幸福。我們原以為它們至少能減輕罪咎之苦，結果反而雪上加霜；其實，這正是小我的初衷。

(1:4) 縱然這類信念不會全然消失，但它已不再像以前那樣根深柢固地盤在你心內某個黑暗的角落隱隱作祟了。

耶穌好似對我們說：「我並不指望你立刻跳脫痛苦的深淵，我知道受苦的信念不會全然消失，我只希望你能打開自己的心，至少讓我陪伴你反觀一下你目前的生活方式究竟有何意義。」

在黑暗中「隱隱作祟」的，指的正是人心內的咎，它不斷哀求我們：「把你的罪隱藏起來吧！千萬別去看它。」於是，我們把罪咎封鎖在心靈陰暗的一角，使得上主的光明再也無法照進來。

這陰毒的地窖成了窩藏你倆所有罪狀的暗室，由於

缺乏光照，使你無法認出它們純是一些錯誤。（T-31.
V.6:6）

《天恩詩集》最後那首散文詩，是海倫筆錄下來的，在詩
的最後，上主親自呼籲我們：開啟那隱藏祂聖愛的密室吧！

> 請開啟密室之門，
> 容我的神聖光明射入，
> 夾著天堂神樂，
> 舉世歡騰。

——《天恩詩集／暫譯》P.128

耶穌同時告訴我們，他很了解我們還捨不得放下痛苦，
但他仍然苦心叮嚀：「你已經與我同行一段時日了，在反思小
我思想體系的路上也邁出了一大步，因此別再說你放不下它
了。」他說的一點也不假，每當我們撞上罪咎的銅牆鐵壁時，
就會抱怨：「《奇蹟課程》太難學了，誰能真正做到它所說
的？」然後理直氣壯地回頭去找老朋友（特殊關係）。然而，
耶穌好似不買我們的賬，繼續鼓勵我們：「你懂的其實比你知
道的多，因為你已經意識到特殊關係是個死胡同。即使你還想
受苦下去，但你心裡有一部分已經成長茁壯，足以讓你退後一
步反身質問自己過日子的方式了。」

**(2:1) 今天我們要試著進一步為這搖搖欲墜的信念鬆綁，明白
痛苦是不必要的；它既無存在的理由，也沒有能力幫你完成任
何目標。**

　　我們又回到了「**因果法則**」的觀念。痛苦是「不必要的……也沒有能力幫你完成任何目標」，因為我們其實心裡有數，自己真正的目的是與上主繼續分裂下去。然而，終究而言，這個荒謬的人生目標一旦撤除，所有後遺症隨之消失；痛苦自然逐漸減輕，最後變得無影無蹤。

(2:2) 它無法為你贏得任何東西。

　　小我告訴我們，痛苦為我們贏得的好處可大了，它能贖清我們的罪，帶給我們救恩。正因如此，耶穌才會在此敲醒我們：「這些苦難不會為你贏得任何東西，只會帶來更多的煩惱與痛苦。」話說回來，活得愈苦的人，解脫的渴望也愈大，只是常常找錯了地方，企圖從贖罪、懲罰的痛苦中尋找生機。

(2:3~6) 它也無從給你任何東西，因它根本就不存在。你以為它帶給你的每個禮物，都像它自身一般那麼虛幻不實。你不受世間任何一物的奴役。願你今天就能自由自在地融入上主的幸福旨意。

　　如果我們真的相信了上述這番言論，後果簡直不堪設想！因為痛苦一旦消失，承受痛苦的身體頓失存在價值，於是奠基於個別身體的那套思想體系，便完全無立足之地了。就是這種害怕失去自我感的隱憂，迫使我們明知受苦的抵制伎倆無濟於事，卻仍然故技重施，而且還樂此不疲。

　　事實上，並沒有任何東西阻止得了我們「融入上主的幸福

旨意」（這幸福旨意就是耶穌）。既然我們「不受世間任何一
物的奴役」，表示我們只會受自己的錯誤選擇所奴役。所幸，
即使選錯了，也不會產生任何的後遺症。後果既不存在，起因
便不存在；起因不存在，痛苦還可能存在嗎？

**(3:1) 往後幾天，我們要繼續努力練習，它們是為了幫你體驗
到上主置於你心中的幸福旨意而設計的。**

　　由於是我們自己將痛苦、罪咎和特殊性硬硬插在幸福和自
己的中間，任它們從中作梗，故這幾課的練習最能幫助我們解
除這些障礙，完成幸福的人生。

**(3:2~5) 這兒才是你的家，這兒才是你的避風港。這兒是你的
平安所在，這兒再也沒有恐懼。這是救恩之所在。也是你最終
的安息之地。**

　　「這兒」一詞，即是指正念之心，意味著我們已經準備好
和耶穌聯手，一起正視小我的思想體系，並且開始反身自問。
但關鍵就在於**純然觀看**，不帶判斷，不含內疚。唯有如此，才
可能掀掉那企圖隱藏罪咎的紗幔。請記住，秘密和罪咎是同一
回事，因為罪咎不可能出現於光明覺知之中。我們只需將罪咎
帶到聖靈為我們保存的清白無罪面前，黑暗的衛兵便再也掩護
不了罪咎，罪咎只好遁形而去了。

　　　聖靈活在你心內的寂靜光明裡，那兒徹底開放，毫不
　　　隱秘，故沒有什麼好怕的。……沒有任何黑暗是愛的

光明無法驅散的，除非它故意逃避愛的慈顏。你若
存心與愛保持距離，自然難以得享愛的療癒能力，因
為你已跟愛分道揚鑣而投奔黑暗了。黑暗勢力會派衛
兵嚴密監視著你，即使這些衛兵都是你憑空幻想出來
的，你對他們仍然畏懼萬分。……你只需放下它們，
它們就嚇不到你了。只要你不再遮遮掩掩，愛的光明
便會當下浮現，因為只有愛才有意義，也只有愛能
存於光明之中。其餘一切必會隨之銷聲匿跡。（T-14.
VI.2:1,3~5; 3:6~8）

防衛機制的幻影一旦隱退，幸福便會欣然前來，取代人間
所有的痛苦。

(4) 今天在練習一開始就先接受上主對你的旨意：

我與上主一樣願自己幸福；我接受幸福作為我當前的
任務。

然後，由你內心深處去找出這一任務，因它就在那兒等著你的
選擇。你一旦明白了，一切都在於你的選擇，而且你之所願正
是上主的旨意，你絕不會找不到它的。

今天下定決心隨時記住，寬恕的任務正在等待著我們的選
擇——唯有這個決定能幫我們尋回上主之子應得的幸福。痛苦
絕非上主的旨意，而是我們扭曲了天意。話說回來，痛苦既然
純粹出於一個錯誤的選擇，那麼修正過來也絕非難事。

(5) 歡樂吧！因為你在世的唯一任務就是幸福。你對上主之子的愛，不必少於你對上主的愛，因為上主的愛已把他創造成像祂自身一樣了。今天，除了每小時五分鐘的安息以外，盡量抽空安靜一下，提醒自己，你如今已經接受幸福為你的唯一任務了。而且深信不疑這樣的練習已將你結合於上主旨意內了。

今天一整天都要記住，自己配活得幸福快樂，而且須臾不忘這幸福一定要跟世上所有的人共享，否則便無法呈現出上主旨意的一體本質。上主之子既是一個生命，聖子自然也只有一種幸福可言。

第一百零三課

上主既是愛，故也是幸福

　　本課繼續闡述「幸福」這個主題，同時又深入探討愛的反面——恐懼的本質。我們一生都在為恐懼下注，故也唯有撤銷對恐懼的投注，才可能體驗到愛的臨在，重拾我們真心嚮往的幸福。

(1:1~3) 幸福是愛的一種屬性。兩者密不可分。你不可能在無愛之處經驗到幸福。

　　請注意，課文說的這種愛，並不屬於這個世界，也與身體層次完全無關。我們知道，這個世界當初就是為了驅逐上主及聖子而打造出來的。

> 世界是為了攻擊上主而形成的。它是恐懼的象徵。恐懼是什麼？不過是愛所缺席之處。為此，世界成了上主無法插足之地，聖子在此是可能與上主分庭抗禮的。（W-PII.三.2:1~4）

　　不僅如此，我們之所以打造這具身體，其實也是企圖為愛設限。

> 正因身體意識的作祟，愛才好似處處受限。因身體的目的即是為愛設限。它源自「愛是有限的」信念，企圖限制那不可限制的愛。不要以為這說法只是打個比方而已，身體真的是為了限制「你」而形成的。（T-18.VIII.1:1~4）

　　為此之故，我們是不可能在這個世上或任何人身上找到愛與幸福的。小我卻堅稱我們能夠在人間找到真愛，只要肯付出代價就行了。耶穌在本課開門見山，短短幾句話就否定了建立在特殊性上頭的那套小我思想體系。但是，這並不意味著我們受到世上某物或某人吸引，以為他們會帶給自己幸福或平安時，就應該感到內疚。耶穌只希望我們與他一起退後一步，便會看清，人間的東西絕對滿足不了我們的。表面看來，它們很可能會帶來你**以為**自己想要之物，其實那並非你**真心**想要的。為此，我才一再強調，學習本課程最重要的是對自己誠實。但我們一向堅信自己不能沒有特殊性，還不惜為它投注了一生的心力；如今，我們真的必須虛心承認這個錯誤了。

(1:4~6) 愛是沒有疆界的，它無所不在。因此，喜悅也無所不在。然而，心靈卻能否定這一事實，相信罪可能由愛的縫隙中侵入，帶給人痛苦，而非喜悅。

　　要知道，即使在夢境中，心靈仍有打造幻相的本事——自從抉擇者選擇了小我，使得天人分裂及個體生命儼然如真。這種夢境就是本段課文所謂的「縫隙」，它是小我隱藏罪咎之地。從此，世界成了我們逃離心靈之痛以及迴避那一「縫隙」的藉口。因為我們相信了小我的警告：「若想在世界**這兒**找到愛與幸福，絕對不能往縫隙**那兒**瞧。」小我甚至進一步恫嚇我們：「誰敢往內偷瞧一眼，必會死無葬身之地，承受罪的懲罰！」由這種恐懼心理催生而出的特殊性，它存心凸顯你我是兩個不同的生命，而且認定你我之間有一條難以跨越的「縫隙」。這個特殊性不斷對我們洗腦，說人間必有某個東西能讓我活得更幸福一點，不論那個東西是人、動物、植物、物品、金錢或是毒品；又說上主的旨意、耶穌的愛、聖靈的寬恕那一套，是不可能帶來任何幸福的，反之，只有這個特殊的人、那個特殊的東西能令我快活，也只有它們才填補得了你我兩人中間那道鴻溝。結果，填補了一輩子，人心內和上主之間那個真正的間隙卻始終無法得到療癒。

(1:7) **這怪異的信念已把愛重新界定為一種有限的存在，因而也把幸福限制住了，又把對立性帶入那原本無窮盡也無對立的愛中。**

　　小我的愛，屬於道道地地特殊的愛。這種愛十分古怪，它不是為所有的人事物而設，只會局限於某人、某地、某事、某物，也就是符合我的需求的特殊群組。小我說，我缺了你擁有

之物，故我不是完整的（一語道盡了特殊之愛的本質）。它還說，你有我沒有的東西，表示你從我這兒偷走了它。就這樣，你和我陷入了對立的兩邊，小我「非此即彼、非你即我」的生存法則就這麼誕生了。對此，先前提過的第四條無明法則描寫得更加鞭辟入裡。

> 小我必然重視它渴望擁有之物。第四條無明法則由此衍生；你若接受前三條，這一法則就會顯得理所當然。這似是而非的法則即是：「你相信自己能夠擁有你所奪取之物。」從此，別人的損失成了你的收穫；……因為仇敵不會樂於互贈禮物，也絕對不分享自己珍愛之物。為此，你判定對方必然私藏了什麼寶貝，否則他們不會故意隱瞞你，不讓那寶貝露白。

> 瘋狂世界的運作法則在此一覽無遺：由於「敵人」私藏了本來屬於你的珍貴財產，藉此壯大勢力，你理所當然該為了那些被他扣押的寶貝而發動攻擊；敵人必須付出慘痛的代價，你才有得救的希望。（T-23. II.9:1~4,6~10:1）

這就是何以然我們彼此之間以及我們和世界之間總是處於對立狀態，而且衝突迭起。因為我們冥冥中覺得自己所欠缺的，本來非我莫屬，如今卻得從外界掙回。不只如此，我還知道你絕不可能白白送還給我，除非我為此付出代價，這麼一來，你我怎麼可能不落於對立的態勢？這場爭奪戰基本上是不

公平的，因為我竟然得為那原本屬於我的東西付出代價；問題是，你也同樣覺得自己受到不公平的待遇。歸根究柢，你我之間這種神智不清的交易心態都是從「天人協議」衍生出來的。為此，我們的付出，其實是在向上主償還罪債。我們相信祂要我們受苦，故我們必須受苦一生，才有得救的希望。

(2:1) 恐懼就這樣與愛開始扯上了關係；凡是把自己營造的世界當真的心靈，勢必承繼恐懼的遺產。

　　恐懼之所以會和愛扯上關係，因為我們相信自己若不按照上主的要求來付出代價，必然死路一條。《聖經》裡的故事等於在為小我的瘋狂思維背書，它毫不含糊地列出了小我之神對我們的要求。真的，讀了《聖經》裡的種種天條神律，不可能不活得戰戰兢兢的。在福音裡更是再三警告我們，誰敢越雷池一步，跨出上主那條無形界線，落入山羊那一邊而非留在綿羊這一邊，一定不得好死（〈馬太福音〉25:31~46）。試問，這種愛怎麼可能不勾起恐懼？

　　這種恐懼心理為我們一生帶來的後遺症，簡直是罄竹難書，而且真實得令我們痛不欲生。然而，痛苦愈深，我個人的存在感愈強，我在世上打造的一切也愈有價值。恐懼顯得如此真實，只因我們的罪變得如此真實；罪必招致懲罰，難怪活在恐懼中已成了天經地義的事；而自己這一具驚恐又脆弱的身體，恰恰為小我這麼瘋狂的人生觀提供了強而有力的證據。

(2:2) 活在世間的種種影像，在真理中雖不存在，卻為「可畏的上主」作了活見證，讓人忘了祂既是愛、必然充滿喜悅這一真相。

只要對自己誠實一點，我們就不能不承認自己活得並不快樂；即使偶爾能從某人或某物竊取些許快樂，但無一能持久。任何心胸開放的人不難看出，世間這些苦苦樂樂（而苦占了絕大部分）不可能來自上主，因為祂的喜樂永恆不替，絕不會隨著世界的無常而變化消長的。

(2:3~5) 今天，讓我們再試一次把這根本的錯誤帶到真理前，並這樣告訴自己：

上主既是愛，故也是幸福。
畏懼上主就等於害怕喜悅。

耶穌言下之意是想告訴我們：「別跟我說你愛上主了！你若真的愛祂，此刻一定還跟祂在一起；但此刻你明明認定自己活在世上，這就證明了你其實很怕和祂在一起。」換言之，真想深入了解以及活出奇蹟教誨的學員，得先誠實招供內心這個不可告人的隱痛，不再故作神聖。由於耶穌就在我們心內，隱瞞他等於隱瞞自己；這一招絕對行不通，更不可能讓自己快活一點。為此，他才如此反覆叮嚀，而我也只好反覆引用類似的提醒：

你不妨仔細看看自己究竟在求什麼？你在這事上必須

對自己非常誠實，我們之間不能有任何隱瞞。（T-4.
III.8:1~2）

不妨捫心自問一下，你有多少想法是上主想都想不到
的，又有多少念頭是上主願你想而你不願去想的？誠
實地反省一下自己所做的一切，以及自己該做而未做
的一切；然後，改變你的心念，試著以上主的心態去
想。這看起來似乎很難，其實這種想法遠比逆向思維
容易多了。（T-4.IV.2:4~6）

　　換言之，如果真想領悟「上主既是愛，故也是幸福」之深
意，絕對不可跳過「把黑暗帶入光明」這一過渡階段，也就是
把內心隱藏的咎與懼交到耶穌的寬恕光明中。

**(2:6~7) 今天就以上述的聯想作為練習的開始，它會修正你認
為上主可畏的錯誤信念。它同時強調一點：基於祂的存在本
質，幸福非你莫屬。**

　　我們再次看到耶穌強調「化解錯誤信念」的重要了。為此
之故，切莫把這幾課當成肯定語來誦念，認為只要大聲反覆朗
誦幾遍，就能令小我的咎與懼噤聲或消失。這幾課純粹是在陳
述一個真理，要我們**把自己的妄念思維帶入這一真理**。「錯誤
信念」，在本課是指恐懼，但在前一課指的則是人間苦難。

(3:1) 今天在你清醒的每一時辰，讓自己的心靈接受這一修正。

耶穌就是這個「修正」的化身,這一修正顯然就在我們心內,卻得等待抉擇者的許可,才會浮現於我們的覺知。而我們內心隱藏的罪、咎、懼、秘密和特殊性等,不過是防止自己憶起愛的臨在的一些伎倆罷了。耶穌在此僅僅要求我們每小時發個小小願心,將自己不敢告人的秘密向他坦然開啟。

(3:2~7) 然後,欣然迎向它帶給你的一切幸福;因真理已取代了恐懼,喜悅也會如你所願地取代痛苦。上主既是愛,自會賜給你這一切。今天隨時提高你的期待,並以下面仁慈且真實的保證來撫平你心裡的恐懼:

上主既是愛,故也是幸福。
我今天只尋求幸福。
我不可能失敗,因為我尋求的是真理。

毋庸置疑,這些功課如果未能具體套用在生活上,它們就形同虛設,產生不了任何作用。這一點,我不知已經重複過多少遍了,只因為耶穌自己也不知重複說了多少遍。今天,我們要隨時覺察自己的恐懼(或是內疚、哀傷、痛苦),因為只有在這樣的覺知之中,我們才可能真心求助的。我說過,別把本課的標題當作咒語來壓制內心的不安或不悅,而應將這些情緒交託給正在教導你的這位老師,他會幫助你憶起自己真正想要的是上主之愛,而且徹底看清自己以前追逐的那些替代品是如此卑微渺小,從此,你再也不會用特殊之愛來取代真正的幸福和喜悅了。

第一百零四課

我只願追求在真理內原屬於我之物

　　本課沿著「幸福」這一主題繼續發揮下去，只不過，這回特別針對小我告訴我們的那一套「真理」；因為唯有放下它，實相的真理才能為我們帶來幸福。

(1:1) 今天的觀念繼續提醒你：喜悅與平安不是無謂的夢想。

　　當我們操練《課程》時，內心常會感受到耶穌所說的平安、喜悅及幸福固然動聽，卻顯得很空洞、不實用。但各位要知道，它們之所以沒能發揮實際效用，只因我們並不希望它們真實有效；因為我們一旦活得平安、快樂及幸福，就無法繼續扮演那個可憐的受害者了。也正因如此，我們才會這麼熱中於定他人之罪，存心讓自己更加愧疚，這麼一來，反倒證明了「我這一套想法才是正確的，耶穌那套說法虛妄無用」。

(1:2~5) 基於你的生命本質，它們是你的天賦權利。它們是上

主對你的恩賜，而上主所願之事是不可能失敗的。然而，若要接受祂的禮物，你得先準備自己的心田。凡是接受自己營造之物且任它鳩佔鵲巢的心靈，是不可能欣然接受上主的贈禮的。

「你得先準備自己的心田」，這可不是上主制定的天條，好似非要我們遵循祂的條件不可，若不聽話，祂就不再愛我們了。耶穌之所以提出這個條件，只因我們若還珍惜自己營造出來的寶貝，是不可能領悟「我們的罪早已化解了，我們仍是上主的愛子」這一真相的。換言之，耶穌把責任又丟回我們身上，這個觀念反覆出現於本課中。本課雖短，卻三番兩次提醒我們，若想悟見真理之境，就必須先放下自己一直視為天經地義的那套「真理」。不要忘了，《奇蹟課程》的宗旨乃是幫我們恢復心靈的主權。縱然人心曾經作出反對上主的選擇，如今意識到了錯誤，就必然有能力改正過來，選擇以耶穌為師。耶穌在此慈愛地教導我們如何將虛幻的自我形象帶到「我們原是上主聖子」這一真相前。

耶穌接著解說下去：

(2:1) 今天我們要清除你自己打造出來而且供奉在神聖祭壇上的無聊禮品，那祭壇原本是供奉上主贈禮的。

除非我們先把自己的罪咎與特殊性交到耶穌手裡，否則耶穌無法回贈他愛的禮物。我們得用自己打造出來的虛幻禮物，和他為我們護守的真愛進行交換才行；他不能硬從我們手中奪

走，因為自行交出乃是我們的責任。為此，所謂的寬恕，不在
於我們寬恕了什麼，亦非耶穌寬恕了什麼，而是我們共同做出
的決定，也就是〈正文〉結尾所說的，我們必須交出自己「隱
秘的罪咎、深埋的怨恨」（T-31.VIII.9:2）。耶穌在《天恩詩
集》中，曾向我們發出同樣剴切的呼籲：

> 張開你的雙手，
> 把違逆自己神聖本性以及中傷聖子之舉
> 全都交託於我；
> ………
> 透過我的慧眼，
> 看清自己所付的代價。
> 它確實不值，
> 安心交出吧！
> ………
> 我如此樂於從你手中接下這些禮物，
> 安放於聖子祭壇，
> 那原是上主安置天恩之處。
>
> 這是我要給你的禮物，
> 當你學會恩待自己，
> 自會獻出你的痛苦，與我交換。
> 我向你祈求的，
> 唯獨這一禮物。

就在你獻出之際，
我方能翩然降臨，成為你救主。

上主的天恩就在我手中，
正等著給予
那些願意用世界換取天堂的人。

你只需呼求我的名字，
親手將你的苦難祭品
置於我的手心。
……
我的手裡，
有你渴求一生的夢想，
有你在世上追逐的破舊童玩。
讓我為你撤走這些破銅爛鐵，
它們便一逝不返。

在那片廢墟上，
光明遍照，天門乍啟，
我們邁入嶄新的世界，
懷著上主的聖名。

　　　　　　—— 《天恩詩集／暫譯》PP.118~119

下文繼續向我們解說，上主給我們的禮物始終保存於耶穌的愛內：

(2:2~3) 祂的禮物才是我們在真理之境所擁有之物。祂的禮物才是我們在太初之始所承繼的產業，直到時間跨入了永恆，它仍然非我莫屬。

祂的禮物就是愛、無限的自由、創造，以及永生；一言以蔽之，即是基督的生命。

(2:4) 祂的禮物現在就在我們內，因為它不受時間的限制。

縱然我們想盡辦法逃離真理，耶穌卻始終臨在於昏睡的心靈裡，有如真理的醒鐘。夢境裡的自由意志，**唯獨**在夢境中能大展雄風。然而，上主的禮物屬於夢境之外，小我對它完全一無所能。

> 天國是完美的一體，徹底安全無虞，小我永遠侵犯不了它。（T-4.III.1:12）

(2:5~6) 我們無需等待就能擁有。它今天就屬於我們所有。

不只是傳統基督教，許多其他宗教傳承也經常灌輸我們這類思維：今世所受的苦難能夠換取未來的賞報；犧牲乃是換取神的愛最有效的方法。《奇蹟課程》的教誨恰恰相反，它一向強調未來根本不存在，我們無需為它作任何準備，救恩就臨在於當下：

救恩其實近在眼前。……奇蹟也只可能發生於當下。
它已經來臨了，奇蹟的恩典就降臨在罪與恐懼故意視
而不見的當下，而當下才是唯一存在的時間。

完成整個修正任務其實無需任何時間。
（T-26.VIII.3:1; 5:8~6:1）

　　根據小我的思維而言，**過去**引發的咎，**現在**就得償還給上
主，**未來**才有希望得到祂許諾的救恩。然而，耶穌給我們的喜
訊卻是：無需等待天堂（W-131.6:1），我們當下此刻就可以領
受天堂的禮物。

**(3:1) 因此，讓我們現在就決心擁有它；並且知道，當我們選
擇它來取代自己營造的虛幻之物時，我們已將自己的意願結合
於上主的旨意了；也藉此認出我們的意願不只相同，根本就是
一個。**

　　耶穌再次重申心靈的抉擇才是關鍵。我們的焦點不應放在
那些禮物上頭，因為我們若不知道自己有此選擇，再棒的禮物
也形同虛設。《奇蹟課程》的宗旨即是教導我們如何抵制小我
那些一文不值的替代品，我們才有選擇真正禮物的希望。如果
我們根本意識不到自己其實非常害怕天堂的禮物，任憑耶穌如
何舌燦蓮花，也無濟於事。耶穌在這裡點醒我們一個可悲的現
實：我們不僅害怕真愛，而且為了保住個人的價值感，自甘沉
溺於對愛的恐懼，使得上主的禮物顯得遙不可及。唯有覺察到

這種恐懼是出於自己的決定，我們方有機會化解錯誤而重新選擇；如此，才表示我們終於認出了上主的旨意和我們的意願原是同一回事。

(3:2~4) 今天每小時五分鐘的「長式」練習，要把這一真理帶入你的救恩中，你不妨用下面的話開始今天的練習：

> 我只願追求在真理內原屬於我之物，喜悅與平安則是
> 天賦予我的產業。

然後放下世界帶來的矛盾與衝突。因世界會給你其他的禮物與不同的目標，它們不只靠幻覺形成，也靠幻覺才能目睹，你只能在夢幻世界中尋到它們的蹤跡。

請留意，耶穌可沒說他會替我們拿走人間的衝突矛盾；反之，他要求我們主動放下它們。這意味著，我們得先正視自己暗中想要的內疚、生氣或沮喪這類衝突之苦，因為那些苦恰好是小我最吸引我們的地方。也因此，我們最大的責任就是不再選擇世界所給的這類「其他的禮物」，它們大都與特殊性脫離不了關係。今天，只要下定決心好好操練，我們終會憶起平安喜樂的天恩，那才是真實的禮物、聖子的天賦遺產，它們始終在那兒等候著我們悅納為己有。

請耶穌繼續不厭其煩地叮嚀我們：

(4:1) 當我們祈求認出上主的恩賜之際，表示我們願意捨棄上述的一切而追尋那真正屬於我們之物。

　　試問，怎樣才算真心祈求上主幫我們認出愛的禮物？很簡單，就是真心說出：「我甘心放棄當初想要取代真愛的那個特殊性。」可還記得，耶穌在一百八十五課論及上主平安時所說的：「只說這一句話，不算什麼。但真心說出這一句話，則代表了一切。」（W-185.1:1~2）我若真想活在耶穌的愛內，就得先心甘情願地放下自己對特殊性的追求。在放下之前，還得看清自己心裡**確實有**強烈的特殊性需求，同時承認最終的企圖是要拒天堂真愛於千里之外。唯有如此，我們才不會繼續自欺欺人，還以為自己真的想要耶穌的那種愛呢！我們不妨向他招供：「目前我還沒準備好接受你那種愛，明天再說吧！此刻，我的特殊性比較重要。它是我的第一考量！」這才是肺腑之言，但說這話時可不能心懷愧疚。內疚一旦消除，我們才能夠打開心門，接受耶穌的援手。下面這一段話也是同樣意思：

(4:2) 我們在自己心內，在祂的祭壇前，清理出一塊聖地，歡迎祂所賜的平安及喜悅；在那兒，我們會發現那是祂一直要給我們的禮物。

　　耶穌所說的「祭壇」，代表我們的心靈，其實就是指抉擇者。當它朝拜小我，自己的心靈便成了血腥祭壇；但當它選擇以耶穌為師，心靈就成為上主聖愛的光明祭壇。故耶穌請我們先清理自己的心田，交出心內塞滿的罪咎信念以及難以啟齒的羞愧感，他的愛才能進入心中，驅散那些陰影。罪障一除，心靈立即化為一面神聖的明鏡，反映出基督的喜樂之光。那才是

我們的生命真相,也是唯一的真理實相:

> 至聖的祭壇正矗立於你過去相信罪所在之處。天堂每
> 一線光明都匯聚於祭壇上,在喜樂中重新點燃,且遍
> 照四方。一度迷失的生命在此回歸本然,恢復了原有
> 的光明圓滿。(T-26.IV.3:6~8)

(4:3~4) 今天,我們滿懷信心地來到此地,充分意識到,祂要給我們的正是我們在真理內本來擁有的一切。我們不再期待其他任何東西,因為在真理內,其他的一切都不屬於我們所有。

耶穌再次提醒我們,若想得到上主的禮物,享有祂的聖愛與真理,必須甘心放下過去的夢想。我們若不停止對恐懼、痛苦及特殊性的投注,怎麼可能體驗到真愛?

最後,耶穌將他在這短短一課內已經說過七八遍的話,又再重複一遍:

(5:1~2) 我們今天只需認清祂的旨意已經完成,以及喜悅與平安乃是祂賜給我們的永恆禮物,我們就已打通了一條通往祂的道路。我們要練習往祂放置禮物之處搜尋,即使在練習前後的空檔裡,也不要忘卻這些禮物。

只要我們還讓特殊性牽著鼻子走,是不可能看到祂的禮物的,而這一切,全都操之於我;那麼,清除小我在心內堆積的障礙真理之物,也一樣操之於我。為此,今天好好用心練習,

只要我們義無反顧地選擇平安與喜悅，這種天恩境界便離我們越來越近了。

(5:3~5) 我們盡可能隨時這樣提醒自己：

> **我只願追求在真理內原屬於我之物。**
> **我要的只是上主所賜的喜悅與平安。**

今天，每當心中生起責怪自己或他人之念而頓失平安喜悅之刻，請記得這樣提醒自己：「我又忍不住生氣了，表示我不願憶起自己的神聖面目；而我所有的煩惱痛苦，全是出於自己只想活出個人價值的緣故。」是的，我們只要正視一下自己的處境，不難看出它的荒謬。小我當初告訴我們，選擇個體生命會讓自己更加幸福；事實恰好相反，小我指點的那一套把我們整得苦不堪言。如今，我們終於張開了眼睛，看到自己的決定與眼前困境之間的因果關係：煩惱不安只是**果**，相信憑靠自己便會幸福這個信念才是**因**。我們遲早會意識到，那些不正常不健康的想法顯示了自己已經選擇了小我，而與真正的明師失之交臂。值得慶幸的是，我們終於明白了，那位神聖老師說的果然真實不虛，自己那一套才錯得離譜。我們就這樣欣然領回了平安喜悅的禮物，正因那是上主賦予聖子的天賦遺產。

第一百零五課

上主的平安與喜悦非我莫屬

　　在「化解」的主旨下，耶穌進一步為我們揭開小我古怪的「給予」觀念。雖然本課不曾提到「特殊性」這個詞，但文中所提及的「明施暗要」的交易心態，其實就是在影射「特殊性」：我的付出，目的是為了得到回報；如果我給予的多於自己想要付出的，我便虧了。我們多次引用過的第四條與第五條無明法則（T-23.II.9~13），可說是這種心態的最佳寫照，道盡了小我的匱乏和怨恨心理。

(1:1~2) **上主的平安與喜悦非你莫屬。我們今天就要接收下來，而且知道它們非我們莫屬。**

　　如果想要收到上主的禮物，就不能再接收小我所給的拙劣替代品了。換句話說，我們若想憶起上主所賜的平安喜悅，就得先放下特殊性那個障礙才行。

(1:3~4) 我們還要試著了解，這些禮物會因著我們的接受而不斷增長。它們不像世間的禮物，餽贈者必然蒙受損失，而受禮之人則因著對方的損失而致富。

小我的生存法則充分反映在第四條無明法則上：「你相信自己能夠擁有你所奪取之物。」（T-23.II.9:3）小我會這麼說：「你若感到平安喜悅，那一定是盜取來的，否則為什麼唯獨你有而其他人卻沒有？為此，你不該享受這快樂，只因你是個竊賊，盜取了你不配得到的福份。」這就是為什麼世人對幸福常有「無福消受」之歎。是的，我們會快樂一陣子，但沒多久就心生內疚——我不配這麼幸福吧。幾乎每個人都有這種病態心理，本課要修正的，就是這種神智不清的小我思維，而且還進一步教我們明白：如果平安幸福是上主給我的禮物，必然也賜給了每一個人，根本無需相互盜取或搶奪，只要欣然接受即可。上主的禮物既是給每一個人的，自然人人受益，無人虧損。如果上主是愛的話，這是必然的結論，只因愛本身是圓滿且一體不分的。

(1:5) 這只是出自「咎」的交易，實在稱不上是禮物。

「出自『咎』的交易」一語，不偏不倚刺中了特殊性的要害。我想拿自己的禮物跟你交換，由於我早已認定自己一文不值，故我給出的禮物也必然一文不值；但你的禮物卻價值非凡，因那是我不能沒有的東西。這表示我心中有數，自己是在用一個毫無價值之物向你換取珍貴的禮物。這種存心剝削他人

的罪惡感，必會令我們從分裂小我那兒承繼而來的「咎」雪上
加霜。下面這一段〈正文〉生動地描繪出小我的畸形交易心
態，我們雖已引用過，實在值得再讀一遍：

> 小我在特殊關係中打造出來的自我概念就更加令人匪
> 夷所思了。這個「自我」企圖藉用某種關係來滿足自
> 己的需求。當它認為找到了一個能夠滿全這一目的的
> 特殊關係，便會毫不吝惜地給出自己，想用自己來交
> 換他人的自我。這不是合一，因其中沒有增長，也沒
> 有推恩。雙方都設法犧牲自己不想要的自我，換成心
> 目中更好的另一個自我。他會因為奪人所好之「罪」
> 而感到內疚，因他知道自己回報之物一文不值。他當
> 初既然會為另一個「更好」的我而放棄自己的我，這
> 個「我」對他還會有何價值？

> 小我所尋求的那個「更好」的我，通常具有較強的特
> 殊性。誰具備了那個特殊的我，誰就會因這個價值效
> 益而「人見人愛」。（T-16.V.7:1~8:2）

就這樣，我們相互滋養了彼此的罪惡感，加劇了人心永不
饜足的渴望，把小我的特殊性快車推上充滿怨恨的人生軌道，
急轉直下，還呼朋引伴，朝著死亡的懸崖——人類的最終宿命
衝去。

(1:6) 真正的餽贈絕不會導致任何的損失。

千真萬確，我若真心愛你，就不可能有任何的損失，既無需犧牲時間、精力，更無需犧牲我自己。我只是讓耶穌的愛流經我而已。那股愛的洪流，不僅滌清了我的罪咎，連你的罪咎也一併洗淨。我唯一需要下功夫之處，就是如何釋放自己的咎，以免妨礙了愛的流動。是的，「真正的餽贈絕不會導致任何的損失」；凡是不會導致損失的禮物，也必然惠及整個聖子奧體，絕不會在你我之間分別取捨的。

(1:7~8) 一個人不可能因著他人的損失而獲益。因它影射出一種限制以及匱乏的心態。

小我的生存法則處處影射了上主有所不足。遠自原初，小我便企圖證明自己擁有上主所缺的某種愛及另類生命，這就是「**非此即彼**」思維的起始，也是小我匱乏原則的源頭。整套罪咎的思想體系以及三千大千世界，毋寧說，都是在這個基點上打造出來的。

耶穌在〈正文〉「救恩的磐石」那一節，便已特別點出「沒有人會因為他人獲益而受損」（T-25.VII.12:1），這個觀念正是為了修正本段課文所影射的小我心態「一個人可能因著他人的損失而獲益」。但只要我們相信自己真的活在這個世界裡，便不能不承認自己盜取了上主的生命，才可能在這裡一展身手。既然我的生命是由上主盜取來的，不正表示了「**上主的損失代表我的獲益**」？這一邏輯成了小我的存在基礎，難怪我們冥冥中老是感到，我此刻的幸福平安及喜悅好似非份之福或

盜取來的，因而相信自己的幸福必會令他人受損。特殊性的運作原則絕對脫離不了這套瘋狂思維，同時又鞏固了這一思維。這就是為什麼世間的幸福老是有咎從中作祟。確實如此，每個特殊關係都少不了咎的陰影。我若快樂，表示我有罪，千萬別讓他人知道。其結果，我不只不敢去看這罪惡感，也絕不向他人透露這個祕密，更別提耶穌了 —— 萬一讓他知道我罪孽深重，下場勢必很慘。

(2) 這種心態是給不出禮物的。這類「禮物」充其量等於一種下注，目的在獲得更高的回報；它無異於高利貸、短期貸款、一種抵押，指望借貸者連本帶利地償還。你眼前的世界，每一階層都充斥著這種變相的餽贈。它喪失了禮物原有的內涵與意義；在這類禮物中你不可能獲得任何東西。

　　這一段描述了特殊關係的另一層面：我想從你那兒得到某些東西，但你太吝嗇了，必然不捨得給我，只因你跟我一樣，也在為同一目的奮戰。這也難怪，因為你也活在我的特殊性世界裡，我倆都擺脫不了它的遊戲規則：「我必須為自己的獲得付出代價。」儘管如此，但我會盡量壓低投注的成本，減少犧牲，而爭取最高的回報，故說「指望借貸者連本帶利地償還」。這種期待更高回報的餽贈，根本不配稱為禮物，只因小我這種畸形交易心態，純然屬於一種罪咎的遊戲。

　　我們希望藉著自己的受苦慘狀來撫平上主的義怒，掙得祂的寬恕，但祂卻不可寬恕其他人，因我得靠這些人為我抵罪，

如此，我才有回歸天堂的機會。這些人包括了無神論者、不像樣的基督徒，或是不上道的奇蹟學員。這類「非此即彼，非你即我，不可兩全」的敵對心態，充斥在基督教的信仰內，也很快蔓延到奇蹟團體中。這種心態顯然不仁不慈，也不夠慷慨，因它暗含著犧牲的信念——只要有人贏，一定有人輸；若有人得救，就要有人受罰才公平。追根究柢，其實都是出於自己不配被愛或不配幸福的心態，才會緊緊抓著特殊性那根稻草，企圖遮掩心中的隱痛。

(3:1) 本課程的一個主要目標，就是教你扭轉自己對給予的看法與心態，如此你才能夠真正領受。

　　我們在〈正文〉已經學過這番道理了，〈練習手冊〉也有好幾課反覆教導我們，如何解除小我「明施暗要」的交易心態，因為小我骨子裡全是「非你即我，無法兩全」的生存邏輯。第一百零八課「施與受在真理內是同一回事」，和第一百二十六課「我所給的一切，都是給我自己的」，都有非常深刻的討論。〈正文〉也有許多論述，我在此只引用其中最犀利的一段：

　　唯有時時刻刻感到自己真的很富裕之人，才可能真正行善愛人。……對小我而言，任何施捨都暗示著所施之物從此就失去了。若再把施捨與犧牲聯想在一起，你必須先相信自己遲早會得到更好的回報，才會捨得給予，也才忍受得了給出之後的一時之缺。小我的運

作方式脫離不了「為得到而給予」的基本模式，而
且會根據與其他小我的關係來評估自己。匱乏的信念
會在小我心中揮之不去，因為小我正是匱乏信念的產
物。……小我的給予絕少出自富裕之心，因為小我的
誕生就是為了取代富裕之心的。為此，小我的思想體
系才會生出「獲取」的觀念。（T-4.II.6:1,3~6; 7:3~4）

　　是真的，想要解除自己畢生學來的生存法則，實在需要百
折不撓的毅力。這正是〈練習手冊〉的目標所在，它不斷告訴
我們，倘若缺少了這種毅力，幸福便成了遙不可及的夢想。也
因此，它一直鍥而不捨地想把這種心理特質深植於我們心中。

**(3:2) 正因給予已經變成了恐懼之源，你才會設法迴避那使你
重獲天恩的唯一途徑。**

　　給予之所以變成了「恐懼之源」，只因我心知肚明，這種
給予確有欺世之嫌，因為我給出的是特殊之愛，企圖在這場交
易中竊取真愛。小我當然知道這純屬盜竊行為，並且深信自己
必會遭到反擊及懲罰，也難怪，每當我給出的時候，總是如此
誠惶誠恐。為此之故，想要心安理得地接受平安幸福，唯一的
途徑便是先解除恐懼；想要解除恐懼，又得先放下我這一生所
依賴的特殊性教給我的幸福法則；想要消除這種依賴性，還得
心甘情願地和耶穌一起正視自己的特殊性，看穿它的假面具。
如此，我才算是作出一個有覺知的選擇，也才能夠欣然跟隨寬
恕的指引，成為愛在人間的倒影。

(3:3~5) **接受上主的平安及喜悅吧！你就會學到另一種看待禮物的心態。上主給出他的禮物時，絕不會愈給愈少。祂只會愈給愈多。**

換言之，接受上主禮物的捷徑，就是先努力看清自己一直在追求及給出的禮物究竟是些什麼，然後決心放下它們。我們看到耶穌千方百計而且不厭其煩地重述他的核心教誨：把小我那些恐懼、仇恨與特殊性的禮物，帶到他所賜的平安、寬恕與喜樂之中。

(4:1) **當你接受上主所賜的平安及喜悅時，它們會變得更深更廣；當你將造物主的喜悅及平安納為己有時，祂的喜悅也會隨之增長。**

這一段又採取了比擬的筆法。在實相之境，上主的喜樂是不可能愈來愈多的，只有世間的喜樂才會增增減減；因為我們竟然認為盜取得愈多，就會更快樂一點。故應把本段課文看作耶穌哄小孩的溫馨童話：「天上的爸爸很愛你們；你們愈親近祂，祂就會愈快樂。」這個童話故事背後的真理則是：上主的愛永恆無限，不會變多，也不會減少，而且**永遠如此**。但也不可否認，當我們與愛認同愈深而與小我的勾結愈少時，我們確實會「感受到」祂的愛好似「增長」了。無可諱言，「**多**」與「**少**」的概念在人間充滿了意義，但要記住，這種意義僅限於抉擇者的那個層次，因它反映出抉擇者究竟選擇了上主還是小我，究竟接受了愛的禮物還是恐懼的禮物。

(4:2~5) 真實的給予就是創造。它由無限延伸至無窮，由永恆延伸至超時空之境，同時由愛回歸它的本體。它使本來圓滿之境更加圓滿，這有別於「量」的增加，否則就影射了以往的不足。這種增加，讓那不可能囿於一己的生命得以實現它普施一切的大願；如此，它擁有的一切才能永存不朽。

　　我們再次看到耶穌借用人間語言來傳達超越語言之境的限度。要知道，「給予」、「增加」這些字眼在天堂根本毫無意義，但耶穌不能不借用它們來描述那超時空或非質量的天堂境界。為此，耶穌在〈詞彙解析〉明確點出，《奇蹟課程》乃是針對小我的思想框架而寫的（C-in.3:1）。正因如此，他不能不用小我世界的文字觀念為我們闡述真理實相之境，但他的最終目的，仍是要引領我們從有限邁向無限，從時空邁向超時空的永恆，從特殊性轉向真愛之境。

(5:1~2) 今天就把上主的平安與喜悅納為己有吧！讓祂按照祂的圓滿標準來滿全自己吧！

　　這句話一樣必須視為一種比擬，否則就等於說上主本來並不圓滿。上主本身的圓滿性永遠全面而且完整，故「圓滿祂」的途徑，就是接納上主的圓滿真相，拒絕小我的圓滿方式，因為小我一向是靠搶奪來供應所需，只知向外盜取來滿全自己。

(5:3~6) 你便會了解，能圓滿祂的，必也能圓滿祂的聖子。祂不會因給予而受損。你也不會。今天就接受祂喜悅與平安之禮吧！祂必會心懷感激地接受你給祂的這份厚禮的。

耶穌又回到「施與受是同一回事」的主題了，因為唯有這個正見才修正得了小我那套「非此即彼，非你即我」的法則，以及「上主的恩惠是要付代價的」之觀念。總之，犧牲的觀念在人間始終扮演了舉足輕重的角色，但是，天堂完全不懂犧牲這一回事。我們若想活得幸福圓滿，只需誠心操練今天的幸福功課，這是耶穌對我們唯一的期望。

接下來，第六及第七段開始描述這一功課。耶穌在整部〈練習手冊〉給過好幾次類似的練習，要我們挑出一位具體人物，不論是敵是友，學習在他身上看出我們原是同一生命的真相。在今天的練習中，耶穌特別叮嚀我們把焦點放在心目中的仇敵身上。

(6) 今天的練習會以稍微不同的方式開始。先想一想你曾經拒絕給予平安及喜悅的弟兄；在一律平等的天律下，那原本也是他們的天賦權利。平安及喜悅會因「此」而被你拒於門外。你也必須返回「此」地，才能領回這份禮物。

這一段話提醒我們，攻擊別人，無異於打擊自己，因為上主只有一位聖子。家喻戶曉的漫畫家沃爾特・凱利（Walt Kelly）有一句名言：「敵人，就是『我們』。」這個觀念在〈頌禱〉「為別人祈禱」那一節描述得更加清晰：

> 「為別人祈禱」，如果了解正確，確實能幫你撤銷自己投射於弟兄身上的罪咎，讓你看清了傷害你的並不

是那個人。然而，你必須先消除心中視他為敵人、惡魔或冤家債主這類有毒的念頭，才可能由罪咎中解脫出來。（S-1.III.1:4~5）

要之，這類練習的用意所在，無非要我們反思我們對別人以及對自己的觀點，修正我們「個別利益」的傾向，進而推向「共同福祉」的軌道。

耶穌繼續解釋練習的步驟：

(7:1~2) 想一想你的「仇敵」一會兒，並向你想到的每一個人說：

我的弟兄，我願獻給你平安與喜悅，
如此我才能將上主的平安與喜悅納為己有。

這正是《奇蹟課程》的核心要旨：逐步修正我們的妄見，讓我們得以享受耶穌的禮物。終有一天，我們會恍然大悟，根本沒有人需要我們寬恕。然而，在我們徹底寬恕自己以前，仍然需要藉由弟兄來練習寬恕。這類的練習如果做得道地，我們遲早會領悟「外面根本沒有敵人」這個真相，故課文將「仇敵」一詞加上了引號；畢竟，我們真正的心頭大患乃是自己的錯誤決定。

我再打個比方，我若把你當成敵人，內心多多少少會感到不安，因為我把你當成自己身外的另一個生命了。耶穌設法讓我們明白，我對你的敵意其實是在投射我內心對上主的恨意；

我和你**有形的**愛恨關係，也不過在投射我**心內**和小我的特殊關係罷了。故當我請求耶穌幫我寬恕你時，其實是在祈求自己寬恕自己。得此慧見的關鍵就在於：我已透徹地明白，自己與外界的關係都在影射我心裡與有罪之我的關係；而且，那個罪咎如此之真，真到我連正視它的勇氣都沒有。由此可知，有待修正的問題從來不在外面，始終都在自己的心內，正如〈正文〉所言：

> 救恩的秘訣即在於此：你所做的一切全都是對你自己
> 做的。（T-27.VIII.10:1）

(7:3) 如此，表示你已預備好領回上主給你的禮物，讓你的心靈今天就擺脫任何阻撓你成功的障礙吧！

耶穌再一次提醒我們，我們必須先行釋放所有罪咎及投射的念頭才行。我們得主動交出內心的陰暗念頭，他才能替我們一筆勾銷。可以說，這正是寬恕的樞紐，也是整部課程的精華所在，不論重複多少遍都不為過。

(7:4~6) 如今，你已準備好接受上主所賜的平安與喜悅了。如今，你也開始體驗到自己一度排斥的喜悅與平安了。如今，你能說「上主的平安與喜悅非我莫屬」，因為你已給出了你有意回收的禮物。

透過特殊關係的人生教室，終會讓我明白，我怎麼看你，就會怎麼看自己；我若在你身上看到罪，也會在自己心內看到

罪，因為我們根本是同一生命。同理，我若了解你的罪過只是小小的錯誤，因而仍能在你身上看到平安喜樂的話，我才可能放過自己的小小錯誤，也因而看到始終存於心內的平安喜樂。給予和領受是同一回事，因為我只能給予自己，**外面沒有人；**我也只能從自己手中領受，因為**外面沒有人；**你和我根本是一位而非兩人，因為**外面沒有其他人！**就這樣，我為整個聖子領回了上主的平安喜悅，也為我自己領回了天賦的恩典。

(8:1~2) 你今天若按照我們的建議來預備你的心田，你已成功在望。因你拔除了囚禁平安與喜悅的欄柵，那原本非你莫屬之物終會回到你的身邊。

　　這幾句話再次言簡意賅地為我們點出《奇蹟課程》的要旨：我若真想體會到上主的平安喜悅，得先拔除自己存心擋在平安喜悅前面的欄柵，也就是總想讓別人為自己的幸福付出代價的那種信念。小我的秘密是：痛苦愈大，內疚愈深，欄柵愈堅固，就愈發鞏固了我的存在，而且上主也沒有理由再來懲罰我了。這才是小我追求的平安喜樂。為此，我能偷就偷，能搶就搶，但絕不可讓人知道這個秘密。可笑的是，我們竟然相信自己會因此而更快樂。其實，真正大快我心的只有小我，因為我的這個體生命從此江山永固，還能讓他人為我背負罪名。也唯有如此投射下去，才能讓小我繼續安心快樂。除非我們能夠看透這種存在方式真的瘋狂至極，才會甘心拔除心內那一道「欄柵」的。讓我們讀一段〈頌禱〉的描述：

只有當你開始質疑自己為何敵視別人，而且看透這種行徑背後的理由（即使只是靈光一現），你才可能與人結合於祈禱之中。相互敵視的人必然各懷鬼胎。他們的敵意正源自彼此的別有企圖。別有企圖成了他們的軍火庫，藏怒納恨的堡壘。你應這樣改變自己的心念，若想提昇自己祈禱的境界，關鍵即在於這一念：

願你和我一起攜手並進！（S-1.IV.1:3~8）

每一位務必謹記於心：「進入和平方舟的，都是成雙成對的。」（T-20.IV.6:5）是的，我們必須和弟兄**一起**同行，才回得了天家。

(8:3~9:2) **你可以向自己說：「上主的平安與喜悅非我莫屬。」然後，閉起眼睛一會兒，讓祂的天音為你保證，你說的這一句話真實無比。**

今天，只要有任何空檔，就這樣與祂共度五分鐘的光景；即使你無法騰出這麼多的時間，也不要認為少於五分鐘的練習就無價值。每一小時記得複誦一下這些話，祈求祂賜你，祂願意給你並願你領受之物。

我們得先把小我特殊性之聲消音，才表示自己真想聽到上主天音，也才可能意識到它確實一整天都在向我發言（W-49）。耶穌為了讓我們安心，並不要求我們一整天都在聆聽聖靈，但他鄭重提醒我們，切莫低估自己獻給祂的那**一點點**時

間。在此，耶穌之所以明文要求我們每一小時憶起那位神聖導師一次，他感到我們接受〈練習手冊〉的培訓已有一段時日，幾乎完成了三分之一，應該能夠每小時想起聖靈以及自己的救恩一次了；即使做不到，至少也能發這一願心了，否則他不會這樣要求我們的。

(9:3) 今天，下定決心不去阻撓袍的旨意。

　　這句話明白顯示出：關鍵不在於上主的旨意，而在於我們始終想要抵制上主旨意的抗拒心理。我們已經意識到，自己多麼想要逃避耶穌給予我們的功課，又多麼害怕轉向上主愛的旨意；而令我們難以抗拒小我誘餌的，正是這個企圖和造物主分庭抗禮的偉大的「我」。

(9:4) 如果有個弟兄的表現讓你想要否定他配得上主的恩賜時，不妨把這當作幫你再次接受上主恩賜的大好機會。

　　每當你被惹怒時，應該立即覺察到，那是自己**存心想要發怒的**，因為唯有那樣才能凸顯自己是個與眾不同的「我」。請注意，除非你自己**想要**上鉤，否則那些誘餌根本左右不了你的決定。唯有特殊性的私心才阻礙得了平安喜悅進入你的心靈。為此之故，每當我們開始生氣時，不妨把它當作一個放下特殊性那個寶貝而接受上主禮物的大好機會；因為這特殊性一旦投射在弟兄身上，你就再也無法視而不見了。同樣的，當我們看到自己的缺陷或失敗時，也可以如法炮製，把弟兄換成自己

就成了。其實，我們的身體個性和弟兄的身體個性一樣屬於心外的產物。因此，不必等到別人打擊你，當我們存心傷害自己時，就應該記得「把這當作幫助自己再次接受上主恩賜的大好機會」。

(9:5~6) **然後，懷著感恩之心祝福你的弟兄說：**

我的弟兄，我願獻給你平安與喜悅，
如此我才能將上主的平安與喜悅納為己有。

再說一遍，如果我真心想要幸福快樂，就絕對不能把你逐出上主的平安喜樂之外。〈頌禱〉有一段話把這個觀念又往前推進了一步：我們不只共用同一個上主天恩，而且還共享同一個自我：

此刻，你不妨向每一位願與你在祈禱中結合的人說：

沒有你，我無法前行，因為你是我的一部分。

在真相中，他確實如此。如今，你只會祈求能與他真正共用之物。因你已了解，他從未離開過你，看來好似落單的你，其實與他共享同一生命。（S-1. V.3:8~12）

就在我們學習透過上主的平安喜樂來祝福彼此之際，聖子奧體同時領受到了「一體生命」的最大祝福。

第一百零六課

願我靜下心來聆聽真理

　　今天的標題本身意義極為深遠，也就是我再三強調的「若要悟入真理實相，感受到耶穌的愛，先決的條件便是釋放自己的小我」。這一要旨意義殊勝，故在整部課程不斷反覆重現。耶穌曾用「喧囂」一詞形容人心內的小我之音（W-49.4:3），這噪音始終盤踞在我們的心靈，故「靜下心來」，意味著我們的抉擇者已經看到自己所犯的錯誤，開始抵制骨子裡全是特殊性的小我思想體系，轉而選擇聖靈的修正了。一言以蔽之，即是抵制幻相而選擇真相。從本課的標題，顧名思義，就是在提醒我們別再執著「自己是對的」，而應把心力投注在真正的幸福上頭；如此，才能讓小我「靜」下來。

(1) 你若能充耳不聞小我囂張的叫鬧聲，你若拒絕接受它那微不足道卻又非你所願的禮物，你若能以開放的心聽出它有意隱瞞的救恩真相，那麼，你必會聽見真理偉大的天音，如此寧靜

而有力，沉寂卻堅強，它的訊息千古不易。

　　可以說，這一段話再度重述了我剛才所說的重點：我們全都偏愛小我所施予的小惠，亦即「個體性」以及「特殊性」，對於耶穌所賜的浩蕩天恩反而不屑一顧。故唯有先接受耶穌的寬恕洗禮，才解除得了小我的障礙，從而領悟我們真是一個生命——不只在夢境中共用同一個回歸天鄉的宿命，在實相中也擁有同一個基督自性。

　　聖靈的臨在以及耶穌愛的力量，全都寄寓於它們的「寂」與「靜」之中，唯有小我才需要不時叫囂一番。為此之故，一旦我們認定自己才是對的，還要讓天下人都知道自己很對、很棒或很神聖，那時就該自知——小我發作了！我們內心真正想要認同的聖靈天音，安靜無比，毫不起眼，它是「如此寧靜而有力，沉寂卻堅強，它的訊息千古不易」；而當「我很特殊」及「我是對的」之念一起，無疑的，就表示自己已經拜倒在小我門下了。

(2:1) 請聽，你的天父正透過他的使者向你發言，祂的天音足以消除小我的叫囂，並為視而不見的人指出平安之道。

　　內心十分篤定且確信之人，既不會推銷自己，也不會大驚小怪，因為寧靜而篤定的心靈必然體會到人間沒有一物舉足輕重，包括自身的個體性與特殊性，它們根本無法與上主的聖愛相提並論。每當迴盪著真愛的聖靈之音落入耳際，那個無意義

的我就自動銷聲匿跡，所有的衝突頓時止息，回歸平安之路立即現前，而且昭然若揭。「小我的叫囂」便會自動讓位給單純寂靜的真理了。

(2:2~4) **今天，靜下心來聆聽真理吧！縱然死亡之音告訴你他們已找到了生命之源，並想傳給你他們那套信念，千萬別受蒙蔽。也別理睬他們；你只聆聽真理。**

　　耶穌在下一段課文明說了，這「死亡之音」就是「世俗之音」。「死亡之音」，如果吹毛求疵一點，應該說成「無生命之音」。因為「死亡」一詞好似暗示了它曾經活過，但《奇蹟課程》卻告訴我們，身體根本就不存在，因為「它不生，也不死」（T-28.VI.2:4）。只因基於「抑揚格無韻詩體」節拍上的需要，這兒只能放上單音詞，因此才採用「死亡」（dead）一詞。

　　根據世俗的觀點，生命是從身體開始的，就連《聖經》也這麼說：上主是生命的源頭，祂按照自己的肖像造出了身體。耶穌在此卻要我們「別理睬」那些無生命或死亡之音，因它們說的純是幻相。唯有靜下心來，止息那些欺騙世人的喧囂之音，我們才可能聆聽到真理之言。

(3:1~5) **今天，一無所懼地起身抵制世俗之音吧！悄悄繞過它們無意義的遊說。不再聽信它們的那一套。今天，靜下心來聆聽真理。避開所有與祂無關的事情；祂手中握有你的幸福，祂**

的愛正向你展臂相迎。

　　耶穌知道我們深恐自己一旦「繞過」或「不再聽信」那套世俗之音，自我便會消失於無形，他才如此語重心長地勸慰我們。世俗之音始終在為特殊又個別的虛擬之我發聲，我們若抵制小我的真理，違抗它的權威，當然會害怕消融於上主的「虛無」之境，永遠喪失了「我」這個體生命的價值。正是這股憂心之念，阻止我們向祂伸手求助。祂愛的「手臂」，其實就是指在歸鄉之路伴隨我們的耶穌。《奇蹟課程》一再告訴我們，向耶穌說「是」，等於向我們的存在基地——小我說「否」。故繞過世俗之音，無異於放棄了特殊性之偶像，表示我們向上主伸出了「手」，只願聆聽天音，並且感受到那始終在旅程終點等候著我們的幸福真愛。

(3:6~7) 今天只聆聽祂，毫不遲疑地迎向祂。今天，你只聆聽那唯一的天音。

　　耶穌在整部課程中不斷向我們呼籲：「你隨時都能放下小我而牽起我的手，何苦如此冥頑不靈地自找苦吃？」換句話說，我們大可不必延誤幸福的來臨。雖說我的延誤其實傷害不到任何人，但在夢境中，耽擱愈久，受苦愈大，故耶穌才說：「你不必撐在那裡，我一直在等著你重新選擇呢！」

　　　我絕不會遺棄你，正如上主不會遺棄你一樣；可是你
　　　若決心遺棄自己，我只好等待下去。我會在愛心與耐

心中等待，終有一天你會回心轉意，向我發出真實的
祈禱。只要你的祈求一心不二，我必會親自答覆的。
（T-4.III.7:8~10）

(4:1) 今天，上主的聖言會信守祂的許諾。

　　《課程》中「聖言」一詞的原文若是大寫，幾乎都指向化
解小我思想體系的那個救贖原則，有時稱為聖靈，有時說成寬
恕，有時則直指「修正錯誤」。正因為「聖言」的本質乃是上
主真理的倒影，自然不可能「不」真，也不可能「不」信守諾
言的。

**(4:2~4) 讓自己靜下心來聆聽吧！祂會向你發言的。祂所帶來
的奇蹟，比你所夢想或期待之物更幸福美妙上千倍。**

　　「奇蹟」一詞，在本段課文的用法異於《課程》其他地方
的意涵，再次顯示耶穌在遣詞用字上的隨興風格。奇蹟原本只
限於修正小我的思想體系，這兒卻說它代表了上主之愛，後
面甚至還說它「永世長存」。然而，根據《奇蹟課程》一貫的
立場，奇蹟並不是永恆的，它的功能只限於人間。換句話說，
虛幻夢境一旦解除，同樣虛幻的修正功能便會隨之功成身退。
〈練習手冊〉接近尾聲之處有一段極其貼切的描述：

　　奇蹟只代表一種修正。它既不創造，也改變不了任何
　　事情。……奇蹟能化解錯誤，但只限於知見的領域，
　　它也無法超越寬恕的任務。所以，它只能在時間的

限制下運作。為心靈「回歸永恆」及「覺醒於愛」的
大業鋪路，因為恐懼在它溫柔的藥方下已不再興風作
浪。（W-PII.十三.1:1~2,4~6）

由此可知，**奇蹟**最多只能代表我們**在夢境中**所感受到的上
主之愛。〈正文〉也有類似的動人描述：

世界充滿了奇蹟。奇蹟始終陪伴於每一個充滿痛苦和
罪咎的噩夢旁，默默地發光。（T-28.II.12:1~2）

這些散發愛之光芒的「修正」，正是天堂聖愛的光明倒
影，始終在我們心內等著我們的選擇。

**(4:5~7) 祂的奇蹟真實不虛。它們不會隨著夢境的結束而消
逝。反之，它們會幫你結束夢境，並且永世長存，因它們是上
主賜給愛子的禮物，而這愛子的別名就是你。**

課文說「愛子」是我們的別名，指的就是我們的基督自
性，而非自己心目中那個有名有姓、有身體、有個性而且與眾
不同的「我」。愛在人間的倒影不僅時時呼喚我們，並且永遠
與我們同在，因為那個愛**就是**我們的生命本質。我們若不了解
這一層深意，下面這一段〈正文〉擬人化的描述便會令人莫測
高深，因它就是用聖靈的永恆性來描述上主之愛的：

聖靈之聲即是救贖之音，它呼喚心靈回歸原本的完整
生命。心靈一旦完成了救贖，整個聖子奧體便獲得了
療癒，回歸的呼喚便不復可聞。然而，上主創造的

生命必是永恆的。聖靈永遠與上主的兒女同在，祝福他們創造的一切，且以喜悅之光護守著它們。（T-5.I.5:4~7）

(4:8~9) 今天就準備接受奇蹟吧！今天，給天父一個機會去實現祂對你及所有弟兄的古老承諾吧！

耶穌之所以作此請求，正因為我們必須親自接受他早已送出的禮物才行。他再次把自己那份神聖又幸福的禮物和小我所送毫不神聖的特殊快樂作一對比，好似在反問我們：「這個選擇有這麼難嗎？世上的一切，不外乎罪咎與判斷，真的會比我給你的幸福更值得追求嗎？你只要放下小我而牽起我的手，幸福便非你莫屬了。」然而，除非我們決心憶起自己對天父的許諾，否則，「天父的古老承諾」對我們就形同虛設了：

上主必會信守自己的承諾，聖子亦然。天父在創造他時說過：「你是我的愛子，我也永遠是你的至愛天父；願你像我一樣完美，而且與我永不分離。」上主之子就是從這個承諾誕生的，雖然他已不記得自己曾答覆過：「是的，我願。」（T-28.VI.6:3~6）

(5:1~3) 今天好好聽祂的話，聆聽聖言，它會揭開世界的面紗，喚醒沉睡且盲目的世人。上主將透過你而召喚他們。祂需要你的聲音向他們發言，因為天父唯有透過你的自性才能喚醒祂的聖子。

　　這個主題還會不斷重現書中，它所根據的正是我們耳熟能詳的「上主只有一位聖子」的觀念。耶穌在此並不是要我們好好操練寬恕功課，然後走向世界，到處宣揚福音。縱然其他靈修傳承幾乎都有類似說法，但《奇蹟課程》絕無此意。我們真的不需要去教人或傳教，接納耶穌的愛才是我們的正業；基於心靈一體不分的本質，他的愛自然也擁抱了聖子奧體內每個看似分裂的心靈。何況心靈確實有自動推恩的能力，因為它反映的，正是上主天心不斷推恩於基督天心那個圓滿境界。

　　總之，我們並不需要做什麼。話說回來，如果我們受到愛的感召而想為世界做些事情，自然而然就會去做的。只是別忘了，《奇蹟課程》的真傳是要幫助我們平息心內的小我之音，而與耶穌的教誨認同；接納他的愛，行住坐臥悉皆聽從他的指引。從這個角度來講，世界確實痊癒了，因為心外沒有世界。順便一提，這一段話好似在為複習五的「導言」埋下伏筆，耶穌在複習五第九段說得更詳細更感人，他要我們好好聆聽他的話語，並且把它們帶回人間，世界便會因此而得救。（W-複習五.in.9:2~3）

(5:4) 今天好好地聆聽聖言，把你的聲音獻給祂，好向此刻正在等待祂開口的人群發言。

　　我們只能在靜默中說出祂的聖言，因為愛是寂靜無聲、不假文字的。然而，只因我們始終相信自己是這一具身體，故寂靜無聲的愛常需要透過我們的言行，才能具體推恩出去。但請

記住，言行本身並非焦點，關鍵在於言行背後愛的動力。我們只有一個責任，就是隨時和那個愛保持連結，其餘的一切，聖愛自會任運無礙。

(6:1~2) 準備好接受救恩吧！它就在這兒，今天就要賜給你。

就在我們下定決心掩耳不聞小我之音，而準備好好接受救恩的神聖一刻，救恩便已進入我們心中了。我們的神聖導師早就迫不及待要遞給我們早已擁有的禮物：

> 連聖靈都迫不及待想給你這一禮物，但祂仍會耐心等待。你百般拖延你們的會晤，當你對自己失去耐心時，效法祂的耐心吧！歡欣地迎向你的救主，滿懷信心地與祂一同步出這個世界，走進那充滿寬恕與美善的真實世界。（T-17.II.8:3~5）

是的，如果我們真正明白了那麼美妙的世界正在等候著我們的決定，怎麼可能感受不到聖靈那種「迫不及待」的心情？

(6:3~4) 因天父之名為你作了選擇的那一位，會教你明白自己的任務所在。你今天只要好好地聆聽，便會聽到祂的天音正透過你而迴盪於世界的每一角落。

那個「世界」就在我們心中，只要下定決心唯聖靈之聲是聞，天音便會在我們心中迴盪不已。由於這個決定其實發生在聖子共有的同一心靈內，故必會在世界每個角落激起迴響的。

(6:5) 為世界帶來奇蹟的那位使者，需要你先接受奇蹟，才能使你成為喜悅的施主，且將領受的奇蹟分施於人。

　　我們馬上就要進入「施與受」的主題了，在此先暖身一下。這份禮物來自耶穌，而我們的責任只是單純的領受。第一百五十四課也傳達了類似的觀點：我們必須先接受奇蹟，它的療癒功效才能推恩到其他人身上。

(7:1) 救恩就是這樣開始，也是這樣結束的：一切本來就是你的，當你再把這一切給出去，它就永遠屬你所有了。

　　救恩始於心靈（因為那是一切錯誤的源頭），也止於心靈；救恩就發生在抉擇者接受救贖而修正錯誤的那一刻。〈正文〉開篇沒多久便已為我們解釋了救贖的關鍵：

> ……化解的過程雖不是出自於你，卻是上主在你內進行的大事。你的責任只是將自己的想法帶回到當初犯錯的那一點上，安心地將它託付給救贖。（T-5. VII.6:4~5）

　　無庸置疑，這兒「施與受」的意涵與世俗的想法截然不同。既然一切都是我的，我一旦把上主之愛視為自己的真我或自性，那麼，整個聖子就在那個自性中重歸一體了。為此，我這個選擇是為了**所有人**而作的，沒人會受損，所有人都獲益。

(7:2) 如此，你便學會了這一課。

學到的「這一課」指的就是救贖，亦即「天人不曾分裂過」，因此，你我也不曾分裂過。

(7:3~8:2) 今天我們所學習的給予，不是照你目前了解的形態，而是依它本來的真相。每小時練習之初，應先為你自己的覺醒而祈求：

我願靜下心來聆聽真理。
施與受的意義究竟何在？

如此祈求，然後期待答覆。這一問題的答案早就在那兒等著你的接受。

這個「答覆」自然也是指救贖原則。它是上主「大音希聲」的聖言，而不是我們等著耶穌給出一個具體答案，告訴我們該怎麼說、怎麼做或去哪兒宣揚福音。上主的答覆一直在我們的心中等待著，我們卻因害怕它的後續效應而不敢接受。為此，我們在操練期間確實很需要這些溫柔的提醒，來為我們揭穿小我的騙局，從而知道施與受並非兩回事，心靈就會慢慢安靜下來了，如此，我們才會聽到聖靈的天音而修正自己的錯誤。心靈的寂靜全靠寬恕的功夫，唯有在寬恕中，我們才接收得到那原屬於自己以及世界的真愛，並且沒有一個人會因此受苦或吃虧的。

(8:3~4) 你此世所負的使命就如此展開了，它會消除世人視「給予」為一種「失落」的想法。那麼，世界才算準備好明白

並接受這一真相了。

　　正如耶穌成了聖靈在世上的化身，當我們在人間夢境也活成耶穌的化身之時，便表示自己接受了上主所賜的禮物，我們在世的「使命」也就展開了。但請注意，切莫從外在的行為或現象來了解「使命」一詞，否則就徹底誤解了《奇蹟課程》。耶穌早已告訴我們世界根本不存在，怎麼可能賦予我們任何有形的使命？我們必須看透那構成世界之念的虛妄，才算是「學會了這一課」；奇蹟必然現前，它所帶來的愛便會透過我們而推恩出去。至於它會以什麼形式推恩，一點都不重要，關鍵在於我們終於捨棄恐懼而選擇了愛，願意與一體聖子的自性認同了。我們從未失落過自性的天賦遺產，我們只是在這一刻，再度憶起了這一天恩。

(9) 今天，靜下心來聆聽真理吧！就在你聆聽的那五分鐘內，上千個心靈會同時向真理開放，欣聞你所聽到的聖言。一小時後，你會再度釋放上千個心靈，只要他們肯暫停片刻，與你一樣祈求這一真理。

　　我先前說過，《奇蹟課程》的「一千」只是代表極其眾多的意思。當我們親自領受了救贖，等於跟隨耶穌的腳步，再次提醒整個聖子奧體：「你還有另一種選擇！」上千個心靈會因而得到救贖的禮物。至於他們**何時**才願接受上主的聖言，決定權始終在於聖子奧體本身，其中包括了我個人的選擇。

(10) 今天，上主的聖言因著你的領受及給予而進入了人間；因著你的聆聽與學習，你才能教導世界「給予的真諦」。今天不要忘了加強你願聆聽並接受聖言的決心，盡可能隨時這樣提醒自己：

願我靜下心來聆聽真理。
今天，我是上主的使者，我的聲音就是祂的天音，
我要把自己領受的一切分施於人。

　　唯有明白了「領受及給予」是同一回事，真理才有機會如實呈現，不受扭曲。畢竟而言，釋放怨尤、受害的記憶以及特殊性的需求，根本稱不上是犧牲或損失。反之，我們若將學習寬恕的過程獻給耶穌（這等於是獻給聖子奧體），這個禮物當下便會恢復我們的自由之身，重拾那失散已久的愛之記憶。仇恨的高牆一旦撤除，愛的能量便暢行無阻，溫柔地瀰漫到整個聖子奧體，上主聖言的喜訊便會響遍人間：「真理就在眼前，你只要祈求，它便非你莫屬。」

第一百零七課

真理會修正我心念上的所有錯誤

　　這一課實在太精彩了，它不僅再次對比真相與幻相之別，並且鐵口直斷我們是不可能了解真理為何物的，而這竟成了我們幸福快樂的前提。難怪耶穌在《奇蹟課程》裡只跟我們談真理或神聖境界的**倒影**，因為究竟說來，真理及神聖性只存在於天堂內。

(1:1~2) 除了真理以外，還有什麼修正得了幻覺？除了讓你認不清真相的幻相以外，還有什麼錯誤可言？

　　這段話就是針對小我思想體系而說的。小我那套體系含有雙重遺忘的作用：世界是最外面的「保護層」，幫我們遺忘人心深處的罪咎；而這個罪咎則屬於心內的「保護層」，幫我們遺忘始終存於心靈的真愛──只因這個真愛必會化解我們的個體性及特殊性。修持奇蹟的關鍵，就在於心中明明白白，那個

錯誤並非發生於身體表面而是出自我們的心靈；更美妙的是，真理也存於同一心靈內。

(1:3~5) 真理所到之處，錯誤自會銷聲匿跡。而且消逝得無影無蹤。它之所以消逝，是因為沒有信念的支撐，它就失去了生命。

切莫忘了，小我思想體系之所以能夠大展雄風，全是靠我們相信了它，而這種信念的力量也全憑心靈內抉擇者的選擇能力。耶穌在〈正文〉裡如此告訴我們：

> **不必害怕小我**。它得靠你的心靈才能存在，既然你曾因為相信它而造出了它，你也同樣可以不相信它而將它驅逐。（T-7.VIII.5:1~2）

試想，還有比這更簡明的說法嗎？然而，正因救恩如此單純，小我才會反其道而行，發展出一套複雜詭異的策略，令我們不得不相信那些幻相，只因我們先相信了身體的真實性。

(1:6~7) 它就這般歸於虛無，回到它所來之處。來自塵土，復歸塵土，來來去去，只有真理千古不易。

這正是小我思想體系的寫照，也是整個世界的寫照。我們只要跟耶穌一起好好正視這個錯誤，它便立即消失於本來的虛無。只是千萬不可忘記，錯誤及真理兩者都存在心靈內，不在外面。為此，需要改變的並非世界，而是我們認定「世界真的

存在」這個信念，這個信念等於宣稱小我的說法才是對的，耶穌那一套全錯了。「來自塵土，復歸塵土」這句話，顯然是援引自家喻戶曉的《聖經》故事（〈創世記〉2:7）。

緊接著，耶穌開始為我們描述那超乎想像的境界：

(2:1~3:1) 你能想像得出，沒有幻覺的心靈是怎樣的境界嗎？它會有何感覺？不妨回憶一下，你是否曾有一刻（即使只是一瞬也好）感受到徹底的平安，確信自己深深被愛且安全無虞？然後藉著想像，將那一刻延伸到時間的盡頭，延伸至永恆。然後，再把你所感受到的那種寧靜乘上一百倍，一千倍。

儘管這不過反映出你的心靈安息於真理之境的千萬分之一，至少，你已稍微體驗到一點了。

無可否認的，我們對幸福和平安的認知，充其量，只不過是真實幸福平安的一道浮光掠影罷了，它不僅微不足道，而且稍縱即逝。為此，耶穌才會反問我們：「我對你的愛如此真實而且神聖，反映的正是上主的真愛，也是你的幸福源頭；為何你始終棄之如敝屣，而一味追逐那看似特殊的虛無之物，甚至迷戀到不惜為它大開殺戒的程度？要知道，不論你認為什麼能保證你安全無虞的，都必錯無疑！」請特別留意，耶穌這段話純粹是針對心靈層次而發的，因為心靈乃是痛苦哀傷與幸福平安的同一源頭。

回到上面所引的課文，它的言下之意是：身體永遠不可能

體會真正的平安，因平安無法在世間立足，更不可能寄身於我們追逐的境界裡；平安只能在超脫罪咎與恐懼的心靈中安心立命。這就是聖保羅所說的「超乎意想的平安」（〈腓立比書〉4:7）。〈教師指南〉也有類似的描述：

> 福音裡曾經提過一種不屬於這個世界的平安。……要認出上主的平安，你必須先明白一事，它與你舊有的經驗全然不同。它帶給你心靈的將是一種前所未有的感覺。與你過去的經歷毫無相通之處。那是一種全新的經驗。……它只是徹底明白了上主的旨意不可能有對立的存在，如此而已。任何與祂旨意衝突的念頭，均不可能是真實的。……上主的旨意只有一個，它是唯一真實之物。也是天賦於你的遺產。凌駕日月星辰之上的宇宙以及你可能想出來的任何念頭，也都非你莫屬。上主的平安能為上主的旨意鋪路。你一得到祂的平安，便會憶起祂的。（M-20.1:1; 2:2~5; 6:2~3,9~13）

那麼，人間可有達到此境界的可能？耶穌繼續為我們指點迷津：

(3:2) **沒有幻覺，便沒有恐懼，沒有懷疑，也不會攻擊。**

請記得，我們的個體性不會因為操練《奇蹟課程》就瞬間消逝了；我們只會一點一點地「失去」恐懼、懷疑、焦慮與罪

咎，以及跟特殊性與攻擊緊緊掛勾的一堆念頭。

(3:3) 當真理來臨時，所有的痛苦便結束了，因為瞬息變幻的想法及死亡的念頭已經無法在你心中逗留。

課文所說的「想法」或「念頭」，必然夾帶了特殊性的「誘餌」，以及身體感受得到的經驗；不消說，在我們心目中，它們可是幸福和救恩不可或缺的因素。

(3:4~6) 真理完全盤據了你的心，徹底解除你對無常世界的信念。它們再也沒有立足之地，因為真理已經來臨，它們只能回歸虛無。你再也不致目睹它們的蹤影，因為如今，唯真理永存。

這一段話間接告訴我們，心靈一旦痊癒，便再也想不起夢中乾坤了，因為那兒沒有一件事值得回想。這個觀念在前一課已作過詳盡的解釋。只要接受了救贖，明白分裂不曾發生，夢境（也就是我們的世界）頓失立足之地，我們便會由罪咎及死亡之夢醒過來，夢中的一切自此一逝不返。正如耶穌在「平安的障礙」那一節的結尾所說的：

從此，你再也記不得此刻所記得的事了。

你也許以為自己一旦抬高眼界，整個世界就會跟你不告而別。事實不然，其實是你永遠揮別了那個世界。
（T-19.IV.四.6:6~7:2）

(4:1) 真理一旦來臨，它不會只逗留片刻就消失了蹤影或轉變為他物。

世間萬物若非瞬息生滅，就是轉變為另一種東西。不論我們多麼縱容特殊性的需求，多麼貪戀它們帶來的滿足感，經驗卻告訴我們，那些快感根本留不住，這恰恰證明了它們絕非真相。只要看看我們最珍愛的特殊關係，即是最好的明證，它們既然和形體脫離不了關係，故也註定功虧一簣，因為我們全都難逃一死。然而，只要我們邀請耶穌的愛進入這個關係，那些美好的經驗必會久存心中，因為他的愛乃是天堂永恆之愛的倒影，唯有這種愛能在夢中久存。相形之下，特殊性給人的刺激之感顯得如此短暫虛幻。為此，只有耶穌的愛才值得我們鍥而不捨地追尋，因他給的乃是「永世長存」之物，這一特性成了人間萬物有無價值的測試指標。關於這一點，我們留待第一百三十三課再加以細述。

(4:2~4) 它永不變遷，也不改換形式，更不會時而出現、時而消失的。它始終都在它當在之處；有所求者可信賴它，因浮世表相而困惑疑慮者，也可安心託付於它。真理一旦修正了你心念上的錯誤，一切困惑便會隨風消散。

耶穌並不是說，從此我們再也沒有任何需求或麻煩了。在我們回家的路上，只要仍在夢中，一定少不了需求、擔憂及層出不窮的問題的。〈心理治療〉一文曾說：「不論多麼資深的心理治療師，只要活在世上，難免會有世俗的需求。」（P-3.

III.1:3）也就是說，這段旅程少不了一段過渡期，耶穌才如此委婉地點出，我們還在起步階段，才剛開始意識到「耶穌的愛始終在我們心中等待我們回歸」這一真相。他並不期待我們全面擺脫自己的特殊性，只是提醒我們：「當那些妄念浮現時，記得到我這兒來，因為我就是真理，足以化解你任何的困惑疑慮，消除你的痛苦。」「我們無需徹底擺脫小我」這一個安心法門，也出現於〈正文〉的「神聖的一刻」那一章：

> 神聖一刻的必備條件並不要求你的每個念頭必須全然純淨。但它會要求你別再存心隱藏任何念頭。……因此，你修練的重點應該全力放在防止自欺上，不再設法保護自己存心隱藏的念頭。讓聖靈的聖潔光輝驅散它們，集中自己所有的心力，準備接受聖靈賜你的聖潔生命。（T-15.IV.9:1~2,8~9）

　　總之，他不指望我們就此放棄身體以及所有的欲望，只期待我們邀請他進入心中，撤換自己舊有的目標就行了。這個邀請，意味著我們願意牽起他慈愛的手，開始與他一起踏上返鄉之路了。在此，唯一的條件就是我們必得非常誠實，他所代表的真理才修正得了我們窩藏在心中的種種妄念。

(5:1) 真理一旦來臨，它的雙翅攜來的禮物必然完美而且一致，還會給你不因痛苦而卻步，反能毅然決然超越過去的愛。

　　再說一次，這番話並不意味著我們再也沒有困難或痛苦

了。它只是點出，若要由困境脫身，首先得明白問題不是出自外在事件，也不是因為欲望不得滿足，而是我們壓根兒不想牽耶穌的手，就這麼簡單。因為我們好似向耶穌表態：「我對你那一套沒興趣，我比你更清楚問題之所在。」這才是一切痛苦的起因。反之，只要我們承認自己作了錯誤的選擇，平安幸福的結局便指日可待了。

(5:2) 這就是治癒之禮，因真理無需防衛，因此也不會發動攻擊。

　　這句話蘊含著「疾病即是防衛」的道理，也正是第一百三十六課「生病乃是抵制真相的防衛措施」的主題。正因如此，「選擇真理」本身就成了療癒的徵兆。試想，心中一無恐懼的人，豈有防衛的必要？要知道，任何防衛機制下面都暗藏著攻擊之心，只因我們讓恐懼取代了愛，冒犯了自己與弟兄的基督真面目。幸好，這一切只發生於夢境。我們一旦接納了幻相背後的真相，心靈便開始療癒了。耶穌接著說：

(5:3~4) 你能把幻相帶到真相前，予以修正。但你不能把真相帶入幻相中而企圖轉幻為真，因為真相之境遠非幻相所能望其項背。

　　短短一段話，揭露了世界的陰謀。世人總是想盡辦法把耶穌、上主拉到人間淌這灘渾水；遺憾的是，我們的學員也老想把《奇蹟課程》的真理拉進虛幻的世界，要真理來解決現實問

題。然而，耶穌在此明明白白告訴我們，唯有把小我帶到他的真理內，才能一舉化解幻境，以及它所引發的無窮苦難。耶穌在〈正文〉曾經言簡意賅地把這個基本觀念濃縮在下面的幾句話內：

> 你若企圖將真相帶入幻相，表示你存心把幻相弄假成真，幻相便得以假借你對它的信心而理直氣壯地存在下去。你若能把幻相交到真相手中，就等於給真相一個機會教你認出幻相的虛假，這樣，你才有擺脫幻相的機會。（T-17.I.5:4~5）

如果能看穿小我存心將真理帶入幻境，進而把幻境弄假成真的陰謀，我們便不難反其道而行了。唯有如此，耶穌才能在我們心中回歸他的「正位」，幫助我們憶起自己的本來真相。

(6:1~4) 真理不會來去無常，變化莫測，此刻呈現此形，彼時又現他相，令人捉摸不定。它從不隱藏自己。它公然立於光明之中，伸手可及。凡是真心尋求它的人，不可能空手而回。

我們若感受不到真理的臨在以及耶穌之愛的撫慰力量，箇中只有一個可能，就是我們對真理沒有興趣；然則歸根究抵，全是因為我們畏懼光明，故寧可一直滯留於黑暗中。可以說，我們與眾不同的身體，根本就是小我思想體系的陰森寫照；我們對身體如此戀戀不捨，也是因為我們不敢接受真理的光照，深恐在那光明中不得不放棄自己的個體價值。一失去這個個體

性，所有的問題、判斷以及怨尤全都無以立足了。想一想，倘若沒有這些問題，我還算是什麼？我究竟又是誰呢？下面這幾句〈正文〉充分揭露了小我最深的恐懼：

> 世界最怕聽到的就是你這一自白：
>
> > 我不知道我是什麼，也不知道自己在做什麼，或身在何處，更不知道該如何看待世界，或看待自己。
>
> 你若學會如此自白，救恩就來臨了。你的真相便會向你啟示它自己。（T-31.V.17:6~9）

由此可知，我們並非真心想要知道真相，只因我們深怕聽到自己的真實自性透露出我們的神聖真相。

(6:5~9) 今天是屬於真理的日子。把真理歸還真理吧！它便會把你歸還給你。你本來不應受苦，也無需死亡。你的天父願這些噩夢從此一逝不返。讓真理為你修正一切夢境。

我在前文已經解釋過，在小我的心目中，上主的旨意就是要我們受苦和犧牲。正因如此，這幾課的練習都在修正這個錯誤的信念。各位可能還記得〈正文〉這幾句話：

> 身為上主神聖之子的你，從此誓不加入死亡的行列！你那些妥協辦法，絕非你所能兌現的。沒有人毀滅得了永恆的生命之子。他和天父一般不朽。沒有人改造

　得了他的真相。（T-29.VI.2:1~5）

　唯有如此，才算是把死亡的幻相帶入上主旨意的真相，翻轉了當初寧可放棄生命而選擇死亡的那個決定。一旦作出這個選擇，便表示我們終於承認上主是對的，而自願撤銷過去對小我所發的誓約，轉而效忠於聖子永恆生命的真相。

(7) 我們並非要求原本不屬於我們份內之物。我們要求的只是原本屬於我們的東西，如此我們才可能認出它非我們莫屬。我們今天要練習的，正是那出自真理且萬無一失的喜悅感。我們今天跨出的不是在幻境裡搖搖欲墜的蹣跚步伐。我們有成功的把握，就如我們確知自己活著、有希望、在呼吸以及在思想一般肯定。我們不再懷疑自己與真理同行，今天就懷著這份信賴之心開始練習。

　想一想，怎樣才算是要求「原本屬於我們的東西」？答案很簡單，就是接受救贖，請求自己心內那位抉擇者重新選擇——選擇生命的真相，放棄自我的幻相。我們要求的既然是真相，就絕不可能空手而回的，因為我們一旦撤除了自己對小我的信念，它立即欲振乏力，頓失所據。今天的練習，用意就是要強化我們的願心，我們才能在耶穌的愛中肯定不疑地邁上真理之路。

(8:1) 開始時，不妨要求與你一起啟程的那一位，讓你一路上都能意識到祂與你同行。

　　耶穌再次請求我們今天要隨時記得聽從他或聖靈的指引，無論碰到什麼煩惱不安之事，或是我們想以幻相取代真相的種種花招，全都誠實地交託到祂們手中。只要跟對了老師，原本不知所終的旅程，當下立即轉成返鄉的康莊大道了。

(8:2) 你不是出自血肉所造，而是由那賦予聖靈生命的同一個聖念所創造出來的。

　　上主是聖靈的源頭，也是我們的生命之根源。耶穌在此對比了源自小我而且寄身於肉體內的「假我」，以及源自上主聖念的「真我」兩者的天壤之別。「祂」代表創造我們的聖念，我們又是祂所創造的聖念。耶穌在〈正文〉進一步闡述：被我們奉為偶像的假我，不論起了什麼念頭，絲毫影響不了我的永恆真相：

> 上主對你的聖念超越一切偶像之上。世界的恐怖動盪與人間的生死大夢，以及你千奇百怪的恐懼心態，絲毫影響不了上主對你的聖念，祂對你的心意永恆不渝。這一聖念始終安息於肯定不移與圓滿平安中，沒有任何殺伐之聲能夠侵入這無邊的寂靜。這是你萬無一失的生命真相，它渾然不覺那供奉偶像而不識上主的世界。上主對你的聖念從未離開過造物主的天心，它知道造物主，造物主也知道這一聖念；它對你千古不易的生命具有完美的信念，使你得以永遠安息於自己的家園。（T-30.III.10）

(8:3~4) 祂是你的弟兄，且與你如此相似；天父知道你們原是同一生命。你邀請同行的，正是你的自性；你所在之處，祂豈會不在？

這段話令我想起海倫〈頌禱耶穌〉裡的詩句：

來吧，弟兄

瞧！

我如此肖似基督，也如此肖似祢

你在祂的祝福下，已與我合而為一

—— 《天恩詩集／暫譯》P.82

就這樣，我們與弟兄的一體性不但反映出我們與聖靈的一體性，又反映出上主造化的一體本質。身為上主之子的我們，屬於這個一體生命，而且永不可分，同時也是上主一體生命的一部分，萬物全都結合於祂內（T-25.I.7:1~2）。換言之，我們的基督自性永遠不可能與上主分開，也不可能與上主之「靈」分離——就是這位聖靈，祂始終在心中提醒我們一體自性的真相。

(9:1~5) 真理會修正你心念上的所有錯誤，讓你明白你不可能與祂分開。今天記得同祂說說話，且向祂承諾；你願祂透過你來完成祂的使命。分享祂的使命，就等於分享祂的喜悅。祂的信心與你同在，當你這樣說：

真理會修正我心念上的所有錯誤；

祂是我的自性，我願安息於祂內。

　　至此，我們終於決心憶起自己的寬恕任務了，願意將過去的錯誤選擇帶到內心的真理那兒接受修正，真正邁上了回歸自性的旅程。

(9:6) 然後，就讓祂溫柔地將你領回真理內，徜徉於其中；它帶給你的平安，如此深沉且寧靜，使你再也不想回到自己所熟悉的世界。

　　耶穌進一步指點我們，如何整合心靈所領悟的真理以及我們在世上的任務；套用一句《聖經》的話，就是如何才能「活在世上卻不屬於世界」。對於經歷過光明、真理及愛的神秘經驗的人而言，世界簡直像個十足的地獄，令人避之猶恐不及。在此，耶穌不但「同理」我們這種心情，同時又為心靈中這一部分的正念加油打氣。其實，正是這個平安的經驗讓我們甘心「返回」紅塵的，只是心境截然不同罷了。這個觀點很重要，我們回頭還有機會繼續深入。此刻，我又想起海倫的另一首詩〈寧靜中甦醒〉，短短數言，便把平安的大能刻畫得入木三分。

> 平安籠罩著你，裡裡外外，無處不在；
> 如此光明，如此寧靜，如此深邃的平安。
> 你心內的寂靜
> 令罪與邪惡的夢境望之卻步。

　　　　　　　　　　　　——《天恩詩集／暫譯》P.73

(10:1~2) 然而，你仍會樂於重睹這個世界的。因為你會為世界帶來所需的轉變，那是與你同行的真理給你的許諾。

這兒說的「轉變」是指什麼？簡言之，在我懂得向耶穌求助之前，始終活得苦不堪言，充滿憤怒、沮喪、焦慮，成了一個十足的受害者。直到我意識到轉換一位老師才有幸福可言，從此就不再那麼看重小我的特殊性了，別人當然會感受到我的轉變，因為我**真的**跟從前不一樣了。〈練習手冊〉是這麼說的：「臉上更常掛著微笑。」（W-155.1:2）表示我們真的改變了，由憤怒沮喪的我變為幸福快樂之人，這個轉變本身已經足以向人傳達一個訊息：「我們的心靈既是一體相通的，你也能作出我這個選擇，因為我選擇的那位導師同樣活在你心中。」

耶穌在〈正文〉曾說過類似的話：「請勿向人宣揚我無謂的死亡。而應教他們看出我並沒有死，我正活在你內。」（T-11.VI.7:3~4）換言之，我們在人間活出的幸福快樂，成了耶穌活在我們內的一個明證。當然，這並不是說我們隨時都得裝出一副笑臉，而是我們知道世上沒有一物能攪擾內心的平安，便自然而然流露出這種平和的心境。活在耶穌的愛內，就是隨時與他同在，小我的各種念頭也必然慢慢隱退；而心中浮現出來的寧靜喜悅，等於向世人證明，耶穌確實活在我們心中。這種喜悅乃是自我寬恕的結果，它會快樂地推恩於聖子奧體的每一角落，讓整個世界共霑天恩。

(10:3) 你每作一次五分鐘的練習，世界的改變也會隨之增加一

些；只要你願修正自己心念上的錯誤，籠罩在世界上的錯誤也會因而獲得了修正。

　　耶穌再次聲明，有待修正的是我們「心念上的錯誤」。所謂「籠罩在世界上的錯誤」，則是指分裂信念所引發的種種後遺症，例如「我比上主、聖靈或耶穌更清楚問題出在哪裡」、「我的想法才是對的，祂們那一套根本沒用」這類症狀。直到有一天，我終於承認自己看走了眼而得重拾幸福時，我的這個經歷對世上每一個人都起了莫大的示範作用。我每憶起真相一次，都是在為整個聖子奧體而做的。故耶穌這麼勸勉我們：

(11) 今天別再忘了你的任務。每當你滿懷信心地告訴自己「真理會修正我心念上的所有錯誤」時，你等於代表祂和整個世界發言；祂不只有心釋放世界，更願恢復你的自由。

　　最後，我要引用〈教師指南〉的結尾來結束本課的講解——沒有比這篇禱詞作為結尾更貼切的了。這段動人的詩文畫龍點睛地道出自我寬恕的任務如何寬恕了整個世界；耶穌對我們的感恩和我們對他的感恩，在禱詞中相互迴盪著。是他將我們領到這一聖地，但終究也得靠我們作出「捨幻相而取真相，捨囚禁而選自由，捨死亡而接受生命」的選擇。

　　　　如今，願你的所言所行蒙受上主的祝福，

　　　　為拯救世界之故，祂轉身向你求助。

　　　　上主之師，祂由衷地向你致謝，

全世界都沉浸於你由祂那兒帶回的恩典。

你是祂的鍾愛之子，

為祂所用，成了你的天命，

上主的天音，經由你的善巧而遍傳寰宇；

時空的世界，到此告終，

有形可見的一切，在此結束，

無常的萬物，徹底化解歸無。

你帶來了一個新世界，

眼所未見，耳所未聞，

卻是無比的真實。

你是何等的神聖！

世界藉著你的光明，反映出你的神聖光彩；

你從不孤獨，在此也不乏弟兄。

我為你而感謝天恩，

也願與你共襄盛舉，

為了上主之故。

因我知道，

那也是為了我自己，

以及所有與我一同邁向上主的弟兄。

　　　　阿們

　　（M-29.8）

第一百零八課

施與受在真理內是同一回事

　　本課的標題點出了今日的兩大主題，其一是「施與受是同一回事」，其二則是這個觀念所源自的上主之子與生俱來之「一體」真相——而憶起基督自性的一體生命，正是耶穌教誨的最終目的。

(1:1) 今天的觀念乃是慧見的基礎。

　　前面已經說過多次，我們的肉眼其實並沒有看的能力，它與慧見根本是兩回事。不論我們「看見」了什麼，都不過是反映出我們內心選擇了哪一位導師而已。若以小我為師，眼之所見盡是分裂；若以耶穌為師，雙眼便會為我們帶回他的一體訊息。在分裂的世界裡，一體性指的就是共同需求，或說共同福祉。不論人生道路多麼不同，我們所懷的希望與目標都是一樣的。領悟了我們共享的一體性，才算把握了慧見的本質，而且

明白了「施與受是同一回事」的道理。因為聖子只可能給予自己，也只能從他自己那兒欣然領受這一禮物。

(1:2) 它必然充滿光明，因它調和了世間所有的對立表相。

「小我的思想體系建立在對立表相上」，這種說法和「小我是建立在分裂、個體性或相異性上」完全相同，兩者都是奠基於「上主及聖子不僅相反而且對立」之前提。世界形成之後，分裂心靈的對立性就更加壁壘分明了，比如說，上主的生命真相是純靈的，而我們的存在現實卻是肉體的。可以說，整個世界都是建立在相對性上，因此，活在人間也不可能沒有對立。耶穌常用「**知見**」一詞來形容世俗之見，也是基於這一對比性，意即我們必須透過此物與另一物的關係才能夠感知。針對這個相反而且對立的世界，〈教師指南〉有一段極為精闢的描述：

> 相信世事難易有別，乃是世俗知見的立論基礎。它的認知完全建立在差異性上，每個畫面都有錯落有致的背景，變化多端的前景，高低不同，大小不等，明暗不一，以及成千上萬的對比；每一物都想把另一物比下去，才能博得注目的眼神。（M-8.1:1~2）

進而言之，特殊關係就是建立在這個對比性上的，它那神智不清的思想體系只會從彼此的差異著眼——你比較特殊，故與那人不同；你昨天比較可愛，只因你滿全了我之所願；你

今天變了，因為你不再討我歡心了。反之，慧見則截然不同，它出自救贖原則，只會重申「分裂不曾發生過」──唯獨這種慧見才改變得了我們對世界的看法。慧見之所以能夠調和對立的表相，憑藉的不是榮格所強調的「將對立的兩物整合在一起」，而是揭開它們底下的同一虛幻本質。然而，究竟說來，真正值得我們深入討論的，其實只有小我與聖靈的相對性；一旦面對一體真相，連這種虛妄的對立表相也一併慢慢消融於一體之境。這正是上面這段引文所說的「調和對立」之意。

(1:3) 什麼是光明？除了那個源自平安且能以唯一全然真實的觀念為你消弭一切衝突及謬見的解決之道以外，還有什麼堪稱為光明？

所謂「唯一全然真實的觀念」，即是指救贖之念：我們是一體不分的，因為我們從未和那終極一體生命分開過。在夢境中，上主之子是一個生命；在天堂內，上主之子仍是一個生命。這個觀念足以消弭所有的衝突，以及小我整套運作法則的謬見。

(1:4~5) 連這解決之道遲早都會消失，藏身其後的聖念終將取而代之。如今，你已活在永恆的平安中，因為夢境已經過去了。

究竟而言，救贖之念終將消失，因它一旦化解了錯誤而達成它的目標，便會自動功成身退，因為再也沒有修正的必要

了。耶穌說連聖靈也是如此，祂最後「終歸於那永恆無相的上主之境」（C-6.5:8），而剩下的，唯有救贖所代表的聖念，也就是基督自性。祂永恆不易，因為祂超越生生死死的對立之境，自然也超越了修正生死的救贖或聖靈。

(2:1) 能彰顯出真慧見的真光明，與肉眼所見之光明不可同日而語。

這兒的「慧見」，和新時代所說的美麗光環或某種光明經驗截然不同。慧見的光明純屬心靈層次，超乎感官知見之上。簡言之，它是真理之光，屬於心靈的一念，正等著我們作出「我願看見」的決定。

(2:2~3) 它是一種極其統一的心靈境界，黑暗根本無機可乘。如此，你才會看出原本相同之物根本是同一物；與它不同之物，你視而不見，因為它根本就不存在。

「與它不同之物」，就是指聖子奧體的破碎幻影。凡是進入真實世界之人，面對紅塵的紛紜萬象，了知它們全是幻夢一場。真正的生命其實活在夢境之外，那兒只有一位上主之子，卻沒有名字。就用耶穌來打個比方，縱然我們賦予了他一個名字，但在究竟的真相中，他只是真實世界的愛之一念而已。根據耶穌的解說，真實世界的存在只有一瞬光景，上主便會俯身而降，將我們高舉到祂那兒。關於上主「最後的一步」，我在這裡舉出兩段極為優美的描述：

上主愛祂的聖子。現在就求祂指引迷津吧！世界便會
失去了蹤影；慧見一開始現身，真知便尾隨而至。在
天恩中，你會看到整個世界都籠罩在愛的光明裡；你
還會看見人們高舉自己的心，將光明納為己有，恐懼
從每個人臉上消失了。如今還有什麼理由耽擱天堂的
來臨，即使只是片刻之久？世界萬物既已蒙受你的寬
恕，還有什麼有待化解的呢？（W-168.4）

我的弟兄啊！你若知道那平安是怎樣庇蔭著你，將你
安全、純潔而美好地護守在天心之內，你不可能不奔
向祂的祭壇，迫不及待地與祂團聚的。你與祂的聖
名同時受到天地的頌揚，因它們已在此聖地合而為一
了。在此，祂俯身將你提昇到祂那裡，由幻境昇至神
聖之地，由世界昇至永恆之境，且將你由一切恐懼中
救出，交還到愛那裡。（C-4.8）

**(3:1) 在這光明中，你再也不會看到對立；這一治癒的慧眼遂
有了治癒的能力。**

　　慧見能夠治癒分裂信念，也就是一切疾病的根源。因為只
要與耶穌結合，等於和整個聖子奧體結合，終結了分裂之境，
也終結了一切疾病，因此才說：慧眼和療癒是同一回事。

　　如何方能得此慧見？絕不是否認肉眼之見，而是否認我
們賦予知見的意義。為此，〈練習手冊〉一開始就告訴我們世

上的一切毫無意義。因為那些意義全是**我們**賦予的，目的就是要證明自己的想法才是對的，耶穌教的那一套是錯的。不信的話，只要看看分裂之念在人間無所不在，還所向無敵，便明白此言不虛。然而不論分裂妄念表面上有多大能耐，其實毫無意義可言，因為它們源自虛無，只要真理之光一照，那些黑暗勢力立即潰不成軍。

(3:2) 這種光明會把你心靈的平安帶給其他心靈；你不只與人分享，還會慶幸他們與你原是一個生命，他們彼此也是如此。

　　這段又提到《奇蹟課程》至關緊要的字眼：「一」。平安之所以能夠進入每一個心靈，就是因為心靈只有一個。可想而知，這個觀念在世上是說不通的，也不是世人所能理解的。縱然它超乎小我的理解，但真理就是真理。若能擺脫小我的箝制而感受到耶穌的愛，即使只是一瞬，我們都不難意識到上主之子的一體真相；儘管這一真相轉眼便會被覆蓋在複雜曖昧的人間烏雲下，然而，這個領悟也必會長存心中，永誌難忘。

(3:3) 這種光明之所以有療癒能力，是因為它只會引出一種知見，根據一套人生座標，故也只能歸納出一種意義來。

　　慧見告訴我們，上主之子看似各個不同，其實都是同一個生命。我們彼此的差異分歧，也只限於表層而已。事實上，我們全都想要回到那自以為毀棄了的家園；就是這個共同需求，構成了我們的同一性。我們需要了悟，外表的罪行絲毫影響不

了生命的真相，這正是人類共有的需求。所謂「一套人生座標」，就是指真理本身。耶穌要我們把支離破碎的知見帶到真理前，這個功課便凝聚為人生唯一的任務──寬恕。讓我們回頭再讀一段極其重要的引言，它所描述的「療癒之心的慧見」，就是本段所說的「根據一套人生座標」那種知見：

> 上主之師的眼睛仍會看到萬物的差異性。可是，已經療癒的心靈再也不會與它認同了。雖然有些人看起來好像「病得比較嚴重」，肉眼也會照舊報導病情的發展。但已療癒的心靈會把它們全數歸類於同一個虛幻不實的範疇裡。那位聖師給他的禮物就是幫他了解：人心從外在的表相世界所接收的訊息只能歸納為兩大類。而其中只有一類是真的。（M-8.6:1~6）

(4:1) 只有在此，你才能看出施與受原是同一聖念的兩面，其真實性與表面上誰先給、誰後得毫無關係。

　　前文說過，所有建立在交易心態下的特殊關係，必有施者與受者之別，不僅如此，每一方都想要爭占上風，想盡辦法「付出愈少而得到愈多」。為了修正小我這種「我贏你輸」的生存法則，耶穌在〈練習手冊〉的最後給了這麼一課「我選擇次位，卻獲得了首位」（W-328）。意思是說，當我不再力爭首位，想成為自己這個生命的創作者及「第一因」時，表示我甘願成為上主之「果」，那時，自然會憶起自己與造物主一體不分而齊登首位了。但究竟說來，上主內豈有首位與次位的分

別！〈正文〉曾說：我們全都「屬於第一因」，因祂將我們「造成和祂同樣的生命……且已成了祂的一部分」（T-14.IV.2:1）。

> 「首先」或「第一」在時間領域內毫無意義；但在永恆之境，「第一因」代表天父。祂既是第一因，也是絕對的一。除了第一因，沒有其他的原因存在，更沒有次序或第二、第三諸如此類之物。（T-14.IV.1:7~8）

如果我們想在夢境裡活出一體真相的倒影，就必須先放下輸贏的心態。這是何等幸福的光景！從此再也不必為了滿足一己之需或證明自己是對的，而不惜大開殺戒或詐取他人的愛了。只要我們真正讀懂本課，領悟出我們全是那唯一聖子的一部分，我們的心靈必會提昇至「不判斷」的慧見之境。

(4:2) 只有在此，你才可能了解兩者其實是同時發生的，聖念始終完好如初。

愛的聖念之所以在我心內始終完好如初，因為它本來就是一個不可分割的整體。我既無法給出我沒有之物，也不可能得到我沒有給出之物。這就是療癒的心靈所體驗到的上主聖愛，也同時成為愛的推恩管道。一旦了知所有心靈都是一個，便再也不會相信自己是匱乏的；一旦了知自己就是聖子之心且與造物主一體不分，必然就會明白心外無物。「**裡面**」及「**外面**」的說法，全都頓失其義，因為真正存在的，唯有愛的天心。因此，本課只是用「**施**」與「**受**」這類二元術語，來表述上主

聖愛如何透過我們的心靈而推恩出去，同時還分毫無損，只因「觀念離不開它的源頭」。

(4:3~5:3) 所有的對立就是在這一見解下融合了，因為人們開始由同一思想座標去看它們，聖念就是靠這一座標而統一起來的。

一個本身全然統一的思想，才有統一所有思想的能力。這就等於說：修正一個，即足以修正全部；或是徹底寬恕一位弟兄，便足以把救恩帶給所有的心靈。因為它們不過是同一法則下的不同案例罷了；而那法則只要是在全知全能者的指導下，就能適用於所有的學習案例。

這段話的含意十分清楚：全部等於「一」。我們已經學過，只要徹底寬恕一個人，等於寬恕了所有的人，因為一位弟兄代表了所有的弟兄。各位應該還記得下面這段引言，它把聖靈寬恕功課的普遍效果說得無比透徹：

> 因此，將那「放諸四海皆準」的課題，交給真正了解世界運作法則的聖靈吧！唯有祂能保證那些法則不受任何侵犯及限制。你的責任只是把祂教給你的一切用在自己身上，其餘的事，祂自會為你打點的。此後，你在學習路上會出現種種不同的見證，處處為你證明學習的偉大力量。在所有的見證中，你最先看到的就是那位弟兄，在他身後還有成千上萬的人，而這些人後面又有成千上萬的人。（T-27.V.10:1~4）

　　難怪耶穌會反覆重申，我們唯一的責任就是親自領受救贖（T-2.V.5:1）。倘若將它套用在特殊關係上，我們會在特殊性中看到小我以及世界的整套思想體系；同理，我們也能在寬恕中看到聖靈的整套思想體系——「一個問題，一個答案」。

(6) 只要真懂得「施與受是同一回事」的原則，對你特別有用，因為你很容易檢驗它的可靠性。如果某一案例證明了它不論應用於任何場合都行得通的話，那麼它背後的觀念一定也能普及到其他還有疑慮及三心兩意的案例上。這觀念會從那兒延伸出去，最後必會抵達那放諸四海皆準的唯一聖念。

　　換句話說，我若好好操練今天的觀念，並且願意邀請耶穌幫助我寬恕，我就能夠學到「如何從一個關係推衍到所有的關係」。

　　所謂的「三心兩意」，其實就是在影射**二元**世界的雙重眼光。我若以雙重眼光去看待事物，必然看到相對或對立，這正是二元世界最大的特徵。故我需要藉著目前的特殊關係來操練，透過耶穌的眼光，我才會懂得如何把原先著眼於歧異的知見，轉化為指向共同需求與共同目標的正見。如此行之不懈，我的寬恕才可能穿透現實生活的每一層面。「唯一聖念」，指的即是上主的聖愛，愛的一體本質乃是人間所有一體經驗（也就是共同福祉）的源頭。只要每天鍥而不捨地操練下去，鍛鍊出放諸四海皆準的功夫，必然有助於我領悟「施與受是同一回事」，這一原則足以療癒我的分裂之心，而且不論在「任何場

合都行得通」。

(7) 今天我們就來練習一個「施與受」的具體個案。我們先把這簡單的一課應用在比較顯著的事件，如此我們便無法漠視它的結果。施就是受。今天我們要試著把平安送給每一個人，看看平安會多快回到我們這兒來。光明就是寧靜，在那平安中，我們會重獲慧眼，看清真相的。

　　只要我們真心藉著現實場景操練今天的功課，等於允許那位神聖導師將我們學來的那一點心得普及世界每一角落。唯有決心**給出**寬恕，我們才可能**領受**到寬恕。現在，我要借用〈正文〉結尾那個動人的意象來作個比擬：我們會看到自己零零星星的寬恕，匯為一首無遠弗屆的大合唱，為整個聖子奧體引進了光明與平安，靜靜地結合於基督內，終於在一體慧見中得到了療癒。（T-31.VIII.11:5）

(8) 我們就按今天的指示這樣開始練習：

　　施與受在真理內是同一回事。

　　此刻我給出什麼，就會得到什麼。

然後，閉起眼睛，花五分鐘的時間想一想自己想要的東西，然後給予每一個人。例如，你可以說：

　　我願帶給每一個人寧靜。

　　我願帶給每一個人平安的心靈。

　　我願溫柔地對待每一個人。

上述的「肯定語」都是出自正念之心的決定，代表了真理之境。耶穌要我們將妄念之心的分裂之念（例如**非此即彼**的法則）帶到這個真理內，唯有自甘放棄「我贏你輸」的世間法則，我才可能回收到我獻給弟兄的寧靜、平安和溫柔；他不只是我在夢境中的弟兄，也是我在真理之境的弟兄。

(9:1~3) **慢慢地說出每一句話，然後暫停片刻，等著領受自己給出的禮物。它會照你所給出的程度回到你這兒來的。你會發現因果不爽，你得的回報正是你所要的。**

我們給出什麼就會回收什麼，這是何等美妙的人生功課！無咎無罪的我們只要甘心獻給弟兄平安和愛，便能享有這份配得的禮物，而我們居然一直在抵制這一真理，真是值得我們好好深省！我們若感受不到這種平安，表示我們沒有給出平安。各位可能還記得〈正文〉這句驚世駭俗之言，上回只引用前一句，這回再追加一句：

> 如果他向你說的話不是出自基督，表示你向他所說的也不是基督之言。你所聽到的，只是自己的聲音；如果基督透過你而發言，你怎麼可能聽不見祂？（T-11.V.18:6~7）

不論別人的小我作何表現，或者我對他作何看法，要知道，它們都**純屬於**自己心靈的一個決定。畢竟而言，我們只會收到自己求來的東西，也只會收到自己給出的禮物，不論給的

是罪咎或寬恕，是分裂或合一，因果絲毫不爽！

(9:4) 你也可以想出一個對象，獻上你的禮物，這對你一樣有益。

　　耶穌要我們想出一個生活中的具體對象，在心中默默操練這一課。唯有透過具體的運用，我們的功夫終會行之四海而無往不利。

(9:5) 他代表著其他的人，而你透過他給予了所有的人。

　　我們若想把這個訊息帶給世人，必須從自己的人際關係下手。我們無需對外做什麼，因為沒有「外面」這一回事。所有的學習都發生在自己心內，而耶穌自會接手的。他的愛有如一股清流，從我們心內傳給**所有的**心靈，洗去小我的種種投射，所有的排外及特殊性都會在我們的寬恕之光中悄悄隱退的。

(10:1~2) 今天這簡單的一課會教給你很多的東西。從此以後，你會更加明白因果的道理，我們的進步會更加神速。

　　如果我們仍然相信小我才是正確的老師，比聖靈還高明，那麼，痛苦、悲哀和失意必然勢所不免。要知道，我所收到的「**果**」是緊隨著我給出的「**因**」而來的，因為我只能給出自己想要學的東西（若非小我的分裂，就是聖靈的救贖）。當我們不再質疑或抗拒，全心接納這一事實時，返鄉的路上必會健步如飛的。

(10:3) **不妨把今天的練習當作你學習的加速器；每當你說「施與受在真理內是同一回事」時，你的進步不只更快，也更有保證。**

　　今天，從早到晚，不論**何時、何事或與何人**互動，只要內心一失去平安，便立即套用今天的觀念。若還把自己和他人視為兩個不同的個體，表示我們依舊信守「施與受是一種交易」這個觀念，同時影射出我們仍然把分裂視為天經地義的自然律。反之，只要持之以恆地把小我的謊言帶到聖靈的真理前，我們不只進步神速，內心的平安也會日益加深的。

第一百零九課

我安息於上主內

　　這一課寫得太美了，我們不妨以冥想的心境來讀，但願我的解說不至於煞風景。請特別留意，每當耶穌提及「安息於上主內」時，總是和世界的動盪不安做一對比。也因此，我們再次看到他所強調的真理和幻相之別。耶穌的安息乃是真正的寧靜，小我的安息卻充滿了血腥，比方說：「我終於可以安心，**因為**我已稱心如意。」或者：「我總算打贏了你，可以在勝利中安息了。」此外，各位大概也已注意到，「我安息於上主內」這句話像極了交響樂的主旋律，一再反覆迴盪於整首樂章之中。

(1) 今天，我們祈求安息，那種寧靜不是世界的種種表相所能撼動的。在衝突迭起且動盪不安的夢境裡，我們祈求平安與寂靜。縱然現於眼前的盡是危險與哀傷，我們祈求安全及幸福。我們擁有的這一念足以答覆自己的一切需求。

　　請看，耶穌可沒說，我們需要遁隱山林才能安息於上主內。他要我們在衝突迭起的現實世界，或是充滿哀傷及危機的夢境中操練今天的功課，目的就是要訓練我們在**風雨飄搖**之境仍能安心自在。要知道，人間的問題是清理不完的，這一點我敢打包票，因為罪咎永遠陰魂不散，故問題永遠層出不窮。所幸，只要選擇寬恕，化解了心內的問題，反映在世上的問題便隨之消失了蹤影，最後只剩下平安、寂靜、安全、幸福，這就是安息。故安息乃是我們釋放了揪心的罪咎之後，自然出現的美滿結局而已。

(2:1~4)**「我安息於上主內。」這一念會帶來你所渴求的安息與寧靜、平安與寂靜、安全與幸福。「我安息於上主內。」這一念足以喚醒沉睡於你內的真理，你的慧眼能看透一切表相，直抵那藏身於芸芸眾生以及紛紜萬象之下的同一真相。**

　　我們得從有形的事物開始操練，例如你我判若兩人而且各有不同的企圖，但只要向耶穌求助，他便會教導我們如何看穿表面的差異而目睹真相，亦即以「共同福祉」的慧見取代自己的分別判斷。如此，我們才算張開了眼睛，由分裂夢境甦醒。

(2:5) **整個世界的痛苦到此結束；每個曾來過此世或將會來此一遭的人，其痛苦亦就此告終。**

　　除非我們明白過去、現在和未來其實是同一回事，並且知道神聖一刻並不屬於線性時間，否則，上面這句話根本就說不

通。或者說，正因如此，耶穌絲毫不提我們該在世間做什麼大事或行什麼神通，來化解過去、釋放未來。他的焦點永遠放在那超乎時間的真愛。

(2:6) 上主之子將在這一念中重獲新生，認出自己的真相。

　　請注意，《奇蹟課程》的「**重生**」和基督教常說的「重生」，意義大不相同。「重生」，其實就是「重新選擇」。曾幾何時，我們以為小我會賞賜我們生命，因而選擇了小我，結果我們得到的卻是死亡。為此，當我們選擇「死於小我」時，這一決定便無異於重生，表示我們經由耶穌的開導，終於明白了小我絕不是創造我們生命的主宰，如此，我們就重生了，重生為上主的唯一聖子。

(3)「我安息於上主內。」這一念會鍥而不捨地帶你通過風暴及考驗，越過苦難及傷痛，超越失落與死亡，邁向上主的千古不易之境。沒有一種痛苦是它無法治癒的。沒有一個問題是它無法解決的。只要你安息於上主內，整個表相世界都會在你眼前轉為真相。

　　今天的觀念照例要我們如實操練，它要我們和耶穌一起面對每天的風暴、考驗、苦難、失落與死亡。只要轉換了眼光，便知道世間沒有一物影響得了心內的愛與平安。這正是《奇蹟課程》的要旨，耶穌才奉勸我們好好研讀他的教誨並且套用在實際生活上，像他一樣成為人間的光明燈塔，呼喚所有的心靈

進入安息之境。

(4:1~2) 今天是平安的日子。你安息於上主內，即使仇恨的怒火撕裂了世界，你的安息絲毫不受侵擾。

當然，這幾句話並不是說，我們再也看不到世間的仇恨了；而是說，它們再也侵擾不到內心的平安了。世界原本是從恨中滋生的，必然充滿了仇恨，愛在這兒豈有立足之地？愛只可能存於天堂，也就是我們由小我夢境覺醒的那一刻。然而，在世上，仍有必要寬恕所有的恩怨，只要我們不認為它是衝著自己來的，不讓它左右了自己的心境即可。若要獲得這種慧見，自己的心靈得先安息於愛的基礎上，因為愛的力量遠遠勝過小我之恨。

(4:3~5) 你是安息在真理之內。表相世界再也侵犯不到你。你呼喚所有的人前來加入你的安息，他們都會應你的邀請而來，因為你已安息於上主內。

事實上，你不會向外呼喚任何人，外面也沒有人會與你相呼應的。縱然他們也可能映現眼前，其實他們始終存在你心裡，因為你的心已經和所有心靈結合了，他們自然得享你的平安和安息。

(4:6~5:1) 除了你的聲音以外，他們再也不聽其他聲音了，因為你已將自己的聲音獻給了上主；如今你安息於祂內，讓祂透過你而發言。

在祂內，你再也沒有牽掛、負擔、焦慮、痛苦、對未來的恐懼及對過去的遺恨。

　　耶穌這番話暗示了一個事實，「安息於上主內」並不會奪走我們的個人特質，因為他一點也不想驚嚇我們。在目前這一學習階段，我們還需要定心丸，知道自己正安息於上主內，同時仍會保有某種自我感，只是不再深受其苦而已。可還記得，聖靈也說過祂不會奪走我們的特殊關係，包括有血有肉的我自己。祂只會借用特殊關係作為媒介，將原本充滿痛苦與罪咎的關係，轉化為寬恕與喜悅的管道。下面這一段引言為我們解說了這個過程：

> 聖靈的智慧一向非常務實，祂會接受你的夢境，只是把它轉為幫你覺醒的工具而已。而你呢，只會藉著作夢讓自己昏睡下去。我先前說過，在夢境徹底消失以前，第一個轉變的徵兆即是你的恐怖靈夢變成了幸福美夢。這是聖靈藉你的特殊關係所發揮的大用。祂無意摧毀你的關係，也不會將它由你身邊奪走。祂只會轉變它的用途，幫你看清，只有祂的目的才是真的。你還能繼續保持自己的特殊關係，只是這些關係不再是你的痛苦與罪咎之因，而成了喜悅與自由之源。這關係不是單獨為你而設的，因為「單獨」正是滋生痛苦的溫床。特殊關係的「不神聖本質」只會造成彼此的隔閡，唯有神聖本質才會帶給每個人禮物。（T-18.II.6）

我們只需踏出「這一小步」（W-193.13:7），這一小步便會緩緩將我們從痛苦導向平安，從無常的時空領向永恆的一瞬，最終必會永遠安息於上主內。

(5:2~3) **你安息於無窮盡的永恆內，時間由你身邊滑過，無法動你分毫，因為你的安息已超越了無常的時空。今天你安息了。**

在此，耶穌為我們描述了一種正面的「分裂」經驗。我們雖在人間活得和所有人一樣，但心內有一處已能全然意識到耶穌的愛。不論身體看來多麼忙碌，或世界多麼紛擾不安，也奪不走我們內在的平安。由此可知，我們存心遠離的並不是這個世界，而是小我的思想體系。在〈正文〉第十八章「我什麼都不需要做」那一節的最後，耶穌言簡意賅地為我們道出這種「分裂」心境——即使我們的身體好似忙得不可開交，內心卻始終如如不動：

> 所幸，你永遠有這一席安息之地可以回歸。而且你對這暴風眼之寂靜核心的敏覺度，遠遠超過了在它四周肆虐的風暴。你什麼都不需要做，這寂靜的核心始終與你同在，讓你每天在為聖靈服務的忙碌行程中仍然得享安息。因為這一核心會指點你如何以無罪的心態發揮身體之用。（T-18.VII.8:1~4）

這正是《奇蹟課程》這部靈修法門的獨到之處，一方面教我們認出世界的虛幻本質，一方面又鼓勵我們在虛幻世界中成

為平安的化身。

(5:4~5) **閉上你的眼睛，沉浸在寧靜中。這休養生息的片刻，再度向你的心靈保證：所有瘋狂的幻覺與噩夢都成了過眼雲煙。**

　　大家很可能不會注意到這一段原文所用的「頭韻字」：sink 和 stillness；rest，respite 和 reassure；frantic，fantasies 及 fever。英文素養高的讀者讀出頭韻時都不免會心一笑。在內涵的層次，耶穌並不要我們否認自己心裡的瘋狂幻覺，只要我們明白它們絲毫影響不了自己的生命真相就夠了。那些瘋狂夢境一旦得不到我們的信任和支持，就猶如過眼雲煙而一逝不返。

(5:6~8) **讓它沉靜下來，以感恩之心接受治癒吧！如今你已安息於上主內了，不再受噩夢的騷擾。今天，抽個時間溜出你的夢境，安享你的平安吧！**

　　短短幾句話，再度重申了世上沒有一物左右得了我們這一事實。儘管我們仍會頻頻陷於「噩夢」，但只要意識到它們和真實的自己沒有太大的牽連，輕輕地撥開就成了。讓我們再回到第一百零七課引用過海倫的那首詩〈寧靜中甦醒〉，繼續往下讀，就會看到這些鼓舞人心的話語：

> 基督在心房躍動，
> 在祂為自己親選的家中。
> 祂的慧見一落在你的眼簾，

你目睹了祂的面容。

那幾可亂真的幻覺，終將遺忘，

一切復歸寂靜。

——《天恩詩集／暫譯》P.73

這種寂靜要等到「噩夢」告終才可能重現於心靈，成為我們休養生息的家園。

(6) 今天，在每小時一次的安息中，疲倦的心靈會瞬間受到鼓舞，有如折翼的鳥兒開始展翅歌唱，乾涸的溪流再度湧出清泉。你每安息一次，世界就重生一次；只要你每一小時記起自己是為了把平安帶給世界而來到人間的，整個世界便會與你一起獲享安息。

不消說，耶穌在此說的並非展翅的鳥兒或溪流清泉，他只是借用這些意象來象徵正念之心的境界而已。即使我們住在乾旱的荒漠，終日不見鳥兒的蹤跡，仍能感受到上主的平安。這些美麗的畫面，不過反襯出心靈**選擇**重生之後必然經歷的喜悅、平安與寧靜。既然基督是一個完整的生命，重生之後也只可能是一個。換句話說，那首「遺忘的歌曲」只有一個音符。

(7) 今天你每安息五分鐘，世界便更接近它的覺醒時辰了。那純粹而無雜念的安息之刻，也離所有筋疲力盡、再也無力孤軍奮鬥的心靈不遠了。他們開始聽到鳥兒的歌唱，看見清泉再度湧出，燃起希望之火；他們會重振精神，踏著輕快的腳步出發，此去一帆風順。

　　這一課寫得美極了，很適合靜靜地唸給自己聽。在唸誦時，不妨這樣提醒自己：如果不讓自己的痛苦哀傷融入話中的深意，它至多僅止於一首美麗的詩篇，只會讓人感動十五秒；但一闔上書本，馬上就會落回原先的恐懼不安。反之，倘若能將自己的煩惱帶進課文的美麗意境，即使每小時只有五分鐘，那一慧見便足以陪伴你走完這段人生旅程。

(8:1) 今天，你安息於上主的平安內，且由此邀請弟兄和你一起進入他們的安息。

　　這個邀請並不是透過語言文字，而是憑著我們單純的臨在，便足以感召弟兄欣然作出與我們同樣的決定。愛必會吸引愛，因為這正是愛的本質。

(8:2) 今天，你會忠於我們之託，不遺忘任何一人，將每一個人都帶入你那無邊無際的平安之環內，那就是你安息的聖所。

　　這裡出現了宗教的字眼「聖所」，指涉出這種心境的神聖性。這個神聖性顯然不是憑靠任何外在形式，而純粹是奠基於始終臨在心靈內的上主之愛。這個安息聖所只可能出現於已然寬恕的關係中，它之所以如此神聖，只因我們終於決心只著眼於弟兄及自己的神聖本質了。

　　想像一下你是何等的神聖！上主的天音必須經由你而向弟兄發出慈愛的召喚，你方能喚醒藏在他內的天音來回應你的呼求。也想像一下他是何等的神聖！你的

救恩正沉睡於他內，與他的自由結合在一起。（T-26. IX.1:1~2）

(8:3) 開啟聖殿的大門吧！讓遠自天涯和近若比鄰的人一塊前來，不論是遙遠的弟兄或親近的密友，邀請他們一起來此與你安息吧！

然而，只要我們心中還存有特殊性之念，上述說法簡直有如天方夜譚。比方說，我偏愛這一夥人，仇視那一夥人；我只願幫這一群人，卻恨不得把另一群人置於死地。我們都記得，耶穌從不在意我們外在表現如何，他在意的是我們能否體驗到那包容整個聖子奧體的大愛。如果我們真心想抓緊耶穌的手一起回家，就得放下自己心目中所愛或所恨之人的手。換句話說，我們必須捨得放下每一個跟特殊性有關的念頭，才能和耶穌同行，因為他要我們「雙手空空」地前來（W-189.7:5）。唯有如此，那一道封鎖至今的遠古之門才可能為你開啟；所有的弟兄一併受到歡迎，我們才能在安息中憶起那美妙仙樂，齊聲歡唱：

結局已定，且有上主親自作保。就在一步之遙，至聖聖所為你開啟了那道遠古之門，領你遺世遠颺，還有誰會繼續歆立於了無生機的幻相之前？

讓我們在此靜靜地等待，屈膝片刻，向那召喚我們且幫我們聽見召喚的「那一位」，表達我們的感恩。然

後我們就起身，滿懷信心地向祂邁進。如今，我們相
當肯定自己並非獨自走在人間的路上。我們有上主
同行，還有與祂同在的所有弟兄。如今，我們知道，
我們再也不會迷路了。歌聲再度揚起，聽來猶如一首
絕響，其實這首天堂之歌不過沉寂了片刻而已。我們
在此開始的一切，會生出更多的生命、力量與希望，
直到世界能夠靜止片刻，忘卻整個罪咎之夢的滄桑。
（C-結語.1:10~11;4）

(9) 今天，你安息於上主的平安內，寧靜安詳，一無所懼。每
個弟兄也會前來安息，且將此安息呈獻給你。我們就一起安息
於此；如此，我們的安息才算圓滿；而我們今天必會收到自己
給出的一切。時間控制不了我們今天給出的禮物。我們能獻給
尚未出生的或是已經過世的，也能獻給上主的每個聖念，甚至
直達天心，它是所有聖念之源以及安息的歸宿。我們每向自己
說一次「我安息於上主內」，就等於向他們提醒一次他們的安
息之處。

　　這安息之地原本屬於心靈的一部分，也是上主的永恆聖念
安止之處，上主之子的唯一性繫乎於此。故當我們對弟兄說出
天堂之愛時，必會同時聽到向我們訴說天堂之愛的上主天音；
就在這超乎時間的神聖一刻，我們進入了安息。最後，讓我引
用〈寧靜中甦醒〉的美妙尾聲為今天這麼優美的一課作結：

此刻，上主之子前來與你相會，

他光明的手正搭在你肩上。

寂靜無聲的天音，傳述不盡天堂的故事，

你聽到的只有一個訊息：

即身居天堂的上主

殷殷呼喚祂的愛子，

從祂的心裡甦醒。

——《天恩詩集／暫譯》P.73

第一百一十課

我仍是上主所創造的我

　　此刻，我們再度看到了《奇蹟課程》這句名言，它首度出現於第九十四課，還會在第一百六十二課重現，最後在複習六中，竟連續出現二十次。顯然的，耶穌切望我們牢牢記得自己的生命真相：我們是上主的造化，與祂一體不分；相形之下，活在肉體內的小小生命在真實自性之前顯得如此不堪入目。

(1:1~3) **我們要隨時複誦今天的觀念。你若真的相信這一句話，它便足以拯救你和整個世界。這個真理告訴你：你對自己所作的任何改變均虛幻不實，你既改變不了宇宙，也不曾以恐懼、邪惡、痛苦與死亡取代上主的造化。**

　　整段的引言，字字珠璣，所言不虛。問題是，我們堅信自己已經改造了生命實相，而自己的個體存在更成了這一改造的最佳佐證。所有的罪咎都是由以下這種信念衍生出來的：為了

掩飾內心的罪咎，我們繼而投射出一個邪惡恐怖的世界，如此才能理直氣壯地說：「我是無辜的，一切都是別人害的！」面對這種神智失常的控訴，救贖只會在我們耳邊輕聲提醒：「上主的想法則恰恰相反。」（T-23.I.2:7）上主的「思維」其實很簡單，就是：「我的聖子永遠是我的聖子，沒有任何事件改變得了這個事實。」

(1:4) 你若仍是上主所創造的你，你的恐懼就毫無道理，邪惡不可能真實，痛苦與死亡亦不存在。

這正是救贖原則所要傳達的上主聖言：「沒有一事一物改變得了生命實相。」為此，罪根本沒有存在的餘地，那麼，由它衍生出來的後遺症，如邪惡、痛苦及死亡等等，自然失去了立足之地；那些夢中幻影只能在夢境裡呼風喚雨；實相則始終如如不動，它的永恆不易之特質唯有透過奇蹟方能展現一二：

> 真相是永恆不易的。奇蹟只是讓你看見，你故意不讓自己意識到真相的那個障礙，既不真實也礙不了大事。……正因真相是永恆不易的，故奇蹟早已在那兒等著療癒無常的萬物，並讓你看到萬物不含一絲恐懼的幸福形相。（T-30.VIII.4:1~2; 5:1）

(2:1) 因此，今天的觀念足以讓你的心靈得到全面的修正及治癒，它會給你完美的慧見，治癒每一個心靈在任何時空所犯的任何錯誤。

今天的觀念之所以有如此的威力，只因所有的心靈只是一個心靈。請記住，時間與空間只可能存在於心靈的分裂一念，一旦與超時空的救贖聖念照面，當下便瓦解了，只因救贖之念反映了永恆一體的實相境界。

(2:2~3) 它足以治癒過去，釋放未來。它足以讓你接受當下的真相。

神聖一刻沒有過去，也沒有（小我的）現在及未來；唯有這神聖一刻能帶領我們進入永恆之境。而上主之子得先寬恕才能享有心靈的平安；唯有在此平安中，我們才能體驗到映現於人間的天堂之愛。

(2:4) 它還能把時間轉為一種工具，讓世人得以擺脫時間的控制，以及因時間的流逝而呈現的無常之相。

小我打造時間的目的，無非就是想要證明「罪咎懼真的存在」。在此，耶穌這位新老師卻賦予時間另一個目的，教我們看穿小我罪咎懼的虛幻本質，因此才說：「幻境中只有一種改變是有意義的，就是改換老師。」〈詞彙解析〉中曾有一段類似的說法：

> 在這世界上，只剩下一種自由，就是抉擇的自由，而且始終介乎兩種選擇或兩種聲音之間。（C-1.7:1）

除此之外，任何改變反倒會為幻境撐腰，好像幻境中真有

什麼東西值得我們煞費周章去改變似的。

(3) 你若仍是上主所創造的你，假相世界就無法取代真相，健康也不會轉為疾病，死亡無法取代生命，恐懼也無法取代愛。這一切從未真正發生，只要你仍是上主所創造的你。你只需要這一念，就能讓救恩照亮整個世界，把世界由過去的一切中釋放出來。

　　短短幾句話，便為小我整套思想體系畫下了句點。接受上主的聖言，等於「沿著你先前瘋狂無比的旅程原路折返」（T-18.I.8:3），一併解除了所有的後遺症。那些不可能的事情之所以不曾發生，正因那是不可能發生的事！這一段再次提醒我們，切莫從外面去「照亮世界」，因為世界既不存在，故無需照亮它，更不勞我們去療癒、解放或喚醒。有待我們喚醒的，唯獨是自己的**心靈**；心靈一旦醒來，世界便療癒了，人間所有苦難隨之煙消雲散。救贖之光便如此驅散了失落、恐懼、疾病及死亡的暗夜。

(4) 就在這一念中，過去的一切徹底瓦解，唯有當下得以存留於此，並悄然延伸到無窮的未來。你若仍是上主所創造的你，你的心與天心便從未分離過，你的心與其他心靈也不曾分裂過；在你心內只有合一。

　　本段可說是為我在前面的解說作了一個最好的總結：不再選擇小我的「罪咎懼」思想體系，就等於選擇了神聖一刻，時

間以及分裂之境也在這一刻徹底瓦解，我們終於憶起心靈的一體真相，且與基督的一體生命相互輝映。

(5:1~2) 今天的觀念具有無限的治癒能力。它是一切奇蹟的溫床，也是使世界再度意識到真理的偉大復興力量。

奇蹟之所以化解得了小我的思想體系，純粹是憑靠著救贖原則的修正大能，一直在昏睡的心靈耳邊訴說：「你從未失落自己的終極身分，你在夢中不論經歷了什麼，都改變不了你的真相，你始終都是上主所創造的你。」

(5:3~6) 懷著感恩的心來練習今天這一念吧！這是讓你重獲自由的真理。這是上主許諾給你的真理。人間一切的苦難就在這聖言下告終了。

總之，想要修正小我的謊言，擺脫小我的暴虐統治，我們只能仰賴真理本身的力量，唯有它能一筆勾銷所有的罪咎、怨恨和人間種種苦難。聖靈所傳授的，和小我過去所教給我們的截然相反，在祂的指點下，世界成了我們的教室。下面這段引言揭示了人際關係的真正意義，只要我們願意接受，所有藏身於黑暗夢境的人，都會因著我們的選擇而同霑福祉：

> 小我按照自己的認知方式營造它的世界，聖靈則知道如何重新詮釋小我妄造的一切，世界在祂眼中，都成了領你回家的教學工具。……真理不是你造出來的，它卻有釋放你的能力。試著以聖靈的眼光去看，從祂

的角度去了解吧！……祂是你救恩的嚮導，因為祂不只掌握著你過去與未來的一切記憶，還會將它們帶回當下這一刻。祂在你心中溫柔地為你守住這份喜悅；祂對你只有一個要求，就是因祂之名去與人分享，使它不斷增長，你內心這份靈性喜悅也會隨之源源不絕。（T-5.III.11:1,5~6,9~10）

如此，弟兄也共霑我們的感恩心情，終於能和我們一起歡迎真相進入我們的心靈了。

(6~7) 在每次五分鐘的練習裡，請用〈正文〉裡的這些話作為開始：

我仍是上主所創造的我。祂的聖子是不可能受苦的。
我就是祂的聖子。

然後，懷著堅定的信心，進入心內，找出那一自性，也就是上主的神聖之子。

本課沿著前面幾課的主旨，不斷將我們領回「我們是基督自性，上主的唯一聖子」這個真實身分。我們從未失落這個記憶，它只是被埋藏在層層幻相底下，只因我們太害怕自己的真相了。如今，目睹自己竟然因為種種錯誤選擇而吃盡了苦頭，終於準備回心轉意，放下舊有的知見，而憶起上主所創造的自己了——我們仍是那唯一真神的神聖之子。

(8) 向自己心內去尋找祂吧！祂就是活在你內的基督、上主之子、世界的兄長；這個救世主已經永遠得救了，祂有能力拯救任何有心接觸祂的人，不論這接觸多麼輕微，只要這人肯向聖言請教而且能夠接受自己與祂親如手足的真相。

　　只要我們真心**尋找**真相，祂保證我們必會**找到**的；只要我們接受救恩，祂保證我們必會痊癒的；而且，凡是與我們作出同一選擇的人，也必會共霑此恩的。我們其實早已療癒，但若要得到這一真理的祝福，就必須斷然拒絕小我的虛妄說詞才行。如果在自己和弟兄身上，我們真的只願著眼於內在的基督，我們只可能聽到上主的聖言，也唯有祂的聖言修正得了虛妄的自我概念；否則，我們不可能不被小我誤導，繼續聽信分裂之我那套說詞的。

(9:1~2) 你仍是上主所創造的你。今天應向你的自性致敬。

　　所謂「向你的自性致敬」，可不是告訴自己「我們多麼了不起」，而是向自己的小我說「不」。下一句講得更清楚：

(9:3) 不再崇拜你以前造來取代上主之子真相的陰森魅影。

　　若要憶起自己的真實身分，得先放下那些「陰森魅影」，也就是我們存心取代基督自性的自我偶像。《奇蹟課程》獨樹一格的寬恕秘訣，就是教導我們看透自我形象的虛妄，如此，我們才可能放得下它；這一過程本身**就是**寬恕。難怪耶穌會不斷對我們耳提面命：

你在人間的功課並不是尋求愛，而是找出你為了抵制
愛而在心內打造出來的所有障礙。凡是真實之物都
不用你去找，只有虛幻不實之物才有待尋覓。（T-16.
IV.6:1~2）

下面這段引言說得更具體，我們需要先與自己依附的虛幻
神明一刀兩斷才行，它們全是小我為了餵養我們的特殊偶像
（也就是我們早已認同的「陰森魅影」）而形成的自我形象：

你的自我形象可能面目可憎，這一怪異形象還可能讓
你做出極具毀滅性的事。然而，那毀滅性並不會比那
個形象本身真實到哪裏去，不論製造這偶像的人膜
拜得多麼虔誠。……你還意識不到，你對那些神明是
多麼言聽計從，你是多麼小心戒慎地守護著他們。他
們是因著你的重視而存活的。你得把尊重用對地方，
才可能活得平安。那是你真正的「父親」所賜你的產
業。（T-10.III.1:6~7; 10:4~7）

(9:4~10:1) 神聖的基督就在你心靈深處，等候著你認出「原來
祂就是你」。你若認不出祂的臨在且對祂一無所知的話，你便
迷失了，也認不出自己的真相的。

今天，就去把祂找出來吧！

問題就卡在我們並不真想把上主找回來，因為我們根本不
想找到祂，才會拚命地保住那個已被自己扭曲得不成形的基督

自性。這一課的主旨，其實也是整部課程的宗旨，就是教我們
看清與自性分離的失落之苦。而唯有甘心放下對他人和對自己
的怨尤，才表示我們真正承認了自己的真實身分。就這樣，心
靈被寬恕了，基督的記憶開始浮現，我們終於被尋獲了：

> 於是，我們便會一起消失於隱身在面紗之後的神聖
> 「臨在」中；這不是迷失，而是被尋獲；不是被看
> 見，而是被了知。了知上主救恩計畫中的一切必會圓
> 滿完成。（T-19.IV.四.19:1~2）

**(10:2~3) 祂是將你由一切偶像中拯救出來的救世主。你一旦找
到了祂，才會了解你的那些偶像是多麼微不足道，你所認定的
自我形象是多麼的錯誤。**

　　這等於在呼籲我們承認自己犯了錯誤，要我們和耶穌一起
昇至小我的衝突與死亡戰場之上，那兒，才是真正屬於我們的
地方。當我們和耶穌一起俯視妄念思想體系下的陰森魅影，一
切頓時改觀了。我們心中了了分明，這個世界對真實的自己沒
有任何影響，過去那些因為能夠保全特殊性而深受我們重視的
魅影，也逐漸失去了舊有的光環，餘留下來的，唯獨上主的真
實肖像──神聖自性。

**(10:4) 今天，放下這些偶像，向上主展開雙手及心靈，我們就
已朝著真理邁進了一大步。**

　　「向上主展開雙手及心靈」，意味著我們終於甘心捨棄小

我企圖取代上主的那些偶像了。因此，我們應該把焦點放在自己害怕失去個人價值的潛藏心態，以及自己所珍惜的「特殊性」思想體系。縱然小我早已封死了心靈邁向真理的入口，如今，我們知道了如何重新開啟，歡欣鼓舞地迎向自性。基督必會翩然來臨而取代小我，它的偶像也會悄然引退，讓上主君臨天下。

(11:1) 我們要懷著感恩之心及慈愛之念對待今天所遇到的每一個人，如此我們方能憶起祂來。

　　若想懷著感恩之心及慈愛之念對待他人，首先必須意識到那個**不知感恩**的自己。我已說過，想要尋回真相，必須先解除幻相才行，故切莫把這幾句話當作肯定語或咒語來掩飾自己的特殊性。這段引文描述的心態，只是反映出真理之境而已，我們要先把自己心裡見不得人的幻覺帶到真理前才行。為此，我們得對小我的所知所見非常警覺，才可能誠實地轉向始終存在心內的真理求助。

(11:2~6) 這是憶起祂的唯一之道。為了憶起祂的聖子、我們的神聖自性，也就是在我們每一個人內的基督，我們應這樣說：

**　　我仍是上主所創造的我。**

願我們今天盡量不斷地宣揚這一真理。這是使你重獲自由的上主聖言。

我們再度看到這兒借用了《聖經》的名言：「真理必會讓你重獲自由。」（〈約翰福音〉8:32）。但請記住，真正令我們自由的是「接受救贖原則」，而不是靠上主、耶穌，或《奇蹟課程》。唯有先拒絕小我，才可能接收到上主聖言；而聖言具有釋放我們的能力，令我們憶起自己的本來真相——「我仍是上主所創造的我」。

(11:7) 這是為你開啟天堂之門的鑰匙，它將領你進入上主的平安及永恆之境。

是的，只有寬恕足以溫柔地開啟冰封在罪咎與怨尤中的心靈。我們需要學習信賴那代上主發言的聖靈：「救贖會讓我們重獲自由。」在這過程中，我們得向耶穌求援，他始終都在等待著我們伸出自己的雙手。但我們還得心甘情願和耶穌一起握住弟兄的手，天堂之門才會悄然開啟，我們便安返家中，回到「上主願我們永在之處」（T-31.VIII.12:8）。最後，讓我們一起來朗讀〈詞彙解析〉「結語」末尾那段發人深省的文字，用詩篇的真理意境，來為本課以及這幾課的一貫要旨作結。這段描述恰如其份地為我們呈現出美如詩篇的生命真理：

> 讓我們一起走出去，迎向新生的世界，深知基督已在世間重生了，而這重生的神聖生命將亙古常存。我們一度迷失過，但祂已將我們覓回。讓我們一起迎接祂回到我們這兒來，慶祝救恩的來臨，也慶祝我們自以為打造出來的那個世界終於結束了。在這嶄新的一

天，曉明之星照在煥然一新的世界上，它向上主伸出歡迎的手，聖子終於與祂團圓了。祂感謝我們使祂重歸圓滿，我們對祂也懷著同樣的感謝。上主之子進入了寂靜，懷著天賜的安寧，步入自己的家門；他的心，終於平安了。（C-結語.5）

複習三

導　言

　　我們已經看到，每一個複習的「導言」通常都會提供相當重要的訊息，複習三也不例外。除了提醒我們複習時力求儆醒以外，更重要的，幾乎每一課都再三叮嚀：「若不在生活中具體實踐，這些練習就形同虛設。」等到我們進入導言的內容時，更能體會出這個觀念在耶穌心目中何等重要。他要我們在二六時中隨時應用，尤其是煩惱生起之際——只要我們夠儆覺，便會發現煩惱是層出不窮的。為此，落實當天的觀念，盡量發揮它的效用，乃是練習的關鍵。以「世界是個幻相」這一句為例，它意味著外面沒有一事一物剝奪得了心靈的平安，如果我們意識不到這一點，這個觀念便毫無意義了。這正是耶穌要我們隨時隨地活出這些觀念的深意，也因此，這篇導言才不厭其煩地叮嚀我們務必如實操練。

(1) 今天我們開始第三個複習。日後連續十天的練習中，每天

都會溫習最近學到的其中兩課。這些複習採用一種特定的形式，請你盡量按照此形式練習。

　　耶穌絕非一位嚴厲的法官，好似高居天堂，手持功德簿，詳細記錄我們一天到底忘了幾次練習。他只是苦口婆心地勸勉我們內心的抉擇者，用心投入當天的功課，扭轉它老是選擇小我而背棄聖靈的習性，以及老是選擇特殊性和個體價值的傾向，如此，我們才有返回天鄉的可能。耶穌這番鼓勵純粹是為我們的幸福著想，而非說這些複習本身有多麼神聖的緣故。他一再反反覆覆說的，不外乎：「我們若一意孤行，必然自食苦果；若能接受他的指引，便能離苦得樂。」故我們只需承認自己全搞錯了、耶穌那一套才是對的，日子便會好過多了。無可否認，他的剴切之言，始終都是對的。

(2:1~2) 當然，我們也了解你也許無法做到我們在此建議的理想形式：每天及每小時定時練習。你若因環境不許可而錯過一個預定的練習，並無礙於你的學習。

　　顯然，耶穌既不是那麼天真，也不會過於嚴厲。他知道現實生活中，難免有情非得已的時候，以致我們真的難以抽身去定時複習當天的功課。比如說，碰到火災、溺水、車禍這類意外事件，我們就得當即應付眼前的緊急狀況，而不是先花五分鐘、閉上眼睛來反省當天的課題。但我們馬上就會看到，耶穌同時婉言提醒我們，要誠實分辨一下自己錯過練習的理由，哪些是合理的、哪些是不合理的。如果因為害怕當天的觀念而故

意忘記，就屬於不合理那一類了。

更重要的是，我們應效法耶穌看待此事的溫柔心態。他給我們的功課是不帶一絲懲罰性的，他只要我們留意一下，每當恐懼冒起時，就表示這些功課已經威脅到自己的特殊性了。正因擔心害怕，我們才會錯過練習的時辰。可還記得我們在九十五課說過：成功的操練不是靠按時操練的**完美**記錄，而是看我們是否能**完美**地覺察到自己正在面臨罪咎的試探。接下來，很快就會談到這一點了。

(2:3~4) 你也無需勉強湊合練習的次數。我們無意讓你的練習流於儀式化，這樣反而有礙我們完成目標。

　　許多年前，我曾經為一個隱修院服務，修道院最重要的時段就是每天的定時祈禱，修女若錯過一次祈禱，睡前就一定要補上。這可說是把祈禱的**形式**和「定時憶起上主」的**內涵**混為一談的最佳寫照，而上面這段課文指的正是這種心態。耶穌在此告訴我們，練習的宗旨不是為了記住每個練習的時辰，而是要覺察內心的隱衷，誠實反觀自己是否為了保護那寧可失心而藏在身體內的小我，才刻意忘記練習的。故「記得操練」的**形式**並非重點，關鍵在於「我們是否真想記住」這個**內涵**。為此，耶穌一點也不希望我們的練習流於儀式化。許多奇蹟學員借用鬧鈴，設定每小時或半小時來提醒自己練習。老實說，借用外物提醒，反倒抹殺了〈練習手冊〉要鍛鍊我們心志的初衷。它原本是要幫助我們意識到自己心裡其實一直都在抵制這

種練習的。缺少了這份的自知之明，我們是不會痛下決心深入這些課文真正要傳授的重點。

(3:1~3) 但你若是因為不想投入規定的時間而錯過練習，那就會造成學習障礙。不要在這事上欺騙自己吧！不情願的心理很可能狡猾地隱藏於身不由己的外境之下。

耶穌不僅為我們釐清了哪些是真正無法掌控的因素、哪些不是，並且要我們在研讀這部課程及每日操練之際，對潛藏的抵制心態保持警覺。我說過，耶穌絕無責怪或懲戒之意，也不會記錄我們的練習進度。他只想鍛鍊我們的心志，盡量與他同心同念，而不再與小我沆瀣一氣。唯有如此，我們才可能學會活出他每一課的教誨。

我也說過，操練〈練習手冊〉絕不能只是照本宣科，想要得其三昧，反而是在忘記操練之際同時懂得寬恕自己。忘記操練，其實只是我們當初決定遺忘上主的那一念倒映在人間的一道陰影而已。過去的經歷以及此刻發生的一切，都是在重演當初決心忘卻上主聖愛的那一刻；在那不幸的一刻，我們為自己選擇了一個分裂且特殊的存在，放棄了上主的一體聖愛。

> 每一天，每一時，每一分，甚至每一秒，你都在十字架與復活、小我與聖靈之間作選擇。小我代表你已選擇了罪咎，聖靈則代表你選擇了無罪。決定之權操之在你。……你不是有罪，就是無罪；你不是受

縛，便是自由；你若非不幸，必是幸福之人。（T-14.
III.4:1~3,6）

意思是說，今天，每當我們選擇攻擊而不肯寬恕，寧可內
疚也不願相信清白無罪，就在這一刻，還能夠警覺自己正在重
演那個原始錯誤，這樣，就已經是最好的操練了。

為此之故，我們需要誠實面對自己多麼容易忘掉當天的練
習這一事實，而且心知肚明，這種遺忘不是因為自己的失憶症
或身體老化，抑或繁忙而緊張的工作；大多數時候，純粹是
因為自己想要忘記。可別忘了，這部課程強調的是「動機」！
我們之所以寧可忘記，只因記得上主就等於忘卻小我。耶穌在
此提醒我們，不必因為忘記而感到愧疚，但應誠實面對這個事
實，並且承認自己是因為害怕而故意遺忘的，這樣就夠了。因
為即使面對緊急事故而需要全神貫注之際，我們仍然可以拿出
幾秒鐘的時間，提醒自己以另一種眼光來看待眼前這件事的。
故耶穌要我們自行分辨哪些理由是客觀而合理的、哪些只是藉
口而已：

**(3:4) 你應設法分辨什麼是環境不許可，什麼是你有意掩飾自
己不情願的煙幕彈。**

耶穌拜託我們隨時警覺於自己的狡猾。《聖經》就用狡猾
的蛇來影射魔鬼，這魔鬼其實就是小我的投射，而狡猾正是小
我的看家本領。故看破小我東躲西藏的高明手法，乃是修行的

關鍵，只因《奇蹟課程》所給我們的平安直接「威脅」到小我的存活，令人難以消受，故我們必會設法迴避的。

(4:1) 當你回心轉意之後，應該立刻補上錯過的練習，不論當初是為了什麼緣故而錯過的。

　　耶穌再次釐清我們錯過練習的理由，究竟是基於難以掌控的外在因素，還是單純忘記了。若是忘了，一察覺之後即刻補上錯過的練習便成了。換句話說，如果課文規定每小時操練一次，但我們遲了十五分鐘才意識到這一回事，就該立即補上。這樣做，並不是為了充數來取悅耶穌，而是在鍛鍊自己的心志，加深這一意識：「隨時憶起上主以及這些練習，是我的最大福祉，因為它們能修正小我所有的妄念，終結我的痛苦；而既然這些練習對我那麼有益，我自己當然想要做了。」如此，我們才會心甘情願地面對自己不想記得練習的內在抵制。

(4:2) 你之所以不願按部就班地做這救恩的功課，只因它與你所珍惜的其他目標背道而馳。

　　我們更「珍惜的其他目標」，指的就是特殊性。耶穌再次要我們看清自己所珍惜那些無謂的目標遠甚於上主。因為我們的種種判斷全都為了證明自己是對的，才聽不進耶穌的提醒，更不願承認自己錯了。

(4:3~6) 只要你不再重視那些目標，這些練習便能取代你獻給它們的一串懺禱。它們對你一無用處。這些練習才能滿全你的

所需。現在就接納它們的贈禮而活在平安中吧。

我們得先清楚意識到，自己對小我（也就是自己最珍惜的特殊性）的祈願和一刻不停的禱詞，才可能將那毫不神聖的價值帶到最神聖且最有價值的寬恕內。這就是「將幻相帶入真相」的道理。我們若渾然不覺自己正在用什麼贗品來取代真相，便不可能知道該拿什麼來替換今天的核心觀念。為此，首要之務仍是必須覺察自己的抵制，也就是小我的念頭、需求以及所珍惜的價值。每一天每一課的觀念只是真理的象徵，目的是要我們把內心很不神聖的幻覺帶到真理內，而且不能懷有一絲一毫的判斷及自責。我們最終會明白，這些幻覺不曾帶來任何幸福，故它們再也吸引不了我們了。

(5) 複習的形式如下：每天騰出兩次五分鐘的時間，你若願意，也可以投入更長的時間，反省一下當天指定的觀念。先複誦一遍這些觀念及後面的解說。然後思考一下，同時用心地把這些觀念與你的需要、你彷彿遭到的困難及焦慮聯想在一起。

最後一句可說是「導言」的核心要旨，也是貫穿全文的核心觀念：我們應該把自己的需要、焦慮或困難帶到當天這一課所代表的真理前。只要我們如此用心操練，不論投入多少時間，都綽綽有餘了。

(6:1~5) 請把這些觀念置於心中，讓它自由地隨機運作。信任它會明智地發揮大用，因為賜你這些想法的那一位會幫助它

作決定的。除了自己心內的那一位，還有誰值得你信任？複習時，請相信聖靈所選用的這些方法是不可能失敗的。你心靈的智慧必會助你一臂之力。

　　這一段講的其實就是正念的智慧，正念乃是聖靈安止之處。這個智慧，一言以蔽之，便是徹底了悟「我絕不是為了我所認定的理由而煩惱」（W-5）。真正令我們不安的，正是自己對真理的抵制，而不是投射在外的人、事、物。故看透問題的真相，成了具體活出聖靈的智慧不可或缺的因素。

(6:6) 開始時先定好方針，然後退到寧靜的信心中，讓心靈自由發揮你給它的想法，這些念頭本來就是給你的心靈使用的。

　　再提醒一次，這些奇蹟理念可不是供我們冥想的，而是要我們在憤怒、焦慮、內疚或消沉之際，具體發揮其用。前文已解釋了，最貼切而有效的練習方式，就是把自己的不滿、失落或焦慮等等虛妄情緒帶到當天觀念所象徵的真理前，如此，方有療癒的功效。

(7) 上天以最完美的信任將這些念頭交託給你，相信你會善加利用，相信你能體會出話中深意，並且運用在自己身上。以同樣的信任、自信與信心將它們獻給你的心靈吧！它不會失敗的。它是聖靈為你選擇的救恩途徑。這方法既蒙祂的信任，必堪受得起你的信任才對。

　　耶穌在此要求我們，信任他所教導的方法，而且在練習過

程中保持信心。真正有心操練他的課程的學員都知道，我們心內確實有一部分是清明的，一心想要學習本課程中的教誨。這表示抉擇者已經接受了聖靈所給予的覺醒工具，能夠分辨出幻相的「苦果」與真理的「樂因」之差異，而這兩者，其實都存在我們心內。

　　但緊接著，正念之心聽懂了上述的訊息，妄念之心卻開始害怕了。前者堅信自己終會領悟而且活出課文的教誨，而後者必會盡其所能地從中阻撓。由此可知，耶穌這番話無疑正是針對分裂的心靈而說的。他知道我們心中仍有一部分相信有形的世界，而且對人間的問題十分當真；另一部分則已經意識到自己的確該換個新老師了。聖靈就在我們的正念之心內，只有從祂那兒，我們才能學到一套更高明的處理人生困境的方法。幸好，我們承受痛苦的能力十分有限，逼得抉擇者遲早都得撤回它對小我的信賴，而將信心置於那位神聖導師手中。只有祂真心愛著我們，也只有祂傳授的寬恕法門能帶給我們真正的幸福及平安。

(8) 在此特別提醒一下，你若用一天的最初五分鐘以及最後的五分鐘作此複習，效益最大。如果做不到這一點，至少把它們分開，一個放在早上，一個放在睡前一小時之內。

　　耶穌知道我們大概無法按照他的嚴格規定而操練，他要我們明白做不到也無傷大雅。這令我想起二十五年前遇到的一位精進學員，他認同了《奇蹟課程》之後，便決定離開職場，

放棄家庭，退隱到人跡罕至之處。他當初的理由就是：有誰能在家庭責任及職場要求下，每天按照課程規定的形式操練？這真是天大的誤解，這部課程不是讓你躲在沙漠、山頂或任何**與世隔絕**之處操練的，它反而要求你把每天的操練融入日常生活中。你在遇見《奇蹟課程》之前是怎麼過日子的，現在照樣去過，因為你就是需要在那種環境下慢慢領悟：那些令你分神的世俗雜務其實沒有操控你的能力，除非你自甘受它控制。讓我們一起讀一下耶穌針對「改變外境」所說的那一番話：

> 上主的教師需要改變的是他們的心。……上主訓練新
> 教師的課程一概是由改變心態下手的。……有些人幾
> 乎即刻感到有改變環境的必要，這通常屬於特別的案
> 例。絕大部分的教師所接受的訓練都是逐步推進的，
> 直到過去的錯誤一一修正過來為止。（M-9.1:1,4,6~7）

　　請記得，如果有任何世間俗務讓你想不起上主或耶穌的存在，那不是世界的錯，而是你本來就不想憶起祂們或天堂平安的。再提醒一次，〈練習手冊〉的心念培訓課程，目的是讓我們意識到自己的抵制心態，看清自己多麼想要保護小我的分裂體系。我們若能看清自己多快就諉罪於外境，為作了錯誤選擇的自己脫罪，必會讓我們的修持百尺竿頭更進一步的。

(9:1~2) 在一天中，持之以恆的練習也同樣重要，甚至更有價值。你傾向於只在指定的時間練習；練習完後，依然故我地去忙其他的事，未能把你所學的套用於日常生活中。

322 學員練習手冊 *行旅 4*

耶穌好似告訴我們：「我知道你的企圖，但別再批評自己了；為了你自己的好處，也別再排斥我和我的訊息了，你若一意孤行，只會讓自己活得更不快樂。」也因此，我們大可不必裝成模範生，一絲不茍地操練每一課。真正忠於奇蹟教誨的學員，是在自己快要生氣時能夠隨時運用當天的觀念，而不是努力做到每半小時或一小時所規定的練習而已。如果我們足夠警覺，不難看到自己的心境總是搖擺不定，因為我們隨時都會感到某些事情侵擾了內心的平安。每當我們忘了把當天的觀念套用在煩心事時，表示自己再度聽信了小我而忘記上主之愛，那麼再寬恕自己一次就成了。如此，才算是忠於每日練習，真正懂得了寬恕的真諦。

(9:3~4) 結果，你會感到後繼無力，使你學到的本事英雄無用武之地。上面建議的方式不過是給你一個機會再度善用它而已。

操練得道地與否，就端看我們具體活用每日觀念的本事了。每日一課所帶來的美果，靠的是實踐，而非優美的文詞或神聖的觀念；唯有每天每時每刻發揮其用，才能讓它們大有用武之地。

(10:1~5) 在這複習中，我們必須特別強調：盡量避免在兩個「長式」練習之間的空檔中荒廢學習。試著每一小時都簡要卻認真地複習當天的兩個觀念。一個放在每個小時之始，另一個放在每小時的中間。每次用不到一分鐘的時間。先複誦一遍當

天的觀念，讓你的心在寧靜與平安中安息片刻。

　　至此，我們必已看出，耶穌多麼期待我們每天每時每刻都把這些觀念套用在生活上。唯有全心全意投入，這套心念培訓課程才可能完成它的目標。

(10:6) 然後回到日常事務上；但盡量把這些念頭留在心中，讓它幫你維繫一天的平安。

　　也就是說，每半小時及每一小時都安靜一下，而且期間也要念念不忘當天的觀念。當我們回到現實生活，忙著應付數不完的責任，內心還是可以守住這些「修正性」思維的。換句話說，我們不是透過大聲誦唸每日的觀念來壓制那些負面的經驗，而應將它們誠實地交託給耶穌。而且心中明明白白，自己的不悅與外在事情無關，純粹是因為內心又選擇了恐懼而把耶穌推走了。由此可知，每日一個觀念不過象徵著耶穌的臨在、他的智慧，以及他對我們的愛罷了。他要我們把內在的不安帶到他的愛前，還要記得：「我不是因為某人說了什麼或做了什麼才不安的，而是每當耶穌一靠近，我就開始害怕了。」若能時時保持這份覺知，每日的練習必會令我們進步神速而完成此生的終極目標。

(11) 你的心思一旦有所動搖，便再溫故知新一下。這些練習的設計，是為了幫你養成習慣，把每天所學的觀念隨時應用到你所做的每一件事上。不要念了一遍以後就擱置一旁。它對你的幫助大到難以衡量。它會在你有待援助的任何時間及地方，以

各種方式來幫你過關。試著把這觀念帶入當天的工作中，使你的工作變得神聖無比，配得上你上主之子的身分，而蒙受上主及你自性的悅納。

這一段十分重要，耶穌說得相當淺白，但意思毫不含糊：這些功課本身固然重要，我們的操練與實踐也一樣重要。他說過，〈練習手冊〉是為期一年的培訓課程。他希望在培訓結束之際，我們終於明白，練習的關鍵除了從早到晚記得奇蹟的觀念，還要將它當成象徵真理的照妖鏡，隨時把自己的煩惱幻相在這面鏡子前鑑照一番。

容我再重申一次，如果我們老是陷於內疚、憤怒、消沉，而且孤立自己，即使讀通了奇蹟形上思想，也照樣於事無補。這些抽象理論只有一個價值，就是幫助我們意識到世界真的是虛擬的，一切都是我們打造出來的，包括周邊煩心的事，其目的仍是為了保全自己的特殊性而不惜推走上主的愛。為此，我們必須一遍又一遍地學習返回心內的抉擇者那裡，看到自己是如何接受小我的虛擬實境而拒絕了耶穌的真理。只有看清這一點，我們才修正得了小我選擇恐懼那個錯誤。

(12) **每天的複習功課結束時，再重申一遍每個小時以及每半小時規定複誦及運用的觀念。別再忘了。這不只給你一個重溫當天觀念的機會，還會讓你百尺竿頭更進一步；這複習所帶來的驚人學習成果，有助於我們堅定自己的腳步，鼓起更強的信心，安穩地向前邁進。**

　　臨近結尾了，耶穌仍不忘懇求我們好好利用這些練習，不要輕易遺忘；即使忘了，馬上寬恕一下就好。最後，他採用英文的四言絕句來作結：

(13:1~2) **不要忘了，你過去所學的是如此的少。**

　　　　不要忘了，你現在能夠學的是如此的多。

　　光是理性上搞通《奇蹟課程》的思想體系，絕非修行的重點。身為奇蹟學員，當然需要了解〈正文〉的教誨，但只懂道理卻不知發揮其用，便失去了意義。故〈正文〉必須**配上**〈練習手冊〉。我們若能在操練每日一課之際警覺自己對真理的抗拒，必能讓我們更上一層樓。請留意，他說我們「*所學的是如此的少*」，是希望我們謙虛一點，知道自己還有一大段路要走，故應敞開心胸學習。這一提醒讓我想起〈教師指南〉裡「信賴的形成」的第四階段：「他修持的境界並沒有他想像中那麼高。」（M-4.(一).甲.6:10）請看，第五及第六階段仍等著他來學呢！

(13:3) **當你複習天父所賜的這些觀念時，**

　　　　不要忘了，祂是多麼需要你。

　　「天父需要你」，當然只是比擬的說法；天父果真需要我們，後果必然不堪設想！每當耶穌提到天父需要我們時，其實是指「我們」需要接受救贖，也就是憶起自己早已圓滿的真

相，這才合乎上主的旨意。故他要我們在練習時不斷回到修行的初衷，而且牢牢記住，是我們自己想要療癒，因為我們很想從夢中覺醒；而夢境之苦成了我們鍥而不捨的修行動力。每位老師都指望自己的學生好好地學，耶穌自不例外，問題是，除非我們願意接受他的協助，否則他對我們完全愛莫能助。

第一百一十一到一百二十課

　　這十課囊括了前二十課（從九十一課到一百一十課）的要旨，這些重點在前文中已經詳細解說過，故我們在此只需快速地重溫一遍即可。

第一百一十一課

(1) (91) 奇蹟只顯現於光明之中。

　　我無法在黑暗中看見。願聖潔與真理之光照亮我的心
　　靈，願我看到自己心內的純潔無罪。

(2) (92) 奇蹟只顯現於光明之中，而光明與力量是同一回事。

　　我的眼光會透過上主所賜的力量去看。祂把自己的力
　　量賜給了我，取代我的軟弱無能，驅散我的黑暗。

　　當我們深陷於小我思想體系的黑暗時，是不可能真正看見
的；唯有投入真理的陣營，一切才會昭然若揭。這種慧見反映
出人人本有的基督力量，它一直在等著我們作出放下脆弱小我
的那個決定。

第一百一十二課

(1) (93) 光明、喜悅與平安都活在我內。

　　我是光明、喜悅與平安的家園。我歡迎它們進入我與上主同在的家園,因為我是祂的一部分。

(2) (94) 我仍是上主所創造的我。

　　我永遠是我受造時的模樣,因為我是按照上主永恆不變的肖像所造的。我與祂一體,祂也與我一體。

　　「一體自性」在〈練習手冊〉前幾十課佔有相當的份量,到了「複習三」,再度凸顯出它的重要性。只要我還相信你我是不同的人,等於否認了「我們是上主之子」的真相。由此可知,我的需求或我的判斷這類特殊之念,都在否定我們乃是上主唯一自性的一部分。我們得先在每個人身上看到永恆不變的光明、喜悅與平安,才可能由美夢中甦醒,安住於永恆不變的自性之境。

第一百一十三課

(1) (95) 我是一體自性，且與我的造物主一體不分。

　　莊嚴寧靜與圓滿的平安非我莫屬，因為我是一體自性，全然完整，與一切造化及上主渾然一體。

(2) (96) 救恩來自我的一體自性。

　　源自我一體自性的真知依舊在我心中，從那兒，我看到上主對我的完美救恩計畫早已圓滿完成。

　　當我們透過寬恕的功課，逐漸體驗到莊嚴寧靜與完美的平安時，必會憶起「我是一體自性，與我的造物主以及祂的造化一體不分」，救贖計畫便完成了，我和我的弟兄一起恢復了基督的身分。

第一百一十四課

(1) (97) 我是靈性。

我是上主之子。身體容納不了我的靈性，它也無法違
反上主創造的初衷而限制我的生命。

(2) (98) 我接受自己在上主救恩計畫中的那份任務。

我的永恆實相既然出自上主的創造，除了接受上主之
言以外，我還會有什麼其他的任務？

唯有如此，我們才會憶起自己就是靈性；這一記憶只可能
浮現於真正接受寬恕任務的心靈內。關鍵在於我們是否願意在
這一天中隨時記得這幾句話，而不是這些道理本身。縱然它們
是上主聖言在人間的倒影，仍得依靠我們的心念真正把它們當
一回事，才發生得了作用。這正是耶穌要我們再複習一遍的原
因所在。

第一百一十五課

(1) (99) 救恩是我在世的唯一任務。

　　我在世上的任務就是為自己造出的一切錯誤而寬恕世界。整個世界就這樣和我一起由錯誤中解脫出來了。

(2) (100) 我的任務乃是上主救恩計畫中不可或缺的一部分。

　　我是上主的救恩計畫中不可或缺的一部分。因祂已把救恩計畫託付於我，要我去拯救世界。

　　只要選擇了寬恕，我們等於是為自己和整個世界作了這個選擇，因我們本是同一生命。故說，我們是上主計畫不可或缺的一部分，因每顆心靈內都涵攝了整個心靈。

第一百一十六課

(1) (101) 上主願我活得圓滿幸福。

上主的旨意就是願我活得圓滿幸福。我之所以會受苦，只因我相信在祂旨意之外還有其他的選項。

(2) (102) 我與上主一樣願自己幸福。

我身負天父對我（即其聖子）的旨意。祂所賜我的一切，才是我唯一之所需。祂所賜我的一切，也是唯一的實存。

「幸福」的主題又出現了，只要記住「上主願我活得圓滿幸福」這句話，便足以推翻「上主的旨意是要我們受苦來贖自己的罪」那套小我說詞；而寬恕最能彰顯我們真正接受了上主的愛是自己唯一的需求。除了愛以外，什麼也不存在。

第一百一十七課

(1) (103) 上主既是愛，故也是幸福。

願我記得，愛就是幸福，此外沒有任何東西能帶來喜
悅。因此，我決心不再沉溺於任何虛擬的愛中。

(2) (104) 我只願追求在真理內原屬於我之物。

愛是我的天賦資產，還有隨之而來的喜悅。這是天父
賜我的禮物。我願接受在真理內屬於我的一切。

既然除了上主的愛以外什麼都不存在，世間還有什麼值得
追求的？我若執迷不悟，只會陷自己於一個充滿挫折、憂傷及
痛苦的人生；反之，若想活得幸福快樂，唯有接受真愛一途；
只有此愛非我莫屬，那是慈愛天父賦予我們的生命遺產。

第一百一十八課

(1) (105) 上主的平安與喜悅非我莫屬。

今天我要接受上主的平安與喜悅，欣然用它替換自己
營造的假幸福與假平安。

(2) (106) 願我靜下心來聆聽真理。

願我那虛弱的聲音靜止下來，讓我聽見真理雄偉之音
的保證：「我是上主完美的聖子。」

至於我能領受多少上主的平安喜悅，全看我對小我聽若罔
聞的本事有多大，因為小我永遠都在我們心中慫恿著分裂、特
殊性以及死亡之念。如今，我終於聽到那雄壯的真理之音了，
它再三保證：「我是上主之子，和上主一般完美；唯有在這記
憶內，我的心靈才能真正地安息。」

第一百一十九課

(1) (107) 真理會修正我心念上的所有錯誤。

我以為自己可能受到傷害，我錯了。我是上主之子，
他的自性萬無一失地安息於上主的天心裡。

(2) (108) 施與受在真理內是同一回事。

今天我要寬恕一切事情，這樣我才會懂得如何接受我
內在的真相，進而認清自己的無罪本質。

耶穌不厭其煩地叮囑我們：唯有寬恕別人和自己，我們才
擺脫得了罪咎的噩夢，而覺醒於自性的神聖真相。這一真相就
是：上主之子萬無一失地安息於造物主的天心內。

第一百二十課

(1) (109) 我安息於上主內。

今天，我要安息於上主內；願祂在我寧靜而篤定的安息中，在我內且透過我而進行祂的工作。

(2) (110) 我仍是上主所創造的我。

我是上主之子。今天我要放下所有對於自己的病態幻覺，而讓天父來告訴我，我究竟是誰。

本複習以這個喜訊做為總結：儘管「病態的幻覺」和世界會從中作梗，然而，我們始終安息於上主內，須臾不離。從此，祂的天音將是我唯一想要聽到的聲音，祂的聖愛也會溫柔地引導我度過每一天。只要我記得自己仍是上主所創造的我，世上沒有一物改變得了這永恆不變的心靈真相，我便能寧靜而篤定地安息於祂內了。

奇蹟資訊中心
出版系列：

《奇蹟課程》
（A Course in Miracles）——新譯本

　　《奇蹟課程》是二十一世紀的心靈學寶典，更是近年來各種心理工作坊或勵志學派的靈感泉源。中文版已在 1999 年由若水譯出，並由作者海倫‧舒曼博士所委託的「心靈平安基金會」出版。

　　新譯本乃是根據「心靈平安基金會」2007年所出版的「全集」，也是原譯者若水在「教」「學」本課程十年之後再次出發的精心譯作。全書分為三冊：第一冊：〈正文〉；第二冊：〈學員練習手冊〉；第三冊：〈教師指南〉、〈詞彙解析〉以及〈補編〉的「心理治療」與「頌禱」二文。新譯本網羅了《奇蹟課程》所有的正式文獻，使奇蹟讀者從此再無滄海遺珠之憾。（**全書三冊長達 1385 頁**）

《奇蹟課程》
〈學員練習手冊〉新譯本隨身卡

　　《奇蹟課程》第二冊〈學員練習手冊〉共三百六十五課，一日一課地，在力求具體的操練中，轉變讀者看事情的眼光，解開鬱積的心結。

　　若水由十餘年的奇蹟課程教學譯審經驗出發，全面重譯這部曠世經典。新譯版一本經典原文的精確度，語意更為清晰，文句更加流暢。精煉再三的新譯文，吟誦之，琅琅上口，饒富深意，猶如親聆J兄溫柔明晰的論述，每天化解一個心結，同享奇蹟。

　　為方便現代人在忙碌生活中操練每日一課，經三修三校的重譯版，首度以隨身卡形式發行，以頂級銅西卡精印，紙版尺寸 8.5 × 12.6 公分，另有壓克力卡片座供選購。（**全套卡片共 250 張**）

奇蹟課程導讀與教學系列

　　《奇蹟課程》雖是一部自修性的課程，只因它的理論架構博大精深，讀者常易斷章取義而錯失精髓，故奇蹟資訊中心陸續推出若水的導讀系列、米勒導讀，以及一階理論基礎及二階自我療癒DVD、其他演講錄音或錄影教材，幫助讀者逐漸深入這部自成一家之言的思想體系。

若水導讀系列

（一）《創造奇蹟的課程》（**全書 272 頁**）
（二）《生命的另類對話》（**全書 272 頁**）
（三）《從佛陀到耶穌》（**全書 224 頁**）

　　若水在這三冊中，解說《奇蹟課程》的來龍去脈與理論架構，透過問答的形式，說明崇高的寬恕理念如何落實於生活中；最後透過《奇蹟課程》的理念，闡釋佛陀和耶穌這兩位東西方信仰系統的象徵，在實相裡並無境界之別，而只有人心的「小我分裂」與「大我一體」的天壤之隔。

米勒導讀

《奇蹟半生緣》

　　一位慧心獨具卻不得志的記者，三十多歲便受盡「慢性疲勞症候群」的折磨，群醫束手無策，他在走投無路之下，不禁自問：「究竟是誰把我這一生搞得這麼慘？」

　　《奇蹟課程》讓他看到，自己竟是一切問題的始作俑者。他對這一答覆百般抗拒，直到有位心理治療師對他說：「恭喜你！你若讀得下這本書，大概就不需要心理治療了！」

　　《奇蹟半生緣》全書穿插作者派屈克‧米勒浮沉人生苦海的經歷，但他並不因此獨尊自身的經驗和詮釋，而以記者客觀實証的精神，遍訪散居全美各地的奇蹟講師與學員，甚至傾聽圈外人的質疑。本書可說是一部美國奇蹟團體的成長紀實。（**全書 319 頁**）

奇蹟課程有聲教學教材

　　奇蹟資訊中心歷年發行《奇蹟課程》譯者若水的演講錄音或錄影光碟，將《奇蹟課

程》的抽象理念與現實生活銜接起來，幫助讀者了解《奇蹟課程》的精髓所在，是奇蹟學員不可或缺的有聲輔讀教材，由於教材內容每年不盡相同，欲知詳情，請上網查詢。
www.acimtaiwan.info 奇蹟課程中文網站
www.qikc.org 奇蹟課程中文部簡体網

肯恩實修系列

《奇蹟原則50》

許多讀者久仰《奇蹟課程》之盛名，興沖沖地讀完短短的導言後，就怔忡在一條一條有如天書的「奇蹟原則」之前。讀了後句忘前句，「奇蹟」的概念好似漂浮在字裡行間，始終無法在腦海中落腳，以至於閱讀了一兩頁之後便後繼無力，難以終篇，竟至棄書而逃。

「奇蹟原則」前後五十條，其實是整部課程的濃縮，若無明師指點，讀者通常都不得其門而入。於今多虧奇蹟泰斗肯尼斯旁徵博引，以深入淺出而又幽默的答問形式，將寬恕與奇蹟的精神落實於生活中，為初學者乃至資深學員提供了一個實修的指標。（全書209頁）

《終結對愛的抗拒》

追尋心靈成長的人，學到某個階段往往面臨一個瓶頸：儘管修習多年，一遇到某種挑戰，就不自覺地掉回原地，因而自責不已。問題到底出在哪裡？

佛洛依德在他的臨床經驗中，驚異地發現，病人的潛意識中有「拒絕療癒」的本能，肯尼斯根據《奇蹟課程》的觀點，犀利地剖析人們「拒絕療癒或轉變」的原因，又仁慈地為讀者指出穿越小我迷霧的關鍵，由停滯不前的窘境中突圍。對於追尋心靈成長和平安的人而言，本書不但有提點指授的功效，更有當頭棒喝的力道。（全書109頁）

《親子關係》

坊間論及親子問題的書籍可謂汗牛充棟，泰半繞在親子關係複雜且微妙的糾結情懷，唯獨肯尼斯・霍布尼克不受表象所惑，借用《奇蹟課程》的透視鏡，澈照出親子之間愛恨交織的真正關鍵。

本書表面上好似在答覆「如何教養子女」、「如何對待成年子女」以及「如何照顧年邁雙親」等具體問題，它其實是為每一個人點出我們在由「身為兒女」，到「照顧兒女」，繼而「照顧雙親」的艱苦過程，以及我們轉變知見時必然經歷的脫胎換骨之痛。（全書238頁）

《性・金錢・暴食症》

在紛紜萬象的世界裡，性、金錢與食物可說是人生問題的「重頭戲」，最易牽動小我的防衛機制，故也最具爭議性。作者肯恩沿用《奇蹟課程》中「形式與內涵」的層次觀念，針對性、金錢等等所引發的光怪陸離現象（形式），揭露它們背後一貫的目的（內涵）——小我企圖藉無止盡的生理需求，抹滅心靈的存在，加深孤立、匱乏、分裂等受害感，最後連吃飯、賺錢與性交都可能變成一種攻擊的武器。

肯恩與學員的趣味問答，反映出我們日常是如何受制於這些生理需求的；然而，我們也能藉聖靈之助，將現實挑戰化為人生教室，將小我怨天尤人的陰謀，轉為寬恕與結合的工具。（全書196頁）

《仁慈——療癒的力量》

這是一部針對奇蹟教師及資深奇蹟學員的實修指南。全書分上下兩篇，上篇列舉奇蹟學員常有的現象，例如以奇蹟之名攻擊他人，或以善意為由掩蓋自己批判的心態；下篇探討如何用仁慈的眼光來看待自己與他人的缺陷，教我們將自身的限制或缺陷轉為此生的「特殊任務」，在人間活出寬恕的見證，成為聖靈推恩的管道。（全書251頁）

《逃避真愛》

本書是針對道理全懂卻難以突破的資深學員而寫的，它一針見血地指出，綑綁我們修行腳步的，不是世界的黑暗，也非人間的牽絆，而是自己打造出來的一道心牆。

只因我們深怕真愛會消融了自己的特殊性，故把心靈最深的渴望隱藏到心牆之後，與之「解離」，在人間展開一場虛虛實實又自相矛盾的追尋。一邊痛恨小我的束縛，一邊又忙著為小我說項；以至於內心有一部分奮力向前，另一部分則寧可原地觀望。藉著裝傻、扭曲、辯駁，把回歸真愛的單純選擇

渲染成複雜又艱深的學問。

《逃避真愛》溫柔地解除了人心無需有的恐懼，讓我們明白心牆的「不必要」，陪伴我們無咎無懼地跨越過去。（全書156頁）

《假如二二得五》

從古至今，多少人心懷救苦救難的大志，傾注一生之力貫徹自身理想，卻往往受現實所囿而終不能及。我們這些凡夫俗子，亦不乏拼搏自救之心，然而在現實面前，還是屢屢敗陣，活得憋屈而無奈。問題究竟出在哪裡？

對此，本書剴切提出：整個世界其實一直按照 2＋2＝4 的「鐵律」來運作，萬物循著固定的軌跡盈虛盛衰，一切可謂「命中註定」，無怪乎歷史上的種種救世之舉皆以失敗告終。然而，《奇蹟課程》識破世界的詭計，小我既然使出 2＋2＝4 的苦肉計，它便祭出 2＋2＝5 的救贖原則，破解小我編織的羅網，溫柔地引領我們走出世界的幻境。本書即是教導我們，如何在貌似 2＋2＝4 的世界活出 2＋2＝5 的生命氣象，而且更進一步，迎向天地間唯一真實的等式 1＋1＝1。（全書171頁）

《駱駝‧獅子‧小孩》

本書書名出自德國哲學家尼采的代表作《查拉圖斯特拉如是說》裡的「三段蛻變」——駱駝、獅子、小孩。這則寓言提綱挈領地勾勒出靈性的發展過程，尼采的幾項重要論點，包括強力意志、超人、永劫輪迴，也在肯恩博士精闢的詮釋之下，與奇蹟學員熟悉的抉擇心靈、資深上主之師、小我運作模式等觀念相映成趣。

肯恩博士為奇蹟學員引薦這位十九世紀天才的作品，企盼在大家為了化解分裂與特殊性而陷入苦戰之際，可以由這本書得到鼓舞和啟發。我們終將明白，唯有「一小步又一小步」的前進，從駱駝變成獅子，再進一步蛻變為小孩，不跳過任何一個階段，才能抵達最後的目標。（全書177頁）

肯恩《奇蹟課程釋義》系列

《奇蹟課程序言行旅》

如果說《奇蹟課程》是一首曠世交響曲，《序言》便奠定了整首樂曲的氣質與基調，不僅鋪敘出奇蹟交響樂的關鍵理念，還將讀者提昇到奇蹟形上思想的高度和意境，堪稱《正文行旅》最佳的暖身之作。

肯恩有如一流的樂評家，領著讀者，在宏觀處，領受樂章磅礴的主旋律，在微觀處，諦聽暗藏其中的千百種變奏，致其廣大，盡其精微，深入課程之堂奧，回歸心靈之家園。（全書121頁）

《正文行旅》（陸續出版中）

《奇蹟課程》在人類靈性進化史上的貢獻可謂史無前例，而《正文行旅》乃是《奇蹟課程釋義》三部曲的完結篇。肯恩由文學，詩體，音樂三重角度，依循各章節的主題，提供了「重點式」以及「全面性」的導覽，幫助學員深入奇蹟三昧，沉浸於智慧與慈悲之海。

這部行旅可說是肯恩一生教學的智慧結晶，奇蹟學員浸潤日久，必會如他所願：奇蹟，發自心靈，必將流向心靈。（第一冊335頁）

《學員練習手冊行旅》（陸續出版中）

整套《奇蹟課程釋義》的問世，可說是無心插柳。1998年起，肯恩應學生之請，為〈學員練習手冊〉做了一系列的講解，基金會將研習錄音增編彙整為逐句詮釋的〈練習手冊行旅〉。此案既定，〈正文行旅〉以及〈教師指南行旅〉應運而生，為奇蹟學員提供了最完整且精闢的修行指針，訂名為《奇蹟課程釋義》，幫助學員將〈正文〉理念架構所引伸出來的教誨，運用到現實生活中。這三部《行旅》，可說是所有踏上奇蹟旅程的學員最貼心的夥伴。

《學員練習手冊行旅》的宗旨，乃是幫助奇蹟學員了解三百六十五課的深意，以及它們在整部課程中的作用。更重要的是，幫助學員將每日一課運用於現實生活中，否則《奇蹟課程》那些震古鑠今之言可謂枉費唇舌，徒然淪為一套了無生命的學說。（第一冊346頁，第二冊292頁，第三冊234頁，第四冊337頁）

《教師指南行旅》

（共二冊，含《詞彙解析行旅》）

〈教師指南〉是《奇蹟課程》三部書的最後一部，它以「如何才是上主之師」為主軸，提綱挈領地梳理出〈正文〉的核心觀念，全書以提問的形式鋪敘而成，為其他兩部書作了最實用的補充。

肯恩在逐句解說〈教師指南〉時，環繞著兩個主題：「個別利益」對照「共同福祉」，以及「向聖靈求助」。因為若不懂得向聖靈求助，我們根本學不會「共享福祉」這門功課。當然，全書也穿插不少副題，如「形式與內涵」、「放下判斷」等等，就像貝多芬的偉大樂章那樣，不時編入數小節旋律，讓主題曲與變奏曲銜接得更加天衣無縫。肯恩說：「我希望藉由本書讓學員看出，耶穌是如何高明地把他的基本訊息串連為一個整體，一如交響樂以主旋律與變奏曲那般交叉呈現、迴旋反覆地將我們領上心靈的旅程。」（第一冊337頁）（第二冊310頁）

其他出版品

《寬恕十二招》

《寬恕十二招》的作者保羅·費里尼，有鑒於人們的想法與情緒反應模式，早已定型僵化，成了一種「癮」，不是一朝一夕可以化解得掉的。因此，他將《奇蹟課程》的寬恕理念，分解為十二步驟，一步一步地引導我們超越自卑、自責以及過去的創痛，透過自我寬恕而領受天地的大愛。這是所有準備好負起自我治療之責的人必讀的靈修教材，也是曠世靈修經典《奇蹟課程》的輔讀書籍。（全書 110 頁）

《無條件的愛》

作者保羅·費里尼繼《寬恕十二招》之後，另以老莊的散文筆法，細細描述我們每一個人心中都擁有的「無條件的愛」。他由大我的心境出發，以第一人稱的對話方式，直接與讀者進行心與心的交流，喚醒我們心中沉睡已久的愛，開啟那已被遺忘的智慧。此書充滿了「醒人」的能量，是陪伴你走過人生挑戰的最好伙伴。（全書 215 頁）

《告別娑婆》

宇宙從哪兒來的？目的何在？我究竟是什麼？為什麼會在這裡？我要往哪裡去？我該怎麼活在這個世界裡？當你讀完本書，會有一種「千年暗室，一燈即亮」的領悟。

全書以睿智而風趣的對話談當今世局、原子彈爆炸，一直說到真愛、疾病、電視新聞、性問題與股價指數等等，讓我們對複雜詭異的人生百態，頓時生出「原來如此」的會心一笑。它說的雖全是真理，讀起來卻像讀小說一樣精彩有趣，難怪一問世便成了西方出版界的新寵。（全書 527 頁）

《一念之轉》

作者拜倫·凱蒂曾受十餘年的憂鬱症所苦，一天早上，她突然覺悟了痛苦是如何形成又如何結束的。由此經驗中，她發明了四句問話的「轉念作業」（The Work），引導你由作繭自縛中徹底脫身，是一本足以扭轉你人生的好書。（全書 448 頁，附贈轉念作業個案 VCD）

《斷輪迴》　阿頓與白莎回來了！

繼《告別娑婆》走紅之後，葛瑞的生活形態發生重大的轉變，也面臨了更多的挑戰。葛瑞仍是口無遮攔地談八卦、論是非、臧否名流，阿頓和白莎兩位上師在笑談棒喝中，繼續指點葛瑞如何在現實挑戰下發揮真寬恕的化解（undo）功能，徹底瓦解我執，切斷輪迴之根。（全書279頁）

《人生畢業禮》

本書是保羅與 Raj 在 1991 年的對話記錄。對話日期雖有先後，內涵卻處處玄機，不論由哪一篇起讀，都會將你導入人類意識覺醒的洪流。

Raj 借用保羅的處境，提醒所有在人間孤軍奮鬥的人，唯有放下自己打造的防衛措施，才可能在自己的心靈內找到那位愛的導師。也唯有從這個核心出發，我們才會與所有弟兄相通，悟出我們其實是一個生命。（全書 288 頁）

《療癒之鄉》

《療癒之鄉》中文版由美國「獅子心基金會」委託台灣「奇蹟資訊中心」出版。

作者羅賓·葛薩姜把《奇蹟課程》深奧又慈悲的教誨化為一套具體的情緒啟蒙和心靈復健課程，協助犯罪和毒癮的獄友破除心理障礙，學習處理人與人之間的衝突，調整情緒，建立自信，切斷「憤怒→攻擊→憤怒」的惡性循環。《療癒之鄉》陪伴無數受刑人度過獄中歲月。

《療癒之鄉》也是為所有困在自己心牢裡的讀者而寫的。世間幾乎沒有一人不曾經歷童年的創傷、外境的壓迫，以及為了生存而形成種種不健康的自衛模式。獄友的心路歷程給予我們極大的啟發，鼓舞我們步上心靈療癒之路。（全書440頁）

《我要活下去》

這本書不只是一本鼓舞信心的療癒指南，還是一個女人把自己從鬼門關前拉回來的真實故事。

作者朱蒂·艾倫博士（Judy Edwards Allen, Ph.D.）原本是成功的專業顧問、大學教授、大學教科書作者，四十歲那年獲知罹患乳癌的「噩耗」，反而成為她生命的轉捩點，以清晰、熱情的文筆，記錄了她奮力將原始的求生意念成功地轉化為「康復五部曲」的歷程。讀者會看到她如何軟硬兼施地與醫生打交道，如何背水一戰克服無助感，又如何透過寬恕，喚醒內心沉睡已久的愛與生命力。最後，她終於超越自己對生死的執著，在這一場疾病與療癒的拔河大賽中，獲得了靈性的凱旋。（全書280頁）

《時間大幻劇》

人們對於時間，存在著種種截然不同的看法，比如：時間是良藥，可以癒合一切創傷；善惡終有報，只等時候到；時間是無情的殺手，終將剝奪我們的一切……。人類早已視時間的存在為天經地義，戰戰兢兢地活在過去的懊悔、現在的焦慮和對未來的恐懼中。我們好似活在一座無形的牢籠裡，苟延殘喘，等待大限的到來。

《奇蹟課程》的泰斗肯恩博士曾說：「不了解時間，不可能讀懂《奇蹟課程》的。」他引經據典，將散落全書有關時間的解說，梳理出一個完整的思想座標，猶如點睛之龍，又如劃破文字叢林的一道靈光，讓我們一窺《奇蹟課程》的究竟堂奧（究竟

義）。此書可說是肯恩留給奇蹟資深學員最珍貴的禮物。（全書413頁）

《奇蹟課程誕生》

《奇蹟課程》的來歷究竟有何玄虛？為什麼它選擇經由海倫·舒曼博士來到人間？它的記錄方式及成書過程，與它傳給人類的訊息有何內在關係？有幸親炙此書的我們，又該如何延續奇蹟精神的傳承？

不論你只是好奇《奇蹟課程》的精采傳奇，還是有心以「史」為鑒，窮究奇蹟的傳承精神，本書都提供了最可靠的第一手資料。作者因與茱麗、海倫與比爾等人交往密切，故受這些開山元老之託，冷靜而客觀地梳理《奇蹟課程》的記錄及成書經過，佐以三位奇蹟元老的親筆自白，融鑄成一部信實可徵的《奇蹟課程》誕生史，帶領讀者重新走過五十年前那段精采神奇的心靈歷程。（全書195頁）

《飛越死亡的夢境》

本書榮獲美國出版界著名的「活在當下書籍獎」（Living Now Book Awards），全書以嶄新的視角詮釋曠世鉅修經典《奇蹟課程》的教誨，為讀者劊切指出「起死回生」的著力點。

作者特別選取在人間每個角落不時作祟的「死亡陰影」入手，揭露小我抵制永恆生命的伎倆。作者以親身的經歷為奇蹟作證，並且提供了極其實用的反省練習，解除我們潛意識中對死亡的恐懼，為百害不侵的生命本質開啟了一扇門，真愛與喜悅得以流過人間，讓奇蹟成為日常生活裡「最自然的事」。（全書524頁）

國家圖書館出版品預行編目資料

奇蹟課程釋義：學員練習手冊行旅. 第四冊（91-120
課）／肯尼斯・霍布尼克博士（Kenneth Wapnick,
Ph.D.）著；若水譯 -- 初版 -- 臺中市：奇蹟課程・奇
蹟資訊中心，2020.7
　　面；　　公分
　　譯自：Journey through the workbook of a course in
miracles: the study and practice of the 365 lessons
　　ISBN 978-986-98554-4-0（平裝）

　1. 靈修

192.1　　　　　　　　　　　　　　　　109008983

奇蹟課程釋義
學員練習手冊行旅　第四冊

作　　者　肯尼斯・霍布尼克博士（Kenneth Wapnick, Ph.D.）
譯　　者　若 水
編　　輯　李泰運
責任編輯　李安生
校　　對　李安生　黃真真　吳曼慈
封面設計　林春成
美術編輯　陳瑜安工作室
出　　版　奇蹟課程有限公司・奇蹟資訊中心
　　　　　桃園市光興里縣府路 76-1 號
聯絡電話　（04）2536-4991
劃撥訂購帳號　19362531　戶名　劉巧玲
網　　址　www.acimtaiwan.info
電子信箱　acimtaiwan@gmail.com

印　　刷　世和印製企業（02）2223-3866
經銷代理　聯合發行公司
　　　　　電話（02）2917-8022 # 162
　　　　　　　 （03）212-8000 # 335

定　價　新台幣 350 元
出版日期　2020 年 7 月初版

ISBN　978-986-98554-4-0